DIÁRIO DE BORDO

Coleção Diário de Bordo

DIÁRIO DE BORDO

[Dos relatos minuciosos à construção coletiva]

Volume 2

Cristiano Rogério Alcântara
(Organizador)

Phorte editora
São Paulo, 2023

Rua Rui Barbosa, 408
Bela Vista – São Paulo – SP
CEP: 01326-010
Tel.: (11) 3141-1033
Site: www.phorte.com.br
E-mail: phorte@phorte.com.br

CIP-BRASIL. CATALOGAÇÃO NA PUBLICAÇÃO
SINDICATO NACIONAL DOS EDITORES DE LIVROS, RJ

D529

Diário de bordo : dos relatos minuciosos à construção coletiva / organização Cristiano Rogério Alcântara. - 1. ed. - São Paulo : Phorte, 2023.
224 p. ; 23 cm. (Diário de bordo ; 2)

Inclui bibliografia
ISBN 978-65-88868-25-6 (v. 2)
ISBN 978-65-88868-13-3 (coleção)

1. Professores - Formação. 2. Prática de ensino. I. Alcântara, Cristiano Rogério. II. Série.

22-81097 CDD: 370.71
CDU: 37.02

Gabriela Faray Ferreira Lopes - Bibliotecária - CRB-7/6643
ph2501.1

Este livro foi avaliado e aprovado pelo Conselho Editorial da Phorte Editora.

Impresso no Brasil
Printed in Brazil

Dedico este livro a todas as mulheres professoras que, no meio de seus dois (às vezes, três) turnos de trabalho, encontraram tempo para escrever seus Diários de Bordo e, nessa escrita, constituíram-se em profissionais que refletem acerca do seu fazer docente. Obrigado por fazerem de mim um coordenador pedagógico melhor e mais ciente das minhas lacunas formativas.

Agradecimentos

Agradeço a todos os que me leem diariamente nas minhas redes sociais. O desafio cotidiano de me colocar para "fora da caixinha" me obriga a, constantemente, pensar, repensar e planejar o que escreverei, para quem escreverei e como escreverei... O livro que, agora, você tem em mãos é minha chance de contextualizar como, por que e as bases de estar "fora da caixinha".

Perdi muito tempo até aprender que não se guarda palavras.
Ou você as fala, as escreve, ou elas te sufocam.
Clarice Lispector

Apresentação

Se, no primeiro volume desta coleção, partilhei a organização com a querida Ana Lúcia Borges, vice-líder do Grupo Colaborativo de Estudos e Pesquisa da Formação Continuada Docente (GCOL), comadre e amiga, neste volume, acreditei que precisava organizar a produção sozinho. Claro que, além da Ana, trago para este livro todo o GCOL, as participantes do curso que ministrei nos anos de 2020 e 2021 e, principalmente, todas as professoras que confiaram em minha interlocução para com os seus escritos.

Este exemplar está dividido em duas partes. Na primeira parte, os leitores entrarão em contato com o Diário de Bordo da professora Cristiane Capriolli. Há um dado muito importante: esse Diário foi escrito no mesmo período do da professora Patrícia Marques, que está no primeiro volume desta coleção. Isso permitirá aos nossos leitores perceberem o processo artesanal que está envolvido na escrita deste instrumento. Perceberão que, após um tempo, Ana Lúcia Borges (diretora da Unidade) oferecerá as devolutivas, pois deixei de ser o coordenador pedagógico da Unidade. A última devolutiva será uma produção do trio gestor.

A segunda parte só foi possível pela generosidade de pessoas que acreditaram na proposta de um trabalho colaborativo do GCOL e se lançaram ao desafio de participarem de um curso de 20 horas (cinco encontros de 4 horas) uma vez por mês; outras foram tão ousadas que toparam um segundo módulo, também de 20 horas. Ambas as propostas tinham algo em comum: escrever um texto coletivamente que narrasse suas aprendizagens.

Assumo plena responsabilidade por possíveis incoerências, incongruências e afins, pois foram participantes ativas, participativas e colaborativas. Se lacunas ficaram, foi por minha impossibilidade de oferecer tudo o que vieram procurar.

Estudo Diários de Bordo há mais de 12 anos e, cada vez mais, tenho a convicção de que esse instrumento é o lugar de moradia da metacognição docente por excelência. Nas linhas de um Diário de Bordo, transcorre o fazer docente, e, nessa transcrição, o professor entra em pleno contato com o seu saber fazer, e o mais delicado, não saberes!

Cristiano Rogério Alcântara (Organizador)
Pós-doutor e doutor pela Pontifícia Universidade
Católica de São Paulo (PUC-SP).
Coordenador Pedagógico na Prefeitura Municipal de São Paulo.
Líder do GCOL.

Prefácio[1]

Ao se preparar para ler um texto de Cristiano Alcântara, como o fiz há dois anos, alguém pode se encontrar folheando o Volume 1 e ver que há um texto meu ali. No livro anterior, tive a oportunidade de conhecer parte dos pensamentos de seu autor, dos temas que o preocupam há muito tempo e que o levam a buscar estratégias que concretiza dia a dia, com professores reais, em situações e tempos reais.

Há duas partes neste segundo volume. Na primeira, é compartilhado o *Diário de Bordo* realizado pela professora Cristiane Capriolli e o coordenador Cristiano Alcântara; na segunda parte, vê-se o processo de escrita do *Diário de Bordo* de um grupo de professoras convidadas para apresentar um texto coletivo no Grupo Colaborativo de Estudos e Pesquisas da Formação Contínua Docente (GCOL), convidando-nos a ler esse percurso de escrita, em que aparecem conceitos essenciais na construção do Diário de Bordo: a escuta, a observação, as narrativas e as reflexões dos professores, como um modo de ampliar nossas possibilidades pedagógicas com as crianças.

Este segundo volume, organizado por Cristiano, é um objeto de vertiginoso movimento, que resume sua própria energia, apresentando uma visão sobre o ensino ao retomar as contribuições dos registros de aula. Nesse ponto, concordo com Cristiano quando destaca que, neles, "*transcorre o fazer docente*", e acrescento que, nesse registro, no Diário de Bordo, também "*transcorre o fazer do coordenador*", um fazer que se constrói na leitura profunda e compromissada, que mostra a relação entre o coordenador e o professor, que exige do coordenador uma atitude crítica de acompanhamento, que apenas é conseguida se ambos, professor e coordenador, consideram-se coconstrutores da didática na prática.

É muito interessante ver a evolução na observação e na escrita de *Cristiane*, uma professora que registra suas práticas diariamente e torna visível não apenas suas observações, como também suas dúvidas, por meio de questionamentos que faz a si mesma, em estratégias que constrói para dar respostas e em novas perguntas que faz ao coordenador.

Isso se exemplifica no registro que Cristiane traz da semana de 8 a 12 de abril, no qual tem dúvida sobre a quantidade de atividade de rotina que propõe ao grupo e pergunta ao coordenador se não são muitas. Esse é um bom ponto a se levar em

---

[1] Traduzido por Bruna Heringer de Souza Villar.

conta quando alguém, como coordenador, tem que dar respostas que levem a pensar, e não a encerrar questões. E é aí, a meu ver, que Cristiano, em seu papel de coordenador, responde habilmente com outras perguntas, as quais Cristiane deve se fazer ao planificar essas atividades: "Por que são feitas?"; "Que sentido tem o que propõe?"; "Quais são os indicadores de aprendizagem?". Ele a convida a pensar nelas e a procurar suas próprias respostas, e, assim, ambos assumem suas competências.

Esse exemplo é um registro vivo da subjetividade de ambos, professora e coordenador, que torna mais humano o processo educativo.

Daí a importância de uma leitura atenta dos registros por parte do coordenador, remetendo-me, desse modo, à definição de leitura feita pelo Projeto OCDE/PISA[2] (2008 *apud* Brasil, 2013)[3], como "não apenas a capacidade para compreender um texto, mas a capacidade de refletir sobre ele e de envolver-se com o texto, a partir das ideias e experiências próprias".

Essa ideia de refletir e de encontrar o sentido das coisas que acontecem na escola, o porquê, o para que, transforma Cristiano, em seu papel de coordenador, em um *coordenador-detetive* que, como investigador, dedica-se a encontrar a conexão entre os fatos que acontecem cotidianamente em um grupo e a leitura dos registros diários da professora, que lhe possibilita sentir-se parte do processo de aprendizagem, tanto do grupo de crianças como da professora.

Aqui, vou me concentrar em outro conceito importante, que é o significado que tem, dentro da leitura do Diário de Bordo, a interpretação: a ação de explicar ou declarar o sentido de algo, em sua busca de significados, que o leva a sugerir ações relacionadas com a realidade do que ocorre no ato educativo e sua transformação.

Poderia terminar limitando-me a dizer que é preciso ler a obra *Diário de Bordo: dos relatos minuciosos à construção coletiva*, com organização de Cristiano Alcântara, porque é um texto rico, potente, que nos faz refletir sobre a importância do registro diário como documento que mostra o profissionalismo das professoras

---

[2] N. da T.: segundo o *site* do governo brasileiro, sigla de tradução para *Programme for International Student Assessment*. É um estudo comparativo internacional realizado pela Organização para a Cooperação e Desenvolvimento Econômico (OCDE) a cada três anos, oferecendo informações sobre o desempenho de estudantes na faixa etária dos 15 anos, idade na qual se pressupõe já ter ocorrido o término da escolaridade básica na maioria dos países. Os resultados do estudo permitem que os países possam avaliar e comparar conhecimentos e habilidades de seus estudantes com os de outros países, servindo de ajuda para a formulação de novas políticas e programas educacionais.

[3] Brasil. *Matriz de avaliação de leitura*. Brasília: Inep, 2013. Disponível em: http://download.inep.gov.br/acoes_internacionais/pisa/marcos_referenciais/2013/matriz_avaliacao_leitura.pdf. Acesso em: 14 nov. 2022.

e do coordenador, mas não poderia reduzir-me a dizer apenas isso. Estou aqui com o objetivo de insistir sobre a importância de colocar em prática a escrita dos Diários de Bordo, que, sem dúvida, podem mudar as formas de ver as crianças, as formas de ensinar e de aprender de uma maneira mais natural.

Na leitura do texto, veem-se claramente eixos da Educação, como: as brincadeiras, os contextos, o papel docente, a cotidianidade, todos abordados de um olhar peculiar e respeitoso, que faz a professora e o coordenador pensarem, juntos, em outras modalidades e possibilidades, as quais abrem portas a novos caminhos, respeitando o estilo da docente, o tempo das crianças e a vida na escola, sempre em busca das melhores experiências educativas e das ações respeitosas, com a consciência de que ensinar é uma forma de viver.

Vou adicionar uma reflexão de Shafik Asante, um especialista em temas de diversidade e inclusão, que, certa vez, escreveu que a liderança "não consiste apenas em saber o que é preciso fazer, mas, sim, em como é preciso fazê-lo e, também, a razão pela qual é preciso fazê-lo" (Asante, 1997, p. 100, tradução nossa).[4]

Este livro, sem dúvida, é um diálogo escrito, uma construção coletiva que resgata a memória do que acontece em uma sala de aula concreta, com um grupo de crianças concreto e com uma professora concreta.

Não tenho dúvida de que Cristiano, como coordenador – acredito que assim deveríamos ser todos –, mostra-se um ser humano que tem empatia com as professoras, que responde de maneira clara às dúvidas que colocam, que faz intervenções com base em seus amplos conhecimentos e em suas profundas reflexões, que sugere, estimula e potencializa as habilidades que elas têm e lhes devolve sua melhor versão, para conseguir um objetivo claro: promover mudanças, alterar práticas, encontrar sentido para a tarefa diária, sair dos estereótipos, criar novas pedagogias, a fim de trazer melhorias, a partir do lugar que ocupamos na escola, não apenas à Educação, mas, também, ao mundo e, nele, à relação que temos nós, adultos, com os meninos e as meninas.

Alejandra Dubovik
Professora de Educação Infantil.
Especialista em trabalho com crianças até 3 anos de idade.
Fundadora e diretora institucional do Jardim de Infância Fabulinus
e da Escola Primária e Secundária Antonio Berni,
em General Pacheco, Buenos Aires, na Argentina.

[4] ASANTE, Shafik. *When spider webs unite*. Toronto: Inclusion Press, 1997.

Sumário

Parte I

[A materialização do Diário de Bordo]

[1]

Diário de Bordo da Professora Cristiane (2013)

Cristiane Capriolli

Cristiano Rogério Alcântara

Diário de Bordo

Professora Cristiane

Interlocutores: Coordenador Pedagógico (CP) Cristiano, Diretora Ana Lúcia e Trio Gestor

Registro da semana de 18 a 22 de fevereiro de 2013 – Adaptação

Segunda-feira *– Presentes: 23 / Faltas: 5*

Algumas crianças iniciaram hoje (segunda-feira), mas só sentiram o "impacto" da entrada, como a Roberta,[1] *que chorou um pouco. O pai insistiu, incentivou e acabou convencendo-a; logo, ela parou de chorar e foi brincar com as amigas do ano passado Évelin e Karin, também com o Ícaro e o Bless. O Hugo veio do Infantil 2 (pulante), e, na reunião, sua avó explicou que, no ano passado, ele chorou praticamente o ano todo para ficar na escola. Ela confessou que não colaborou para a sua adaptação, porque sente dó vendo-o chorar, disse também que ele é um pouco mimado e manhoso. A mãe veio trazê-lo, ele estava com suas chupetas, começou a chorar na porta e escalou a mãe até chegar ao seu colo, ela o entregou a mim e disse a ele que precisava ir trabalhar. Então, entrei e*

[1] N. do E.: os nomes das crianças e dos funcionários são fictícios, exceto os nomes do Cristiano, da Ana Lúcia, da professora Patrícia, da professora Cristiane e de seu filho, Cauê.

comecei a distraí-lo com os brinquedos, e ele gritou para a mãe: "– Você não me deu tchau e nem um beijo!". A mãe voltou, despediu-se e, assim que ela saiu, ele parou de chorar. Observei uma postura insegura dele durante todo o período, mas considerei normal para todo o contexto. A rotina está bem corrida para o tempo de duas horas, e eles mesmos perguntam por atividades que estão acostumados a realizar na escola: a Lara ficou contrariada porque não fomos escovar os dentes (quinta-feira e sexta-feira, escovamos, mas, hoje, contei a primeira parte da história A Joaninha que perdeu as pintinhas [de Ducarmo Paes]); já a Évelin disse que queria ir à biblioteca. A ajuda da Fátima tem sido essencial e já estou pensando no que será de mim sem ela...

O Davi e o Levi também iniciaram hoje sem nenhum problema... Apenas a Elisa não compareceu ainda.

CP: Quais, por exemplo? Já respondeu... (Risos!)

CP: Sem dramas! (Risos!)

Terça-feira – Presentes: 22 / Faltas: 5

Observação: um aluno foi transferido para o período da manhã.

A terça-feira procedeu tranquila; apenas Hugo choramingou na entrada, mas a mãe reagiu normalmente, como ontem, e, assim que entrou, parou de chorar. Ele prefere brincar sozinho e, no parque, ficou perto de mim e da Fátima, conversando, observando as outras crianças e falando sobre elas. Quando incentivado a brincar, ele disse que sabia balançar, foi até lá, balançou umas três vezes e voltou. Quando falou sobre o castelo que os amigos Conrado e Levi estavam construindo, sugeri que ele oferecesse ajuda aos meninos; Hugo se aproximou deles, mas se distraiu com um caminhãozinho, voltou com ele e começou a brincar sozinho. Outro fato estranho: ainda na sala, quando eu disse que estava na hora do parque, ele (Hugo) começou a chorar dizendo que não gostava da gangorra e não queria brincar nela – tranquilizei-o quanto a isso, e ele se acalmou.

Enrico também iniciou hoje. Sua mãe disse que, durante seis dias, até sábado, ele ficou, internado na UTI por bronquite asmática. Perguntei se ele necessitava de algum cuidado especial, e ela disse que não, que ele poderia brincar e participar das atividades normalmente.

Roberta também perguntou hoje sobre a biblioteca, se poderia trazer um filme para ver com os amigos... Diante de tantas "cobranças", acho necessário retomar o uso dos espaços da escola na próxima semana.

CP: Com certeza!

Quarta-feira – Presentes: 23 / Faltas: 4

Na entrada, apenas Olívia chorou, porque não queria entrar. A mãe explicou que ela caiu antes de entrar e, por isso, ficou um pouco manhosa. A mãe entrou com ela e, quando lhe ofereci consolo, ela me abraçou e ficou no meu colo, então, a mãe pôde sair. Comecei a montar umas peças com ela, que continuou a montar sozinha. Alguns meninos já estão se juntando e formando uma "tropa do barulho": Enrico, Ícaro, Bento, Levi e Conrado. Por enquanto, estou conversando com cada um e mostrando-lhes os limites e as regras da escola (sem levar em conta que todos estão nesta escola desde o ano passado), mas já estou pensando numa maneira de separá-los para o bom andamento dos trabalhos... Aceito sugestões!!!

A Lara correu para o banheiro, porque estava apertada, e, quando a Fátima chegou lá, ela mostrou a boca com o lábio superior machucado por dentro e disse que, quando chegou lá, tinha uma tia limpando, e ela bateu a boca na vassoura da tia, mas, naquele momento, a Fátima relatou que não havia ninguém mais lá. Na hora da saída, contei o ocorrido para a mãe, que não reclamou, apenas consolou a menina e foram embora.

CP: História estranha, você perguntou se alguém da limpeza trombou numa criança?

CP: Combinar que TODOS os alunos vão sentar, a cada duas semanas, em lugares e com pessoas diferentes para todos se conhecerem?

Quinta-feira – Presentes: 24 / Faltas: 3

A entrada foi tranquila, ninguém chorou, porém, observei alguns faltantes: Hugo (que costuma chorar para entrar) e Tomás. Na [atividade] diversificada, a Isabela brigou com ou bateu na Frida, e, por esse motivo, a Frida começou a chorar, dizendo que queria ir embora com sua mãe, logo ela, que chega tão feliz e adora a escola... Conversei com a Isabela, e ela pediu desculpas, mas a Frida ficou muito magoada no parque, não quis brincar e, também, porque desde ontem ela se incomoda por estar de sandália, e a areia fica entrando no pé. Já havia combinado com ela para pedir para a mamãe colocar tênis e meia. Sem eu falar nada, hoje, ela mesma falou: "– Vou pedir para a mamãe colocar tênis". Depois disso, ela se alimentou e ficou bem até a transportadora chegar. O resto foi tudo bem.

As histórias *Princesa Arabela, mimada que só ela* [de Mylo Freeman] e *Os três jacarezinhos* [de Helen Ketteman e Will Terry] não foram lidas porque não houve tempo... Eles estão demorando um pouco para guardar os brinquedos, para sair do parque e para comer na hora do lanche. Assim, quando retornamos à sala, restam apenas 5 minutos para guardar agendas e guardanapos e se organizar para a saída. Reprogramei para a próxima semana.

***

Cristiane,

Parabéns pela qualidade do seu relato, tanto gráfica (sua letra) como qualitativamente (conteúdo).

Percebi que, só na quinta-feira (ontem), você fez o relato diário. Continue insistindo. Inicialmente, parece que não haverá assunto. Com o tempo, "sofrerá" com o que retirará! (Risos!)

Consegui notar que tem um olhar apurado e atencioso para cada criança! Isso é muito importante. É um bom início para o relato fluir, mas procure colocar mais reflexões ou, no início, descrições do seu fazer. Adorei seu relato explicando o porquê de as histórias *Princesa Arabela* e *Os três jacarezinhos* não terem sido lidas.

O que você faz com a diversificada depois de desenvolvida, Cristiane? Percebe que poderia ser um rico momento de desenvolvimento de discussões, iniciador de projetos ou de sequenciadas?

Vejo que há uma preocupação com o que lê para os alunos! Quais são os seus critérios de seleção? O que possível desenvolver?

Cristiano Rogério Alcântara
22 de fevereiro de 2013

P.S.: Acho que tentei fazer a minha melhor letra... (Risos!)

***

Registro da Semana de 25 de fevereiro a 1º de março de 2013

Segunda-feira – Presentes: 24 / Faltas: 3

O foco do dia foi nos procedimentos das atividades e nos combinados (o que posso/não posso fazer), isso, porque, na semana passada (Adaptação), os horários estavam tão apertados e resumidos à diversificada, ao parque e ao lanche, que, nesse sentido, parece que, hoje, foi o início de tudo. Com os horários acertados, acredito que haverá maior apropriação da rotina por parte das crianças. Hoje, fiquei orientando-as sobre o que faríamos depois (que atividades e espaços utilizaríamos) e como as atividades seriam realizadas, partindo do básico, como procedimentos de escovação e uso da massinha, logicamente, com a participação e a colaboração dos que já haviam se apropriado disso (no ano passado) para a transmissão aos amigos. O único que necessitou de acompanhamento individualizado a maior parte do tempo foi o Naim. Mesmo chamando sua atenção no momento das comandas coletivas, na maior parte do tempo, estava bastante distraído.

Fiz uma proposta de "desenho livre" para diagnóstico/verificação, porque, até o momento, não tinha ideia. Eles estão acostumados a desenhar na diversificada e a levar para casa, então, acabei ficando com nada... Fiquei surpresa com as exposições de algumas crianças, principalmente com a do Paulo – um desenho com cenário estruturado e definição no que quer expressar! Até o Marcos, que está iniciando agora na escola, conseguiu ver certa definição no que ele quis expressar. Mesmo assim, preciso pensar em intervenções que atinjam a todos... Sugestões? → **CP: Quais aspectos deseja abordar primeiro?**

Terça-feira – Presentes: 25 / faltas: 1

O dia foi mais produtivo... Não precisei ficar retomando os combinados e os procedimentos o tempo todo, o que gerou mais tempo nas atividades/brincadeiras. Também fiz com eles o estabelecimento da rotina por meio de figuras (que já utilizava no ano passado), o que parece ter ajudado mais na assimilação do que os procedimentos de ontem.

Tive certa dificuldade na hora [da atividade] do corpo em movimento: como estava chovendo, não pudemos usar a quadra, e o pátio já estava ocupado por quem deveria estar no parque (mas também não pôde usá-lo). Até o ano passado, o combinado era de que o pátio ficaria reservado para quem tivesse horário de quadra, pois estamos cada vez mais deixando de usá-la em razão das péssimas condições... Como é que fica neste ano? → **CP: Precisamos retomar.** *As crianças ficaram muito decepcionadas quando tivemos que voltar... Nesse momento, adiantei a hora da história, fazendo todo um suspense sobre o que aconteceria com a Princesa Arabela, depois, eles puderam aproveitar um pouco mais o "cantinho", o que eles estão curtindo bastante e pedem a todo momento para ir. Apesar da decepção, todos se concentraram na hora da história e acompanharam seu desfecho com bastante interesse.*

Quarta-feira – Presentes: 23 / Faltas: 3

Na diversificada, com as crianças que estavam tentando montar o quebra-cabeças, tentei direcionar a atenção delas para o desenho dos "periquitos no galho" ali representados, mas estava com dificuldades, porque até mesmo as peças que não eram certas se encaixavam. Depois, fiquei um pouco na mesa de leitura. Li, porque o Erik foi me chamar e disse: "– Eu não sei ler!". Então, expliquei a ele que as figuras que estavam no livro também contavam a sua história, e, olhando para elas, ele poderia imaginar qual história aquele livro contava ou poderia imaginar a história que quisesse. Fui virando as páginas e dizendo a ele o que eu achava que aquele livro queria contar, e o Paulo (que estava na mesma mesa) me interrompeu, dizendo que a gente podia imaginar quantas histórias quisesse... Então, aproveitei sua colocação para conversar sobre isso com as crianças que estavam naquela mesa.

Usei o horário do Circuito para repetir a brincadeira "Seu bobo" no pátio. Desde segunda-feira, a maioria estava me perguntando quando a gente iria brincar de novo dessa brincadeira... Eles curtiram muito, apenas o Naim quis parar antes de terminar a brincadeira, dizendo que estava cansado.

Na brinquedoteca, deixei que as crianças explorassem livremente os brinquedos (combinando com elas quais) e fiquei apenas observando...

CP: Fez registro desta observação?

Na Biblioteca Escolar Interativa (BEI), a Márcia J. e eu tínhamos combinado uma interação das turmas com história de fantoches, mas acabamos não combinando a história direito e não quisemos fazer de última hora, de qualquer jeito... Ficamos de combinar depois, a sério. Enfoquei a exploração livre de livros com eles – onde ficam, como devem ser guardados (observar a letra) –, e, mais individualmente, os procedimentos de leitura. Mesmo com tudo isso, foi proveitoso o tempo que ficamos na BEI!

CP: Vamos pensar em mais estratégias de uso deste espaço.

Quinta-feira – Presentes: 22 / Faltas: 4

Ateliê: fiz a proposta que eu havia programado e, por estar sozinha, ter de chegar lá e organizar tudo para começar, procurei conversar bastante com as crianças sobre esses procedimentos e envolvê-las na organização e na arrumação do espaço. Algumas delas me ajudaram a distribuir as folhas, os pincéis, o papel-toalha (para enxugá-las), e as outras até que se mantiveram em ordem, aguardando. Certas crianças investiram na composição de cenários; outras desenharam pessoas, mas muitas apenas exploraram a tinta. Depois, ajudaram-me a levar os restos de tinta para a pia e a recolher o lixo. Então, colocamos as folhas no carrinho de secagem – cada uma levou a sua, e eu o organizei. O único problema foi que pediram para lavar as mãos no banheiro, e eu deixei... Longe dos meus olhos, alguns meninos fizeram uma bagunça (mesmo tendo feito o combinado com eles antes). As meninas foram até que organizadas, mas, na próxima semana, não vou perder ninguém de vista: todos lavarão as mãozinhas no ateliê, onde posso controlar mais a situação...

***

CP: Ou não seria o caso de implicá-los mais ainda? Deixar claro que o ato de lavar as mãos após o uso da tinta é parte da atividade?

Cristiane,

Gosto muito do seu modo de relatar, consigo ver o que se passa! (Risos!)

Vejo que existe uma preocupação com o tempo das atividades e os seus desdobramentos; ainda gostaria de aprofundar certos procedimentos, mas tem dúvida de como fazê-lo, o que é natural.

Primeiramente, creio que ouvi-los (ato que você demonstra fazer) já é meio caminho andado. Agora, a questão é: como utilizar isso???

Na sua questão acerca do desenho, a produção do Paulo não poderia ser motivo de uma roda?

Deixe as crianças apontarem o que a produção do Paulo tem que, na delas, não há, e o que há na delas que, na do Paulo, não tem!

A solidariedade que mostraram com você na aula do ateliê comprova que saberem o que farão, como farão ou por que farão ajuda muito. Será que não entenderam que o banheiro fazia parte da atividade? "Vigiar" a lavagem das mãos é a melhor atividade para desenvolver a autonomia. (É uma pequena provocação, professora... Risos!)

Cristiano Rogério Alcântara
4 de março de 2013

***

Cristiano,

Em tempo: respondendo a sua pergunta sobre a escolha dos livros para leitura, procuro priorizar os que têm figuras/ilustrações aliadas a textos pequenos (essa faixa etária ainda tem pouco tempo de concentração). Também, quando as crianças estão fazendo exploração de livros na BEI, muitas delas me pedem para ler a história. Nesse momento, costumo fazer algumas intervenções sobre interpretação das ilustrações do livro usando a imaginação para compor a história, mas também utilizo esses livros escolhidos por elas para compartilhar na roda com a turma toda, e quase sempre não é necessário dizer que foi uma delas que escolheu ou sugeriu o livro – elas se manifestam.

Quanto à apreciação dos desenhos do Paulo, já havia pensado em iniciar as "rodas de apreciação". Vou começar a incluí-las na rotina, para que os educandos mais experientes possam contribuir com repertório para os outros. Nesse sentido, tenho um pouco de dificuldade com as crianças que ainda fazem rabiscos e garatujas... Eu sei que aquilo é significativo para elas, muitas verbalizam suas intenções e nomeiam o que desenharam, mas como fazer as outras crianças entenderem isso de forma apropriada? De que jeito falar?

Cristiane Capriolli

***

Cristiane,

Acho que a melhor forma é a verdade. Essas crianças estão numa fase pela qual alguns de vocês já passaram, como se eu pedisse para vocês escreverem um texto (poucos conseguirão), e assim por diante. Até nós, adultos, temos dificuldades em escrever/desenhar/encenar determinadas coisas.

Cristiano Rogério Alcântara

***

Registro da semana de 18 a 22 de fevereiro de 2013 – Adaptação

Segunda-feira – Presentes: 23 / Faltas: 3

Confeccionei um quadro de pregos e fiz uma organização dos nomes deles em ordem alfabética, para que visualizassem os nomes de todos. Dividi entre meninos e meninas, para facilitar no estabelecimento dos ajudantes do dia. Como isso despertou a curiosidade deles – o simples fato de algo diferente estar lá, pendurado na sala –, depois de explicar o que era aquilo, resolvi antecipar a brincadeira que faria amanhã com o reconhecimento do nome: ao cantar a música e falar o nome da criança, cada uma tinha que pegar sua plaquinha e achar o lugar do seu nome no quadro. Estou achando isso muito tranquilo para a maioria, apenas três demonstraram dificuldade nesse momento: Raul, Erik e Marcos (este está vindo para a escola pela primeira vez). Nesse sentido, vou enfocar o reconhecimento baseado na função social: identificar seus pertences e materiais, nomear e reconhecer suas atividades etc., realizando isso, no dia a dia, de forma bastante significativa e contextualizada de acordo com o momento e a atividade que está sendo realizada.

→ CP: Bom caminho.

Terça-feira – Presentes: 24 / Faltas: 2

Havia programado uma exploração individual com bola, focalizando os movimentos ou as brincadeiras que eu posso realizar com esse objeto. Nesse momento, pedi sugestões às crianças e fiz as minhas, para ampliação de possibilidades do que elas falaram. No entanto, quando chegamos ao pátio, descobri que não haviam bolas suficientes (até o ano passado, tínhamos dois cestos com bolas), então, parti para a proposta que seria a seguinte: explorar livremente a bola, mas em duplas, preocupando-se, também, em dividir a bola com um amigo e pensar em movimentos que podem ser realizados com ele.

Logo no início, algumas duplas se desfizeram, e as crianças que ficaram sem bola iniciaram uma busca desesperada por qualquer uma que estivesse rolando pelo chão, o que gerou certa confusão. Tive de intervir, tentando retomar as duplas, mas já haviam sido feitas trocas: os alunos que estavam sozinhos se juntaram, e houve remanejamento das bolas. A Juliana abandonou a brincadeira (foi sentar dizendo que estava cansada). A Frida veio me procurar muito triste, dizendo que não tinha mais com quem brincar – brinquei com ela até o fim da atividade. Depois de guardar as bolas, retomei com todos os combinados que havíamos feito e ressaltei que o fato de alguns terem mudado de ideia depois de começar a brincadeira prejudicou os amigos, que acabaram ficando sem ter com quem brincar e sem bola, tentando, assim, despertar o olhar de cada um para o outro, a fim de que se importem com o colega e com a situação, o que, certamente, será retomado em vários momentos oportunos.

Quarta-feira – Presentes: 21 / Faltas: 5

Desde segunda-feira, na diversificada, estou ficando na mesa do dominó de cores e formas, ensinando as crianças a jogar (distribuir a quantidade de peças para cada uma; aguardar a vez de jogar; verificar se tem a peça para jogar ou se precisa "comprar"; como guardar o jogo na bolsa). Estou surpresa como a mesa tem "bombado" – na própria segunda-feira, as que estavam nas outras mesas vinham dizendo que queriam jogar; eu explicava que não tinha mais peças disponíveis e que existe um limite de pessoas para jogar. Já ontem, as primeiras que foram chegando se dirigiram para a mesa. Enquanto aguardavam a minha presença, empilhavam as peças. Hoje, foi a mesma coisa, mas já tomaram a iniciativa de arrumar as peças viradas para baixo no chão (onde jogamos em razão do tamanho das peças). Nesses três dias, conseguimos jogar duas vezes no *tempo da diversificada, tanto o Erik como o Levi estão escolhendo essa mesma mesa todos esses dias; o restante das crianças está se revezando, e muitas delas lamentam não ter chegado antes para escolher essa mesa. Na semana passada, dediquei a mesma atenção à mesa do quebra-cabeça e já consigo ver o resultado: todos procurando trabalhar juntos e se preocupando com a forma e com a figura que deve haver na próxima peça que têm que procurar e encaixar – isso é muito bom!!!*

Acredito que, com o tempo, da mesma forma, as crianças conseguirão se organizar e jogar o dominó sozinhas também. É só investir...

Quinta-feira – Presentes: 26

A atividade no ateliê foi mais tranquila, porque tive ajuda da Giovana (outra pessoa faz a diferença). Mesmo assim, envolvi os ajudantes na entrega das folhas e fiz novos combinados com eles (para evitar os incidentes da semana passada): todos lavariam as mãos na pia do ateliê e, quando ninguém na mesa estivesse mais usando as tintas, todos ajudariam a levar os potes à pia. Quando foram terminando, procederam conforme havíamos combinado, tiraram o avental, levaram as pinturas para o carrinho de secagem e ficaram aguardando os amigos terminarem. O movimento foi grande em virtude da quantidade de crianças, mas, no final, deu tudo certo... E, ainda, sobraram 15 minutos para que curtissem aquela casinha do lado de fora – e todos os alunos a adoram.

***

Cristiane,

Você me surpreendeu (e olha que isso é algo raro de acontecer... Risos!). Creio que, de propósito, você escolheu relatar uma atividade por dia; dessa forma, descreve com minúcia seu fazer e o das crianças! Para lhe ser bem franco, não sei se será uma boa estratégia, mas como não sei, não vou dizer para deixar de fazê-lo. Quando eu tiver uma opinião formada, eu lhe aviso!

Acerca do que foi ponderado:

1º) Sentar-se com os alunos na diversificada é fundamental, tanto para ensinar o jogo como para ouvi-los.

2º) Os seus critérios de escolha das obras lidas são válidos, porém, eu ainda acredito que outros poderiam ser colocados: editora, autor, temática etc.

3º) Durante a exploração com a bola, quais eram seus objetivos? Ter menos bolas impossibilitava a realização deles?
4º) O "investimento" no fazer da criança é sempre lucro, na certa... (Risos!) Por isso, é importante ter clareza do que estamos depositando.

Quais são os projetos/as sequências que você está planejando? Como estão as trocas com seus pares de faixa etária? Já escolheu uma parceira de faixa etária diferente?

Cristiano Rogério Alcântara
10 de março de 2013

***

Cristiano,

*Referente à escolha dos livros, com certeza, isso acabará acontecendo, porque o repertório vai acabando e, ao mesmo tempo, sempre que vejo algo novo nas prateleiras da BEI, leio e avalio se levar aquela leitura para as crianças naquele momento é legal, se devo escolher outra obra, se aceito a sugestão delas ou se procuro a temática (*Bruxas*, da Eva Furnari, ou, sobre medo, *Quem tem medo?*, de Fanny Joly e Jean-Noel Rochut, por exemplo), e assim vai seguindo...*

Sobre a atividade com bola, o objetivo era a concentração das crianças no que pode ser feito com a bola: quicar, chutar, correr atrás, mas, como tinha a preocupação de dividir a bola com um amigo, o primeiro objetivo tornou-se secundário. Entretanto, para algumas crianças, foi muito significativo.

E, agora, a sua pergunta me fez pensar que, muitas vezes, na prática, tudo acontece ao mesmo tempo na vida, e temos que aprender a lidar com isso...

Cristiane Capriolli

***

Registro da semana de 11 a 15 de março de 2013

Segunda-feira – Presentes: 21 / Faltas: 5

Mesmo antes da sua devolutiva, fiz uma roda de apreciação com as pinturas realizadas no ateliê quinta-feira. Pedi, aleatoriamente, para os ajudantes iniciarem, e, logo no início, todos foram participando com perguntas. Conforme o autor ia explicando, os outros iam perguntando: "– Onde?", fazendo o amigo mostrar. Alguns comentavam: "– Eu também desenhei isso, mas fiz assim!", e mostravam. Outros questionavam sobre a cor: "– Você disse que desenhou o mar, mas aí está vermelho, e o mar é azul!". Eu fui deixar uma discussão correr, fazendo algumas perguntas do tipo: "– Você quis usar essa cor para desenhar isso por quê?". Até os desenhos mais "abstratos" parecem tomar outra forma quando vistos do ponto de vista de quem os desenhou, com base no que a criança pensou naquele momento, no que quis expressar.

Também foi interessante ver como as outras crianças encaram de forma muito natural essas produções dos amigos. Elas estavam muito concentrados na roda, o que proporcionou que todas falassem, a maioria naturalmente, ao ouvir o outro. Às que não falaram de forma espontânea, perguntei sobre o que desenharam, e elas compartilharam. No final, todas falaram. Ótima experiência para mim!

Observação: fiquei meio perdida sem o meu semanário, como a grade deste ano é nova, não guardei de cabeça tudo o que planejei ainda... Mesmo olhando o horário. (Risos!) → **CP: Se preferir, dê o semanário só quando chegar na segunda-feira na escola, deixe só o diário.**

Terça-feira – Presentes: 22 / Faltas: 4

Fiquei surpresa, hoje, quando mostrei o livro Marcianos adoram cuecas [de Claire Freedman e Ben Cort], muitas crianças vibraram, dizendo "– Eu conheço esse livro!" ou "– Essa história é muito legal!". A Olívia perguntou: "– Eu posso te ajudar a contar?". E o Enrico falou: "– Eu também quero ajudar, porque eu também já ouvi essa história". Diante de toda essa empolgação, combinei que a história seria contada por todos nós, em ordem: eu iniciaria a leitura de cada parte, e elas iriam completando. A princípio, achei que não daria certo, mesmo assim iniciei... Aos poucos, foram narrando a história, e quem mais participou desse momento foram Igor, Évelin e Olívia.

Quando a história é encerrada no livro, a última página e a quarta capa trazem o desenho de várias cuecas com tamanhos, modelos e estampas diferentes. Nesse momento, eles ficaram muito empolgados: os meninos, cada um, apontando quais cuecas eram parecidas com as que tinham. O interessante é que havia dois desenhos de cuecas (uma com estampa de coração, e outra de flor) que mais pareciam calcinhas. Lancei essa dúvida para o grupo, e, aí, as meninas se empolgaram também: "– É verdade! Eu tenho uma calcinha parecida com essa!"; "– Eu também!". Em seguida, surgiu a pergunta (não consegui identificar de quem): "– Será que os marcianos também roubam calcinhas?". E, então, começou aquele barulho gostoso: uns falando com os outros, perguntando, argumentando, discutindo entre eles, e eu ali, só assistindo... Por alguns momentos, ficamos assim... Muito, muito bom!!! Até que foram se acalmando, o barulho foi diminuindo e encerramos "a hora da história".

Depois do parque, tivemos que retomar os combinados de uso do espaço, pois alguns meninos estavam jogando areia uns nos outros; outros lançando pratos como discos. A Juliana estava chorando porque ninguém queria emprestar potes para ela brincar. Com as pernas um pouco raladas, o Levi e a Lara vieram reclamar que foram derrubados do escorregador (estavam se amontoando um atrás do outro na descida), e eu, lá, pedindo para um parar, dizendo a outro que não podia brincar assim... Mas acho que a conversa foi mais proveitosa.

Quarta-feira – Presentes: 23 / Faltas: 3

A diversificada está bem mais tranquila, eles já estão se apropriando das possibilidades de cada brinquedo/material, e percebo, também, que estão sendo mais criativos com relação a isso. Na mesa do quebra-cabeça, por exemplo, está havendo mais colaboração, estão conseguindo ir até o fim sem solicitar a minha interferência. Isso está se refletindo na brinquedoteca.

Hoje, fiquei com as meninas da "cozinha", que pegaram as panelinhas para brincar. Levei-as, com seus brinquedos, para mais perto da "feira" e sugeri uma integração: "– Será que não podemos comprar lá os ingredientes para a cozinhar?". As mais "rapidinhas" correram para pegar os carrinhos, e a Karin já estava lá como feirante. Dali a pouco, voltaram com os carrinhos cheios e, antes que despejassem tudo, falei: "– Vamos precisar de muitas panelas para cozinhar tudo isso!". Então, fui solicitada por outro grupo "para atender uma ocorrência" e, quando retornei, não havia mais lugar para mim... Elas foram dando continuidade, e não havia mais "espaço" para que eu retornasse. Fiquei observando-as servirem "os cozidos" nos pratinhos, experimentarem etc. Só precisei interferir novamente na hora de guardar, porque algumas delas estavam misturando os brinquedos da feirinha na caixa das panelinhas. Atenderam à minha solicitação, e pronto!

Quinta-feira – Presentes: 22 / Faltas: 4

Fui chegando bem de mansinho na mesa dos meninos que estavam brincando com os Max Steel, observando como brincavam, e percebi que estavam usando os bonecos para representar papéis: um estava indo para o mercado; o outro, conversando; e um terceiro tinha que ir trabalhar. O Ícaro estava com dois, e perguntei para ele o porquê. Ele respondeu: "– É que eles estão conversando...". Perguntei se eu podia ficar com um e brincar também; ele me respondeu: "– E como eu brinco?" –, e eu perguntei de volta. Então, o Paulo respondeu: "– Nós somos adultos. É só ir ao mercado, cuidar das crianças, trabalhar..." E, durante o tempo em que fiquei ali com eles, a brincadeira foi esta: a de representar papéis. Acredito que foi a primeira vez que presenciei isso, porque, em geral, eles usam esse brinquedo para imitar o que veem nos desenhos de heróis: o bem luta contra o mal; eles têm que salvar o planeta ou a humanidade etc. Fiquei surpresa de estarem usando outro repertório para esse brinquedo. CP: Viu???

Os combinados estão sendo retomados, sobretudo com algumas crianças, na maior parte do tempo. São vários os casos de empurrar, os de beliscar; hoje, teve o de morder... No parque, novamente, foi difícil: vários meninos brincando de correr e de lutar, e muitas reclamações "– Me chutou..."; "– Me bateu...". Por mais que eu pedisse, eles paravam na hora, e, dali a um tempo, voltavam a brincar disso, e novas reclamações surgiam... Amanhã, vou conversar com eles antes do parque e fazer os combinados... Vamos ver.

No ateliê, a proposta foi a exploração livre da cola colorida. Depois de demonstrar os procedimentos de uso, as crianças abusaram: a maioria experimentou, misturou cores, encheram a folha. Já o Igor, a Olívia e o Paulo usaram o material para desenhar mesmo e compor cenários. Alguns poucos, como o Yohan e o Hugo, usaram só um pedacinho da folha, bem comedidos... Mesmo depois de chamar a atenção deles para todo o espaço que ainda havia disponível, não quiseram continuar. A limpeza das mãos foi bem tranquila (sem empurra-empurra nem "molhadeira"), e o Igor me ajudou a guardar as colas. Ajudei, também, cada um com a colocação da pintura no carrinho de secagem. Mesmo estando sozinha com elas, desta vez, a atividade transcorreu muito tranquila!

***

Cristiane,

Volto a me surpreender, e, agora, marcou duas ou três atividades... (Risos!) Isso já está se tornando um diário surpresa! (Risos!)

Há muitas coisas neles (relatos) que desejo retomar:

1º) O momento da leitura compartilhada que você narrou me pareceu MUITO legal! Tomara que outros livros ajudem-no a acontecer de novo!
2º) O uso dos bonecos pelos meninos para simbolizarem "homens" comuns é um dado interessante. Tente observar se voltarão a fazer isso.
3º) Suas narrativas de que brinca com as crianças e entra nos jogos simbólicos que elas traçam é muito importante. Pergunta do milhão: O que faz com esses dados?

Vamos pensar em estratégias de uso do ateliê? Quando você achar que o grupo está maduro para a utilização do espaço, podemos propor desafios para seu uso!

Cristiano Rogério Alcântara
17 de março de 2013

P.S.: Posso ver você aplicando a atividade do jogo da árvore?

***

Cristiano,

Pedi para chamá-lo, mas você estava em reunião com a Ana.

Cristiane Capriolli
19 de março de 2013

***

Cristiane, obrigado!

Cristiano Rogério Alcântara

***

Registro da semana de 18 a 22 de março de 2013

Compilado de sexta-feira, segunda-feira e terça-feira [Sem registro de presença.]

Na sexta-feira, a chegada do termômetro foi um alvoroço... Quando a Cibele chegou na sala e me entregou, o Erik falou: "– É de ver febre, igual que minha mãe colocou em mim?". Eu expliquei que também era um termômetro, mas esse media a temperatura climática. E todos se levantaram e quiseram ver. Fui mostrando de mesa em mesa, e registramos na lousa a temperatura daquele momento: 25 °C. Já na segunda-feira, após o estabelecimento da rotina, mostrei novamente o termômetro, constatamos que "o risquinho vermelho" estava em 20 °C, e que, portanto, a temperatura estava menor do que na sexta-feira (na proporção: número menor = temperatura menor). Perguntei se alguém sabia o que significava, porém, ninguém respondeu.

"– Como estamos vestidos hoje?" – continuei. Depois de algumas tentativas, a Olívia: "– Todo mundo está de blusa hoje!". Eu: "– E por que a gente veste blusa?". Vários deles: "– É porque está frio!". A partir daí, fiz a relação com eles: quando está frio, a temperatura é menor; e, se a temperatura estiver maior, sentiremos mais calor e não precisaremos vestir blusa. E a Olívia concluiu: "– Então, é por isso que a gente usa bermuda e camiseta no calor!".

Retomamos o assunto do tempo antes do parque, em razão de estar garoando e ventando frio, e, por esse motivo, não poderíamos ir lá fora...

Para segunda-feira, escolhi o livro *A família do Marcelo*, da Ruth Rocha, para tema disparador de uma roda de conversa sobre as diferentes famílias das crianças, já que o Raul e o Ícaro não têm mãe; eles são cuidados pelos avós. A mãe do Raul morreu durante o seu parto, e ele mora com o pai e os avós maternos. A do Ícaro morreu por um câncer há, mais ou menos, uns 2 anos. Depois de ler a história, retomei com eles as famílias que o Marcelo apresenta no livro e perguntei quem queria falar sobre a sua família. Aos poucos, os alunos foram levantando a mão e falando sobre as pessoas que moravam com eles. A cada família, eu fui fazendo a intermediação da diferença entre elas. O objetivo da integração das atividades foi o de que tomassem contato com os diferentes tipos de famílias por meio do depoimento de cada amigo da roda. Em seguida, pedi para que representassem em desenho suas famílias, e, a cada um que terminava, pedia para que me falasse quem tinha desenhado. A maioria representou exatamente aquilo que tinha falado.

Na terça-feira, confeccionei um cartaz para o jogo da árvore e expliquei para eles as novas regras. Os ajudantes escolheram, cada um, dois amigos para formar sua equipe, e, assim, com os dois trios, começamos a jogar. <u>Estamos usando o dado de número, porque tenho o objetivo de que</u>

comecem a fazer relação número-quantidade, e, nesse sentido, o Igor e o Conrado, que já se apropriaram desse conceito, estão ajudando bastante os amigos. Terminamos a rodada com 10 maçãs para os meninos e 14 para as meninas. Usamos a tabela numérica para verificar quem tinha vencido, mas, mesmo depois disso, de constatar que as meninas tinham ganhado, perguntei a eles se, sem pensar nos números, se só olhando para as árvores, não dava para perceber qual tinha mais maçãs, a fim de saber quem tinha vencido, e o Bento: "– A árvore das meninas está mais cheia, e por isso elas ganharam". Coletivamente, todos concordaram, mas, mesmo assim, fui perguntando para alguns individualmente se era isso mesmo, se eles concordavam... "– Sim, sim e sim!" – respondiam. Realmente achei que ficou bem melhor jogar dessa forma... Com todos, o jogo ficava cansativo, eles dispersavam e não alcançavam a noção de quantidade do resultado final.

CP: Creio que uma linha numérica seria melhor!

CP: Sem dúvida!

Quinta-feira – Presentes: 20 / Faltas: 6

Havia programado uma roda de conversa inicial sobre a chuva, contudo, após a diversificada, as crianças demoraram muito para guardar os brinquedos... Algumas delas guardam rapidamente o brinquedo na mesa em que estavam e vão brincar em outra (Bento, Bless e Tomás, por exemplo), no entanto, até eu chegar lá, bagunçam tudo, e acaba ficando pior para organizar. Estou tentando retomar os combinados individualmente com os alunos, mas, mesmo assim, está difícil... Consegui terminar a contagem e a rotina só depois das 13h50 e achei que apenas 10 minutos para um assunto tão importante não seriam suficientes. Além disso, o Ícaro está doente e considero sua contribuição muito importante nessa roda, em razão das colocações que fez no dia da observação daquela tempestade...

Por esses motivos, decidi cancelar e aproveitei a atividade do ateliê para trabalhar com as crianças a função social de nomear as atividades (identificação, assinatura da obra ou do trabalho que realizaram), pedindo para que realizassem essa escrita com apoio (se necessário) na folha que utilizaríamos para a pintura com aquarela. Combinei, também, com elas que, mesmo depois que terminassem a pintura, hoje, não usaríamos a casinha entre o ateliê e a biblioteca para brincar, porque, das últimas vezes, percebi que estavam preocupadas em terminar logo, a fim de terem mais tempo para brincar. Embora eu tenha conversado com os alunos sobre isso após a brincadeira, achei necessário tomar essa decisão hoje... As crianças não gostaram, reclamaram e perguntaram várias vezes por quê. Conversei e expliquei o porquê todas as vezes que elas perguntaram – coletiva e individualmente. Achei essa atitude necessária para valorizar mais o espaço do ateliê e as atividades que lá são realizadas, além de desatrelar o uso dos dois espaços.

***

CP: Concordo!

Cristiane,

Gosto muito (MUITO MESMO) dos seus relatos. Passam-me a impressão de uma profissional que busca refletir acerca do seu fazer!

Sugiro que use outra cor de lápis ou caneta nos trechos em que está refletindo. Grifei dois exemplos: quando você relata o horário 13h50, é uma descrição que faz, e, com base nela, é a reflexão; isso também se aplica à ausência do Ícaro.

Adorei ter pensado e diminuído o número de alunos que jogam o jogo das árvores, assim, fica mais claro para eles!

Socialize mais o projeto sobre os fenômenos da natureza com a Márcia J., por favor. Veja se ela quer o termômetro emprestado, pense em desdobramentos conjuntos. Quanto mais pessoas pensando juntas, melhor!

Cristiano Rogério Alcântara
25 de março de 2013

P.S.: Seu potencial é muito grande para ficar "escondido", professora!

***

Registro da semana de 25 a 28 de março

Terça-feira – Presentes: 18 / Faltas: 6

O jogo da árvore, hoje, foi mais tranquilo, pois já se apropriaram do novo esquema, e, assim que comecei a desenhar as árvores na lousa, já começaram a se organizar, chamando os ajudantes para escolherem as equipes. Quando terminamos, as meninas tinham 16 maçãs, e os meninos, 10. Antes de contarmos, a Olívia já avisou: "– Só de olhar, já dá pra saber que as meninas ganharam!". Perguntei se todos concordavam com ela e por quê. E o Tomás: "– É porque dá pra ver que na árvore delas tem mais". E eu: "– Então, não precisamos contar?". O Conrado: "– Precisa, sim, pra ter certeza!". Contamos coletivamente e comprovamos que as meninas ganharam.

CP: Verdade? Será que precisa por isso?

Na próxima semana, acho que já dá para fazer duas rodadas, colocando quatro equipes para jogar, já que estão se apropriando cada vez mais das regras do jogo. Assim, já posso pensar com eles no próximo jogo coletivo. Ah, pensei, também, num jogo da árvore concreto, para deixar na diversificada depois que partirmos para o próximo jogo... Será que a escola tem algum, ou daria para comprar? → **CP: Podemos comprar.**

Estávamos no cantinho, quando começou a chuva mais forte, e você viu que algumas crianças só de escutar o barulho foram para o vidro e avisaram: "– Tá chovendo!"? Depois de muitas irem até lá para olhar e voltarem para a brincadeira, Enrico, Ícaro, Levi, Bless e Lara levaram os brinquedos de escritório para perto da porta de vidro e se instalaram lá. Perguntei: "– Por que vocês trouxeram as coisas e, agora, estão brincando aqui?". O Enrico: "– É o nosso escritório!". E o Ícaro: "– É que aqui vai ser nossa janela!". Eu indaguei: "– Por que vocês precisam de janela?". Ícaro respondeu: "– Para olhar a chuva!". E eu: "– Por que vocês querem olhar a chuva?". Ícaro: "– Porque a gente gosta!". E o Levi e o Enrico confirmaram juntos: "– É!". Então, continuaram a brincar todos de frente para o vidro.

Na saída, o Enrico ficou por último (coisa que nunca aconteceu) e perguntou por que sua mãe estava demorando... Conversei com ele sobre como aquela chuva na hora da saída deveria estar atrapalhando a todos, e ele: "– É que os pais não devem querer que os filhos se molhem!". Quando sua mãe chegou, foi logo justificando: "– Que confusão! Todo mundo queria parar o carro aqui no portão para as crianças não se molharem...". Isso confirmava a nossa hipótese! Pensei em retomar o assunto em roda amanhã, perguntando como foi a volta para casa com aquela chuva...

CP: Excelente!

Quarta-feira – Presentes: 21 / Faltas: 5

Fiz a troca da roda de música para a de conversa usando a situação vivida pelo Enrico ontem como tema disparador. Pedi para que ele contasse aos amigos o que aconteceu na hora da saída, e disse que, depois, todos poderiam falar como foi ir embora com aquela chuva. Após ouvirem o Enrico, começaram a contar que tiveram que usar guarda-chuva para não se molharem, e o Ícaro compartilhou que, mesmo usando guarda-chuva, caíram alguns pingos nos pés. A Juliana disse que não se molhou, porque seu pai estava com guarda-chuva e a pegou no colo. Já o Levi disse que o pai esqueceu o guarda-chuva e usou a blusa dele para amarar na sua cabeça, mas o resto ficou todo molhado.

Fui aproveitando as falas dos alunos para ajudá-los a identificar que a chuva causa sempre algum transtorno para as pessoas, elas grandes, sejam elas pequenas. Se não fosse pela chuva, seria mais fácil chegar em casa, como acontece na maioria das vezes. Até quem não veio ontem, a Isabela, participou com uma consideração importante para a roda: "– Minha avó saiu para ir ao mercado e não levou guarda-chuva, daí, começou a chover. Ela voltou toda molhada, pingando... Então, ela disse que iria tomar um banho quente para tirar a friagem". Conversei, também, um pouco com eles sobre alguns problemas de saúde (febre, tosse, espirros, gripe) que a chuva pode causar nas pessoas se ficarem muito tempo molhadas... Mesmo não havendo nenhuma colocação extraordinária, considerei importante ter conversado tudo isso com eles, retomando algumas situações vivenciadas por eles ontem.

CP: Poderia ter citado o termômetro... (Risos!)

CP: Como "nada de extraordinário"? Foi bárbaro!

Quinta-feira – Presentes: 19 / Faltas: 7

Quando marcamos o calendário, e disse para os alunos que amanhã era feriado, alguns falaram: "– É Páscoa, feriado da Páscoa!". E, antes mesmo da roda de conversa, começaram a falar sobre ovo de Páscoa, coelho da Páscoa. Pedi, então, que formassem a roda para conversarmos sobre isso, e alguns já começaram a falar que a mãe, a madrinha, a avó já tinham comprado ovos para eles, que vinham com brinquedo dentro, com seus personagens preferidos. Outros falaram sobre qual ovo tinham pedido etc. A Juliana disse que a mãe dela só não comprou porque o coelho é que vai dar para ela na Páscoa. Depois que todos falaram, e o assunto se esgotou (esse tema não tinha surgido antes), concluí que a Páscoa é comemorada no domingo e que as pessoas costumam se presentear com ovos de chocolate. Achei mais democrático não falar sobre o coelho nem sobre o aspecto religioso, preservando o papel laico da escola.

Retomei com eles o assunto da chuva, sugerindo que poderíamos fazer uma pesquisa para saber mais sobre ela, já que era um assunto que interessava a todos, e perguntei: "– Alguém sabe como podemos fazer uma pesquisa?". A Roberta: "– No computador!". O Raul: "– Nos livros!". E fui conversando com eles sobre o acesso à internet, que permite buscarmos informações no computador, e disse que podemos procurar livros sobre o assunto que queremos saber. O Ícaro acrescentou: "– Na TV também!". A princípio, eu não entendi, então, perguntei: "– Na TV?". E ele continuou: "– Quando estou assistindo jornais, passam muitas notícias sobre a chuva!". Esse menino é muito esperto! Ele acrescenta muito ao grupo e sempre me surpreende.

Sugeri, então, que fizéssemos uma lista sobre o que sabemos sobre a chuva, informações que serão confirmadas ou não durante a pesquisa. A maioria contribuiu:

- A chuva molha.
- A chuva cai da nuvem.
- Tem chuva forte e chuva fraca.
- Chuva forte tem raios e trovões.
- Quando chove muito, o rio enche, e as ruas, também.
- O céu fica escuro quando vai chover.

Depois de levantadas as hipóteses, disse que poderiam participar desse registro por meio de um desenho, e as crianças se empolgaram

CP: Por que deixaríamos de ser democráticos e laicos se falássemos?

bastante. Apareceram várias coisas interessantes. Por exemplo: a Isabela desenhou a avó molhada da chuva quando voltou do mercado; a Lara desenhou os raios; a Olívia fez a grama molhada; o Naim desenhou sua casa, e a chuva caindo no telhado... O interessante fato observado é que, em todos os desenhos, apareceram nuvens e pingos de chuva. Acho que isso quer dizer que eles assimilaram o papel do registro.

Registro da semana de 1º a 15 de abril de 2013

Compilado da semana [Sem registro de presença.]

Na roda de apreciação, todas as crianças retornaram e compartilharam o que tinham desenhado, enfatizando a chuva. Umas foram comentando os desenhos das outras, observando até o aspecto de pingos grossos e finos. Perguntei por que observaram essa diferença, e o Igor (que não estava na quinta-feira), disse que, quando a chuva é forte, os pingos são grossos, e, quando a chuva é fraca, os pingos são finos – todas as crianças concordaram. O Conrado, que também não estava na quinta-feira, disse que queria desenhar a chuva, e o Igor e a Karin também. Como era a proposta para hoje, um pouco mais tarde, seria o desenho livre, expliquei que, nesse momento, poderiam fazer o desenho da chuva, todo mundo que quisesse... Nessa hora, 90% dos desenhos foram sobre a chuva, até quem já tinha desenhado repetiu. O interessante é que algumas crianças repetiram exatamente e tinham feito, como o Naim e a Isabela, e outras, como a Maya Luiza, o Bless, o Levi, a Roberta, aproveitaram as ideias dos amigos depois da apreciação e incrementaram suas produções... Um resultado positivo!!!

Na quarta-feira, a história do início do projeto se repetiu: estávamos no parque, e o céu começou a ficar muito escuro. Dali a uns 10 minutos, a chuva caiu e já começou grossa, aí, foi aquela correria para recolher os brinquedos e sair do parque. Ficamos na parte coberta, observando a chuva e a cor do céu que, logo depois de a chuva cair, foi ficando cinza claro. As crianças conseguiram observar que, depois de a chuva cair, o céu foi clareando. Olhando para o horizonte, havia um pedaço do céu que estava amarelado, chamei a atenção deles para isso e perguntei o porquê. Como ninguém respondeu, perguntei: "– Será que lá está chovendo como aqui?". E o Ícaro: "– Não, porque lá tem sol, por isso que está amarelo!". Levi comentou: "– Mas está meio cinza...". E, essa, ninguém sabia responder... Expliquei que a fumaça que sai dos carros e das fábricas forma a poluição, e que, por isso, onde estava amarelo com sol também estava cinza… Ficamos assim por um tempo, observando a chuva a cair e as cores do céu.

Na quinta-feira, fizemos a roda da descoberta. Peguei um dos livros por eles pesquisados na biblioteca e fiz a leitura do texto informativo sobre a chuva para os alunos. Depois de ler, perguntei se alguém tinha entendido, e… nada! Fiz, então, a leitura novamente, e o Enrico: "– Chuva é água que cai da nuvem". Pensei: "Ufa!!! Alguém entendeu alguma coisa!". Fui retomando as partes do texto com eles, resumindo o conteúdo: "– O Sol aquece a água que está na Terra, e essa água vira vapor. O vapor d'água sobe e, ao se juntar, forma as nuvens. A nuvem fica pesada e, quando o vapor se esfria, vira água e cai em forma de chuva". Achei que ficou um pouco abstrato para eles, apesar de ter explicado que o vapor é algo que não enxergamos, que é a mesma coisa que acontece quando colocamos água no fogo para ferver.

CP: Nossa cozinha?

Na hora do parque, choveu novamente, mas foi rápido, logo parou… Então, tive a ideia de levá-los para fora, mostrar tudo molhado e explicar que tudo fica seco depois, porque a água evapora – fiquei mais segura de que entenderam dessa forma.

***

Cristiane,

Não me canso de elogiar seus registros pela grande qualidade de significação que vejo neles. Seu ouvir para o que as crianças apresentam é excepcional! Parabéns!

Acredito que, nessa última semana, faltou um pouco de fôlego… (Risos!) Você, normalmente, mantém a regularidade do tamanho do relato, um item muito importante para desenvolver uma escrita reflexiva. Nos últimos dias, houve relatos seus que oscilaram muito.

Mas vamos ao que vi de muito bom: sua preocupação que o registro deles apresentasse os conceitos que vocês viram… Não valeria a pena pensar, depois, em registro de enchentes? Chuvas finas? E assim por diante?

O vapor merece uma experiência prática. Não sei se será melhor esperar a Nise ou trazer uma garrafa plástica transparente e mostrar como a água sai do fundo dela e sobe até a tampa…

Hoje, o céu está nublado… Está fazendo o registro dessas mudanças climáticas? Vamos pensar num cartaz que seja prático e consiga ter todas essas informações?

Dia da observação	Céu entrada	Céu saída	Temperatura entrada	Temperatura saída
10/04	Azul	Cinza	26 °C	24 °C
11/04	Cinza	Escuro	24 °C	19 °C

Você pode colocar outros itens que achar necessário. O importante é perceberem como a observação diária é importante. (Risos!)

Cristiano Rogério Alcântara
7 de abril de 2013

P.S.: É nos detalhes que encontramos a diferença entre o bom e o excelente, professora. Quero ajudá-la a chegar à excelência, pois, o "muito bom", você já domina.

***

Registro da semana de 8 a 12 de abril de 2013

Segunda-feira – Presentes: 23 / Faltas: 3

É muito interessante trabalhar com temas que interessam ao grupo. O dia hoje ficou chuvoso pela manhã, mas, na hora da entrada, à tarde, o sol estava aparecendo um pouco. Na hora de fazer a rotina com eles, nem me lembrei do fato de ter chovido, da possibilidade de a areia estar encharcada, e coloquei "parque". O Enrico: "– Mas será que não vai chover? Porque estou vendo umas nuvens escuras...". Com essa pergunta, percebi que observar o céu está se tornando um movimento natural das crianças. A mesma coisa aconteceu com o Levi e a Maya Luiza, na hora da escovação (um pouco antes do horário de parque), os dois olhavam para o céu, temerosos, observando as nuvens escuras: "– Parece que daqui a pouco vai chover... Bem na hora do parque!". Estão ficando acostumados a enfrentar a chuva que teima em cair quase à mesma hora...

Estou preparando a confecção do cartaz para anotar as observações, mas fiquei pensando em sobrecarregá-los de informações com tudo o que já se fala na rotina: data (pintar calendário); contagem (meninos e meninas); itens da rotina (diversificada, lanche, parque), mais o cartaz de registro das observações... Você tem alguma sugestão que ajude para tudo isso? Ou será que devo priorizar o que é mais significativo? Como posso fazer essa avaliação?

CP: Precisa ser da forma como você faz?

Terça-feira - Presentes: 22 / Faltas: 4

Não realizei o jogo da árvore hoje, como havia programado, porque só falta uma rodada, e dois participantes estavam ausentes hoje. Deixei para encerrar na próxima semana ou verificar, ainda, alguma modificação nesta semana. No lugar, apliquei um desenho com interferência com a proposta com base em uma camiseta colada na folha.

Além da exploração do desenho da figura humana, enfatizei o uso da peça de roupa, o que ocorre mais no verão, quando o tempo está quente, em geral, com sol mais forte e temperaturas mais altas. Fiz a comparação, também, com o dia de hoje, que estava alternando períodos de sol e de nuvens, e a maioria estava com camiseta. O interessante é que quase todos se desenharam, mesmo sem eu pedir (poderia desenhar qualquer pessoa); também houve a composição de cenário em boa parte dos trabalhos, aparecendo o Sol e as nuvens que eu havia citado. Parece que existe um direcionamento natural para o que está sendo trabalhado no projeto de fenômenos naturais...

Quarta-feira - Presentes: 21 / Faltas: 5

Quando chegamos à brinquedoteca, a maior parte das crianças demonstrou interesse em vestir as fantasias e em representar. Mudei o foco, que eram os jogos, mas combinei com elas que teriam de se organizar e pensar sozinhas sobre o que iriam fazer.

Depois de se vestirem, os meninos que estavam de heróis começaram a discutir quem seria do "bem" e quem seria do "mal". Sugeri que se separassem, um grupo de cada lado, e os do "mal" decidiram que iriam prender as princesas numa gaiola gigante. Fiquei apenas orientando o posicionamento e as falas. Após prenderem as princesas, os heróis do "bem" decidiram resgatá-las, então, perguntei como eles ficaram sabendo que elas estavam presas. Conrado disse: "- Elas podem gritar 'Socorro!' bem alto pra que a gente escute e vá salvar". As meninas gritaram e foram salvas pelos heróis do "bem", que derrotaram os do "mal", e, depois, no "fim", ainda restou um tempo para brincar livremente.

Também fizemos a roda de descoberta e, com as leituras informativas dos textos (expliquei para as crianças a diferença), descobrimos o que é enchente, que o aparelho que mede a chuva se chama pluviômetro e que pode chover gelo (granizo). Fiquei surpresa com a concentração delas enquanto eu fazia a leitura!

Quinta-feira - Presentes: 20 / Faltas: 6

Foi a primeira vez que fiz a proposta de percurso criativo no ateliê. O objetivo era que escolhessem, entre os recursos disponibilizados, quais deveriam usar para compor o que queriam expressar por meio do trabalho realizado. A mesa com tintas de várias cores foi a que ficou lotada todo o tempo; a mesa das canetinhas e dos lápis de cor ficou mais vazia. A terceira mesa tinha papéis recortados em várias formas e de várias cores, e foram usando para dar um contorno a animais, barcos, casas, flores etc. Fiquei atenta em relação ao uso da cola, porque a maioria não sabe dosar a quantidade ainda, então, fui orientando as crianças.

CP: Por quê?

O resultado foi ótimo: as folhas A3 repletas de desenhos (principalmente realizados com tinta) e de formas coladas e elaboradas! Outro ponto positivo foi que apenas três crianças (Davi, Igor e Évelin) vieram me perguntar se poderiam usar a casinha para brincar... Eu acho que estou conseguindo desatrelar o uso dos espaços, porque percebi que se preocuparam em se dedicar bastante aos trabalhos, sem terminar logo!

Contei uma história hoje só com imagens: *Truks*, da Eva Furnari. A única orientação que eu dei era a de que precisariam usar os olhos para entender a história. Conforme eu virava e mostrava as páginas, alguns falavam em voz alta o que estavam vendo, e, aos poucos, fui pedindo para que usassem só os olhinhos, e o silêncio foi total! Depois de terminar, perguntei quem havia entendido a história, e todos levantaram a mão. Perguntei quem queria usar palavras, agora, para contar aquela história, e a Maya Luiza foi a primeira: "– Eu!". Chamei-a à frente e fui virando as páginas para ela, apenas chamando a sua atenção para um ou outro detalhe. Para encerrar, conversei com eles sobre algumas formas de se contar uma história ou expressar alguma coisa: ilustrações, palavras, desenhos, imagens. Amanhã, eu vou fazer a leitura de um texto poético.

***

Cristiane,

Suas perguntas a mim dariam páginas e mais páginas de resposta e considerações... (Risos!) Mas, como não vou usar tantas páginas, vou, inicialmente, parabenizar-lhe. Seu movimento de indagação é bárbaro. Desejar compreender o seu fazer é mais de meio caminho andado para o melhor significado.

Quando você pensa na sua rotina, no excesso de atividades, e demonstra o desejo de ficar com as mais significativas, é esse movimento que está em jogo. A priori, deixo para que você decida, porém, responda à seguinte questão para cada item de sua rotina: Por que eu faço isso? O que minha criança constrói fazendo isso? Quais as demonstrações de aprendizado e de prazer em realizar isso que elas me apresentam? Essa atividade pode ser significativa fora dos muros da escola?

Respondendo a essas questões, acredito que, tanto para esse caso da rotina como para outros que apareceram, você conseguirá segurança na condução do que será o melhor procedimento.

Você escreveu: "Parece que existe um direcionamento natural para o que está sendo trabalhado no *Projeto de Fenômenos Naturais...*". Discordo de você. Você é uma professora competente, que está conseguindo amarrar as questões significativas aos alunos e, dessa forma, ajudando-os a ressignificarem algo em que têm interesse. Como isso está sendo a respeito das crianças, vão demandando mais detalhes e têm o desejo de se aprofundarem mais nas problemáticas das questões que vão seguindo.

A concentração deles para a leitura do texto advém das considerações que fiz, Cristiane! Gostei de ler sua descrição de uso do ateliê. Vejo significativa melhora, tanto, que só três crianças quiseram usar os brinquedos do lado de fora. Porém, não teria sido melhor ainda se tivesse recebido uma comanda? Às vezes, tenho para mim que um tema livre no desenho é como pedir para escrever uma redação com temática livre.

Deixei uma pergunta para você no seu diário também... (Risos!) Não pode ser só eu a responder... (Risos!)

Cristiano Rogério Alcântara
15 de abril de 2013

***

Registro da semana de 15 a 19 de abril de 2013

Segunda-feira – Presentes: 23 / Faltas: 3

Em corpo e movimento, fiz uma proposta de brincadeiras em duplas, com bola, para um arremessar a bola para o outro, de modo que o amigo conseguisse pegar sem deixá-la cair. Quando perguntei como poderíamos entregar a bola para o amigo que estava ali meio longe, sem sair do lugar, responderam "Jogando!". Saiu até "Arremessando!", que eu não sei quem falou, mas fiquei muito feliz em ouvir isso. Contudo, a partir daí, parece que não entenderam mais nada, pois fiz um combinado para que arremessassem a bola apenas quando eu falasse "Valendo!". E, aí, no primeiro "Valendo!", foram várias bolas, para lá e para cá, sem parar.

Quando consegui a atenção das crianças, expliquei novamente que era para arremessar e esperar eu falar para devolver a bola. E, mais uma vez, no "Valendo!", bolas para lá e para cá, sem parar. Expliquei a elas que o objetivo era ver quem conseguia jogar certo para o amigo e qual amigo conseguia pegar a bola sem deixá-la cair no chão. Aí, sim, parece que começaram a me entender, e a bola começou a parar de um lado só. Depois que incluí a eliminação ("a dupla que deixasse cair saía da brincadeira"), então, deu certo.

CP: (Viu como uma comanda clara é fundamental? Risos!)

Terça-feira – Presentes: 21 / Faltas: 5

Hoje, contei para os alunos a história ...E a Lua sumiu! [de Milton Célio de Oliveira Filho, ilustrações de Maté]. Antes de começar a contá-la, perguntei quem sabia o que era a Lua, e eles foram falando: "É uma bola que fica lá no céu!"; "Ela é brilhante!". O Ícaro: "– Ela só aparece de noite". O Igor: "– Ela, às vezes, fica com a forma de uma banana".

Voltei à história e, depois que terminei, fui retomando as falas deles com perguntas, e, quando o Ícaro repetiu que ela só aparece à noite, levantei e disse: "– Vamos lá fora olhar para o céu e ver se a gente acha a Lua?". Todos foram superempolgados e... a Lua estava lá! Fui eu quem a achou, e estava em formato de banana, como o Igor disse. Ficamos algum tempo observando-a e, também, as nuvens que estavam andando bem depressa – expliquei que era por causa do vento.

Depois que retornamos à sala, mostrei a figura do livro que justificava o sumiço da Lua por causa de um eclipse e comecei a desenhar o Sol, a Terra e a Lua na lousa, para explicar tudo aquilo: que a Lua brilha porque o Sol empresta luz para ela, que o eclipse era a sombra da Terra na Lua e que não deixava a luz do Sol chegar até ela (nesse momento, pensei na Nise fazendo alguma experiência com eles usando a lanterna...) e, ademais, que, por isso, às vezes, ela aprecia em formatos diferentes (banana e bola – fases)... E eu não esperava que, de uma história, saísse tanta coisa...

CP: Lindo!

Pedi para que olhassem para o céu à noite e me contassem amanhã como a Lua estava, se conseguiram vê-la, se estava da mesma forma, no mesmo lugar etc. Vou retomar o assunto com eles amanhã.

Quarta-feira - Presentes: 25 / Faltas: 1

Com tantas atividades previstas na rotina, tive o foco de priorizar a roda de conversa, pois seria o momento no qual retomaríamos o assunto da Lua. Assim que formamos a roda, nem precisei perguntar, que a Roberta já foi falando: "– Eu vi a Lua ontem à noite. O céu estava escuro, e ela estava muito brilhante, em formato de banana". E as outras crianças: "Eu também vi!"; "Eu também!". Retomei com elas a história ...*E a Lua sumiu!*, dando ênfase à parte do eclipse. Quando perguntei se alguém lembrava o que era, vários levantaram a mão, e o Conrado já foi falando: "– É quando a Terra faz sombra na Lua, e não deixa o Sol emprestar luz para ela".

Como algumas crianças haviam faltado ontem, desenhei novamente o esquema na lousa, explicando que a Terra gira em torno do Sol... Encerramos a roda com várias delas dizendo que iam olhar à noite para a Lua de novo. Mas não precisou muito. Assim que chegamos ao parque, a Évelin olhou para o céu e achou a Lua: "– Olha lá, a Lua em formato de banana!". E as outras crianças começaram a gritar: "– Achamos a Lua!". Pulavam e cantavam, fazendo a maior festa!!!

CP: Falar o nome crescente ou minguante? O que acha?

Durante o tempo que ficaram brincando no parque, uma ou outra parava perto de mim e falava: "– Eu vi a Lua, olha ela lá!", e apontava. Ficamos assim o tempo todo: brincando e admirando a Lua!

Quinta-feira - Presentes: 22 / Faltas: 4

Troquei o dia do ateliê, para poder usar o *data show* e a internet na nossa pesquisa sobre a chuva. Depois que consegui colocar tudo para funcionar (pedi a ajuda da Lisa, porque o *data show* não ligava), expliquei aos alunos que usaríamos a internet para descobrir mais coisas sobre a chuva. Usei o Google e expliquei a eles que tudo o que a gente quer pesquisar pode partir daí. Para a verificação do conceito de chuva, usei a Wikipédia, fiz a leitura para eles (o conteúdo era, basicamente, o que já tínhamos pesquisado nos livros), selecionei alguns vídeos do YouTube sobre chuva vista da janela, de um carro, chuva de granizo, tempestade (com raios, trovões). Vimos o conceito de raio e trovão na Wikipédia, chuva de granizo, nevasca, enchente em São Bernardo, arco-íris (vimos o conceito também), eclipse, imagens da Lua e do Sol, do planeta Terra.

Foi um tempo muito produtivo, em que a maioria das crianças participou significativamente. Solicitei que o registro dessas informações obtidas fosse feito por elas em um desenho... Achei interessante que, em todos os desenhos, apareceu novamente a chuva. Algumas fizeram a chuva de gelo (granizo); o Enrico e o Conrado desenharam a enchente; e, nos outros, tinha a chuva com algum outro elemento: o raio, a Lua. A Isabela fez o Sol escondido pelas nuvens. Apenas o Levi e o Igor desenharam o arco-íris – pensei que ia aparecer mais, porque ficaram encantados com as imagens. A Mel fez a neve, e o Conrado fez também o eclipse com a Lua em forma de "banana". Com tudo isso, percebi outra significação nos desenhos: estão carregados de informações, não apenas desenhos – incorporaram, realmente, o papel de registro.

CP: VIVA!

***

Cristiane,

Como elogiar seus registros é chover no molhado, vou direto para o arco-íris! (Risos!)

Na atividade do arremesso da bola, conseguimos ver que uma comanda, quando não é bem dada (e olhe que, a princípio, parecia que você havia dado uma excelente comanda), é necessário retomá-la e ver o ponto em que está o ruído.

Viu como é possível falar de algo tão complexo, como a Lua e o seu movimento de rotação, sem parecer que estamos falando de uma coisa do outro mundo? Retomar que a forma da Lua "banana" tem dois nomes – crescente e minguante – seria interessante, não acha? No calendário de sua sala, não há as fases da Lua impressa? Se não houver, busque um que tenha, pois seria importante!

Gosto muito quando leio "E eu não esperava que, de uma história, saísse tanta coisa...". É aqui que desejo chegar com vocês, Cristiane, na percepção de que é possível articular muitas (MUITAS) coisas partindo de uma coisa só! Não há necessidade de ter uma rotina cheia como você narrou na quarta, mas, sim, muitas coisas articuladas.

Reconheço que é difícil pensar de forma articulada. Fomos ensinados a pensar sempre de forma compartimentada... Infelizmente! Articular atividades e organizações espaciais com as crianças é um grande desafio, que, a meu ver, você será capaz de, cada vez mais, propiciar a elas!

Entendi que a ida ao ateliê para ver as cenas e realizar as pesquisas foi uma introdução. Recomendo que, agora, você focalize cada fenômeno elencado (aqui, entra uma lista de pesquisa) e faça a articulação (olha essa palavra de novo aparecendo... Risos!) entre o fenômeno estudado e as obras de arte que tragam esses elementos (muitas aulas do ateliê já terão significado). O registro poderá ser de duas formas: o que aprendemos (um registro para resgate posterior; pense como resgatar depois, até para que aqueles que não conseguirem fazer com o desenho realizado tenham a chance de melhorar o próximo desenho) e o resgate com a linguagem pictórica, para exposição, como falamos no último horário de trabalho pedagógico coletivo (HTPC), com direito a ser refeita várias vezes até poder ser exposta!

No HTPC, conversamos sobre esse ponto. Você teve que sair mais cedo do HTPC e não ouviu essa parte! (Risos!)

Cristiano Rogério Alcântara
21 de abril 2013

***

Registro da semana de 22 a 26 de abril de 2013

Segunda-feira – Presentes: 25 / Falta: 1

Tive que mudar a turma da roda de conversa para regras e combinados, porque, desde sexta-feira, a bagunça está generalizada... Fiz a retomada dos combinados individualmente, de acordo com a "transgressão", mas não surtiu efeito. Comecei a roda expondo o problema para o grupo (que tem crianças que não estão lembrando das regras e dos combinados). Naturalmente, elas foram relembrando: "– Não pode bater no amigo!"; "– Não pode jogar areia!". E, entre elas mesmas, começaram a lembrar: "– Eu vi o Enrico jogando areia" – disse a Roberta. E foram falando... Perguntei o que elas achavam que deveria acontecer com quem não obedecesse regras e combinados. E o Tomás: "– Tem que ficar sentado na hora de brincar no parque!". E todos: "– É isso mesmo!". Expliquei que, toda vez que transgredimos, enfrentamos consequências...

Na hora do parque, Tomás e Enrico se bateram. Chamei os dois, conversei e apontei para se sentarem fora do parque, sentaram-se, ficaram cabisbaixos, e deixei. Depois de uns 10 minutos, eles me chamaram: "– É que nós pensamos... Já aprendemos que não pode bater no amigo e, agora, queremos voltar a brincar...!". Como o objetivo era esse, deixei que fossem, mas, logo, o Enrico estava batendo com um prato no Levi, e tive que tirá-lo do parque e conversar com ele novamente. Espero que o grupo ajude algumas crianças (Tomás, Enrico, Ícaro, Levi e Bless) a se conscientizarem dos prejuízos de não obedecerem os combinados.

Terça-feira - Presentes: 22 / Faltas: 4

A hora da história hoje foi diferente... Expliquei para as crianças a presença do Cauê (meu filho, que não teve aula hoje na escola dele) e mudei a escolha da história para uma que de que gosta muito: *A galinha que criava um ratinho*, da Ana Maria Machado. Pedi para que o Cauê fizesse a leitura para as crianças, o que pareceu um momento meio mágico, porque meio que se envolveram mais na história, com maior atenção e interesse. Ficaram um pouco "espantadas" em ver uma outra criança lendo. O próprio Cauê explicou que ele aprendeu a ler quando tinha 6 anos, lá na escola em que ele estuda agora, que ele também já havia estudado aqui, e a professora dele tinha sido a Dora. Aproveitei que ele estava no centro das atenções e deixei-o como ajudante do dia, para que servisse de modelo, pois a maioria das crianças fica meio perdida: mesmo com orientação, não assimilaram ainda o que é para fazer e, dessa forma, poderia ser mais eficiente...

Como o ajudante participa da equipe que vai jogar o jogo da árvore e escolhe os companheiros que também irão jogar, ele também serviu de exemplo, por ser a primeira vez que jogamos com as próprias crianças fazendo o registro da quantidade de frutas. Elas ficaram muita empolgadas e queriam jogar novamente: cada uma queria que fosse a sua vez... Como faz diferença a participação efetiva das crianças em todas as atividades.

Quarta-feira - Presentes: 21 / Faltas: 5

Pensei sobre o registro do tempo e da temperatura, achei um mini-quadro mágico com caneta guardado no armário da sala das professoras (aliás, vários, sem uso) e resolvi começar o registro utilizando-o. Como será apagado, não servirá para o resgate das informações, mas vou fazer um período de teste. Na roda de conversa, mostrei e expliquei para os alunos o objetivo da observação e do registro da condição climática. Eles ficaram muito empolgados, sugerindo que os ajudantes fizessem o registro.

Quando perguntei o que registraríamos hoje, o Enrico respondeu: "- Hoje tem sol!". E a Roberta: "- Mas o céu está cheio de nuvens, que, às vezes, escondem o Sol". Fiz o desenho de uma nuvem e do Sol escondido atrás dela. Expliquei que existem pessoas que estudam as condições climáticas e são chamadas meteorologistas, que fazem a previsão do tempo e usam uma linguagem própria para falar do tempo, e que tentaremos usá-la como no caso de hoje: "nublado, com períodos de sol". Alguns ficaram repetindo o que falei, mas o Tomás: "- Eu já ouvi no jornal da televisão uma moça falando assim". Aproveitei essa colocação relevante para falar sobre a função de prestação

CP: Isso é dez ao cubo!

de serviço dos jornais, que ajudam as pessoas a se prepararem no caso de chuva forte ou de muito frio.

Quinta-feira

Na quinta-feira, para continuar o assunto, trouxe o jornal do dia e mostrei para as crianças a previsão do tempo para São Bernardo com condição climática e temperatura. Pedi para os ajudantes me auxiliarem com o registro no quadro mágico, no qual colocamos as nuvens encobrindo o Sol: "nublado, com períodos de sol". Fizemos a leitura da temperatura no termômetro e registramos 23 °C. Chamei a atenção delas para o rodapé do jornal, que tinha a legenda da previsão: sol para ensolarado, nuvem com gotas para chuvoso, nuvem com raios para chuva forte (trovoadas). E combinei com elas que esse seria o nosso código meteorológico. Levei-as ao ateliê, para assistirmos a um vídeo sobre previsão do tempo. Entrei no *site* Climatempo, digitei com as crianças o nome da nossa cidade e assistimos ao vídeo.

Chamei a atenção delas para o mapa meteorológico, para a movimentação das nuvens, que indicava a direção dos ventos. A Roberta observou que, na página principal, tinha um desenho da Turma da Mônica e, para a minha surpresa, era um *link* para um *site* de previsão do tempo para crianças: Climakids. Acessamos e fomos transportados para um mundo infantil da meteorologia! Fui descobrindo tudo junto com elas... Histórias em quadrinhos sobre fenômenos da natureza: chuva, granizo, neve, raios, tudo com a Turma da Mônica! Ficamos vidrados, fascinados... Muito bom!

CP: !!!!

***

Cristiane,

Muitas vezes, chorava ao ler os Diários de Bordo das minhas professoras da Educação de Jovens e Adultos (EJA). Elas narravam mais livremente seus encantos e desencantos da aprendizagem e das trocas efetivas em sala. Até agora, fiquei com alguns relatos. Hoje, por pouco, não me fez chorar...

Creio que a coisa mais importante que podemos desenvolver na vida é compreender a magia que existe subjacente ao ato de aprender! Seus relatos terminaram com a mais vibrante manifestação de aprendizagem em colaboração que já li! Perceba que, na maioria das vezes, termina seu relato com "eles amaram", "eles adoraram"; neste, você termina com "Ficamos vidrados, fascinados... Muito bom!". Você deixa de ser mera expectadora e junta-se às crianças nesta maravilhosa aventura que é aprender!

Poderia ir embora amanhã, que ficaria muito gratificado de ter lhe ajudado nessa construção! Meus parabéns!

Gostei do procedimento de tentar construir com os alunos as regras e a compreensão do porquê devem se comportar. Claro que será um PROCESSO *com idas e vindas, mas, com certeza, dará certo!*

Quando você escreve "não assimilaram ainda o que é para fazer e, dessa forma, poderia ser mais eficiente..." Uma única vez? Acredito que não! Mas a ideia é excelente! Logo, como podemos potencializar isso aqui na escola? Onde podemos encontrar crianças mais velhas que podem ser bons exemplos para as suas? Converse com a Lídia. No futuro, podemos pensar num trabalho com o Fundamental...

Outra pérola que você escreveu é: "Como faz diferença a participação efetiva das crianças em todas as atividades." Eu diria que não só das crianças, mas de todos os indivíduos, se desejamos ser sujeitos da aprendizagem...

A fala do Tomás é um primor e prova concreta de que as crianças são seres capazes de tentarem RESSIGNIFICAR *as suas experiências de vida! Cristiane, é muito importante que elas vivenciem esse movimento! Grande parte dessas crianças assistirá à previsão meteorológica em suas casas com outro olhar!*

E, por último, mas não menos importante: "Fui descobrindo tudo junto com elas...". Isso é ensinar e aprender de forma significativa! Exemplificar, ao vivo, a importância de fazer junto e com as crianças. Parabéns pela coragem e pela humildade de vivenciar isso com elas!

Cristiano Rogério Alcântara
29 de abril 2013

***

Registro da semana de 29 de abril a 3 de maio de 2013

Segunda-feira - Presentes: 20 / Faltas: 6

Fiquei pensando sobre o momento diário da "rotina", levando em conta o que é mais significativo para as crianças, pensando, também, em valorizar o que já tem base no interesse delas. Teve um dia que, pensando na construção do número, fiz um desenho de palitinho para cada criança e, para significar mais ainda, coloquei a letra inicial do nome de cada uma sobre cada palitinho. Fomos fazendo pares, meninos com meninas, até que sobraram quatro meninos. Fui construindo com as crianças a ideia de que, diante de um agrupamento, se há sobra, é porque tem a mais, sobrou (me lembrei de quando era criança, que, para mim, foi difícil construir essa ideia).

CP: Esse dado é tudo, professora!

Percebi que, dessa forma, assimilaram bem esse conceito, e, também, que uma atividade realizada no dia a dia ganhou novo significado. Na roda de conversa, o assunto surgiu na própria formação da roda, porque a Juliana não queria dar a mão para a Lara, que começou a chorar dizendo: "– Ela não quer ser minha amiga!". Depois que nos sentamos, o Enrico falou: "– A gente tem que ser amigo de todo mundo!". Conversei com as crianças, dizendo que somos um grupo, no qual uns precisam ajudar os outros e aproveitar as oportunidades para fazer novos amigos. Então, foram direcionando a conversa para as regras e os nossos combinados de não poder bater no outro, de não empurrar etc. Existem algumas crianças, como o Enrico e a Juliana, que estão muito resistentes a isso, só querem brincar do que quiserem, na hora que quiserem, do jeito que quiserem, Além de trabalhar isso com eles individualmente, acho significativo também trabalhar o assunto diante do grupo.

CP: Advogo isso.

Terça-feira – Presentes: 20 / Faltas: 6

Depois de cantar a música *Boa Tarde*, os próprios alunos pediram para fazer a contagem com os palitinhos, como ontem, e para colocar as letras dos nomes. Cada um foi falando a letra inicial do seu nome. Uns foram ajudando os outros, que não sabiam, e estabelecendo comparações: "– O 'B' do Bless é igual à letra do Bento!"; "– Também o 'M', da Mel, é igual ao da Maya Luiza!". Acho que, se estivermos atentos, como parceiros mais experientes, encontraremos, no próprio grupo, os caminhos para trabalharmos conceitos difíceis e, como nesse caso, o conhecimento das letras do alfabeto, por meio, simplesmente, do nome dos amigos.

CP: Ganhei o ano!!!

A nossa hora do parque tem sido, para eles, um momento de observação e de significação de tudo o que temos conversado sobre os fenômenos naturais. Eles ficam olhando para o céu, trocando informações entre si e comigo, como hoje, quando descobriram um avião soltando fumaça. O Hugo foi quem mostrou para mim; o Paulo estava perto e me perguntou: "– Por que o foguete precisa soltar fumaça? Como isso vai desaparecer?". Enquanto eu olhava e pensava no que responder, o Hugo: "– É que o óleo do foguete e do avião vira fumaça". E eu completei: "– O avião e o foguete precisam de combustível para voar, de óleo no motor e de gasolina que, depois, vira fumaça". E os dois, juntos, foram se afastando de mim, trocando informações e olhando para o céu. Novamente, fiquei ali extasiada com a fala do Hugo, que foi muito rápido, enquanto eu pensava no que responder. Nem sequer tinha pensado nisso, no óleo do motor: óleo queimado > fumaça preta! Ah, essas crianças, com seus conhecimentos significativos!

CP: O avião usa querosene de aviação, porém, vem do petróleo, como a gasolina e do óleo *diesel*. (Olha que assunto!)

Quinta-feira - Presentes: 16 / Faltas: 10

Mesmo com um considerável número de faltas, decidi seguir o planejamento, em virtude do feriado e da reunião de pais, que encurtaram a semana. Comecei antecipando a hora da história, para contextualizar o tema arco-íris; depois, falamos das condições climáticas necessárias para se ver um arco-íris: gotas de água no ar, que funcionam como lente para a decomposição da luz solar em vermelho, laranja, amarelo, verde, azul, azul anil e violeta. A maioria relatou já ter visto um, e eu recomendei que, sempre que o Sol aparecer logo depois de ter chovido, que ficassem atentos ao céu.

Nesse momento, o Enrico lembrou do avião, que soltou fumaça no céu, dizendo que estavam: "– Observando o céu quando descobriram o avião!". O Paulo falou sobre o óleo queimado no motor, que produz a fumaça (o Hugo que explicou isso a ele, não estava presente). Então, aproveitamos a oportunidade para explicar às outras crianças o que tínhamos observado ao olhar para o céu, e o Paulo completou dizendo que a fumaça do avião se parecia com nuvens! Eu que pensei que apenas o Hugo e o Paulo tinham observado o avião, e que não era necessário falar com o grupo sobre isso... Aliás, agora, estou aqui me perguntando por que, naquele momento, não gritei para que todos os alunos ouvissem: "– Olhem ali, um avião soltando fumaça, que parece nuvem!", envolvendo mais crianças na observação.

CP: Bingo duplo!!!

***

Cristiane,

Seu movimento de escrever saindo fumaça da cabeça me fascina. Apesar de você não escrever isso explicitamente, percebo pela qualidade do seu relato esse comportamento reflexivo! Creio que essa poderia ser a minha maior colaboração com o seu fazer!

Quando analisa como teve dificuldade em apreender determinado conteúdo e como isso poderia ser tratado para diminuir o "sofrimento" de seus alunos, pensei: "É simplesmente encantador imaginar esse tratamento!". Parabéns ao cubo!

O grupo, Cristiane, SEMPRE será a melhor instância de resolução de conflitos e de problemas. Creio nisso tanto no papel de coordenador como no de professor. Nada melhor do que o grupo para nos ajudar a decidir, afinal, são eles (os componentes do grupo) a razão de ser da nossa intervenção!

Quando você escreve "conhecimentos significativos", eu usaria "conhecimentos prévios", que cabe a nós (e você magistralmente começa a fazer) ressignificá-los! Cristiane, todas as crianças dessa sala sabiam olhar para o céu, mas, agora, sabem que olhar para o céu implica outras tantas informações! Será que a Nise já voltou de viagem? Não tive notícias ainda. Mande novo e-mail!

Ao escrever que deixou a oportunidade passar, de pedir para a turma toda ter olhado para o céu e ver o avião, compreende a importância desse registro? Será que, da próxima vez que acontecer algo interessante, essa recordação não virá, e sua intervenção será diferente? Faço votos para que sim!

Quanto ao comportamento do Enrico e da Juliana, creio que o procedimento de conversas individuais e em grupo é o melhor caminho. É mais difícil de trilhar, contudo, é o que de verdade trará mudanças sólidas na postura inadequada deles.

Reconheço que, de início, o movimento de nos questionarmos é um pouco doloroso. Parece que tudo o que fazíamos estava errado, no entanto, não tínhamos o olhar que, agora, temos. Assim, não há do que se culpar, mas, sim, ficar feliz com essa nova consciência, que, inevitavelmente, cairá na mudança da rotina que você aponta estar desejosa de fazer! Parabéns!

Cristiano Rogério Alcântara
7 de maio de 2013

***

Registro da semana de 22 a 25 de maio de 2013

Quarta-feira – Presentes: 20 / Faltas: 6

"O retorno"

O primeiro contato com as crianças e seus pais foi prazeroso pelas boas-vindas e pelas palavras de saudades que recebi. É muito bom ver a retribuição do carinho de todos! Na diversificada, deixei que brincassem de maneira mais livre, porque verifiquei, conversando com a Giovana, como as coisas aconteceram durante minha ausência. Depois, usei a roda de conversa como meio de reaproximação, contando para as crianças sobre minha viagem, e que, em vários momentos, lembrei-me delas, sobretudo na visita às Cataratas do Iguaçu, onde pude contemplar várias maravilhas da natureza, como ver um arco-íris tão de perto! Elas, literalmente, vibraram, e o Conrado perguntou: "– Prô, você tirou foto?". Eu respondi que tirei, e várias ao mesmo tempo: "– Eu quero ver!". Prometi, então, que traria...

Pedi que as crianças me contassem o que tinha acontecido durante a minha ausência, e elas começaram a falar de tudo: sobre brinquedos novos que tinham ganhado, machucados que tinham acontecido, incidentes, como Bless ter quebrado o brinquedo do Erik no dia do brinquedo, até que o Conrado: "– Nós aprendemos que trovão é o barulho do raio, que é a luz". O Raul: "– A nuvem é o vapor que flutua". A Olívia: "– O trovão acontece quando a nuvem está muito pesada". E foram contando... Ficamos bastante tempo conversando. Exceto o Tomás e o Davi, que estavam um pouco inquietos, todas as crianças estavam muito concentradas. Foi um momento de conversa bastante significativo.

Quinta-feira – Presentes: 18 / Faltas: 8

Gostei muito de ter lido os registros da Giovana. Deu para ter contato com o que aconteceu na minha ausência, sobre o decorrer do projeto, as falas das crianças. Muito bom!

Hoje, os alunos quiseram fazer de tudo: registramos a data, contamos os meninos e as meninas que vieram, relacionamos as quantidades, conversamos sobre o tempo. O Igor: "– Desde ontem, chove um pouco e, depois, para". Traduzi para eles na linguagem dos meteorologistas: nublado com períodos de chuva. Como esfriou bastante, medimos a temperatura e fizemos a comparação entre a de ontem, 23 °C, e a de hoje, 20 °C, ou seja, 3 °C a menos. Observaram que, hoje, todos estávamos vestindo blusa. Tanto a Isabela como a Frida vieram mostrar que estavam com duas blusas, e a Lara e a Olívia mencionaram que estavam com meia-calça por baixo da calça.

Chamei a atenção deles para o fato de que, nesta época do ano, no fim da tarde, a temperatura começa a cair, fazendo mais frio na hora de ir embora do que na hora em que a gente chega. Cerca de 16h15, fizemos a medição da temperatura novamente, e já estava 18 °C, um pouco mais frio. Conversamos sobre a chegada do inverno, e a Roberta: "– No tempo do frio, não é todo dia que dá para ir no parque".

Aproveitei a roda para entregar o bilhete do circo e fazer a leitura com eles. Depois, preparamo-nos para a saída: todos colocando as blusas, as toucas e as luvas que estavam nas mochilas.

Sexta-feira – Presentes: 20 / Faltas: 6

Escolhi a história O homem da chuva [de Gianni Rodari e Nicoletta Costa], conforme a temática do projeto. Fiz a leitura com as crianças e fui mostrando as figuras. Depois de terminar, retomei as ilustrações de cada página com elas, chamando a atenção para as paisagens de acordo com a situação do tempo: quando o homem da chuva abriu todas as torneiras das nuvens e, depois, dormiu, os campos ficaram alagados e cinzentos. Ele só acordou por causa de um trovão (lembramos o que aprendemos sobre trovão e raio). Após fechar todas as torneiras, o vento levou o resto das nuvens, o Sol apareceu, e ele adormeceu mais uma vez. Dormiu por um tempão, tanto, que o Sol secou demais a terra e as folhas caíram das plantas, fazendo a terra ficar cor de ferrugem. Quando ele acordou e viu tudo aquilo, começou a abrir as torneiras das nuvens, e, após chover um pouco, nas plantas, começaram a brotar folhas verdes novamente.

Perguntei às crianças, depois de tudo o que pesquisamos sobre a chuva, se elas achavam que era verdade o que lemos na história, e o Conrado: "– Eu acho que não é verdade, porque é quando a nuvem fica pesada de vapor que começa a chover. Não precisa ninguém abrir a torneira da nuvem!". E o Levi: "– Essa história foi inventada!". O Tomás: "– Por quem?". Eu li o nome dos autores na capa, e conversamos um pouco sobre isso, inventar histórias, que, depois, podem ser escritas, para serem lidas e ficarem conhecidas por muita gente.

Em seguida da conversa, sugeri que fizessem um desenho da história. Como existem crianças que não fazem uso de várias cores nos seus desenhos, fui mostrando novamente as ilustrações e chamando a atenção delas para as cores que apareciam. Perguntei: "– Por que tem nuvem branca, azul, cinza claro e cinza escuro?". E o Bento: "– As que estão cinza escuro é porque estão muito pesadas de vapor d'água, e, então, logo, elas vão pingar". Ajudei-o: "– Então, quanto mais clara a nuvem, menos vapor ela tem?". E ele "– É isso!". O Conrado: "– O que é a cor ferrugem?" – que apareceu na história quando o Sol brilhou por muito tempo. E a Roberta: "– É o laranja ou o marrom". Mostrei no livro essa parte para as crianças.

Desenharam coisas lindas, de acordo com tudo o que tínhamos observado. Precisei intervir no desenho do Hugo, que estava usando o verde para tudo. Perguntei a ele se não se lembrava das cores que apareceram no livro, e, aí, ele pegou o azul e começou a desenhar outras nuvens com pingos de chuva. A Lara usou apenas vermelho e preto para desenhar tudo (fiz a mesma intervenção). A cor de ferrugem da terra seca só apareceu no desenho da Juliana, que usou as cores mencionadas, laranja e marrom, para representá-la.

Eu fiquei muito surpresa e, também, satisfeita, por ter orientado os alunos a observarem tantas coisas numa pequena história e, por meio dela, relembrarem as descobertas significativas que fizemos em nossas pesquisas!!!

→ A Karin usou o lápis grafite para desenhar as nuvens cinza!!!

Registro da semana de 27 a 29 de maio de 2013

Segunda-feira – Presentes: 21 / Faltas: 5

O tema da roda de conversa foi INVERNO, com base nas observações sobre o tempo que fizemos na semana passada e nas medições (temperaturas baixas). Falaram que o Sol também aparece no inverno. Eu completei, dizendo que ele não consegue aquecer a Terra, porque é a época do ano em que está mais distante de nós. Disse às crianças também que é uma época em que chove pouco. E a Roberta: "– É porque sobe pouco vapor da água!". E eu: "– Isso mesmo! A Terra está mais longe. Como o Sol está longe, brilhando fraco, não consegue aquecer muito a água da Terra, por isso, é pouca a quantidade de vapor que sobe. Quando esse vapor se esfria, lá no alto, ele vira gotinhas de chuva bem pequenas, que caem bem fracas, e são levadas pelo vento aonde ele for. Essa chuva se chama 'garoa'". O Igor: "– Sabia que a gente não pode ver o vento? Nós sentimos o vento". Eu lancei a pergunta para todos: "– É verdade que a gente não consegue ver o vento?". As crianças: "– É!". E a Roberta: "– E minha mãe falou que o vento está muito frio, e, por isso, ela me colocou duas blusas e disse para eu usar a touca, assim, eu não fico doente". O Igor: "– Mas não é inverno ainda, é outono!". E eu: "– Isso mesmo! Estamos no outono, e o inverno vai começar dia 21 do próximo mês. Como ele já está chegando, o vento começa a ficar frio, à noite e de manhã cedo, já está frio, e à tarde esquenta um pouco".

CP: ?

Para completar, mostrei a elas uma figura que estava colada no caderno de cada uma, de uma blusa de frio (desenho com interferência). Pedi para que elas completassem o desenho com as partes do corpo que faltavam com roupas de frio, para o inverno. Todas desenharam a pessoa com calças, e a maioria desenhou a si própria.

Na hora do parque, todas estavam brincando no gira-gira quando um bando de periquitos verdes passou "gritando" e pousou sobre uma das árvores. Algumas crianças perceberam e começaram a apontar e a me mostrar. Foi então que eu gritei: "– Olhem, ali na árvore, periquitos verdes!". Todas saíram do parque e foram para debaixo da árvore, perto da horta, e começaram a falar:

Conrado: – Tem cinco!

Eu: – Mas eu só estou vendo quatro – e contando –, um, dois, três, quatro...

Conrado: – Mais um ali.

Eu: – É mesmo! Agora, estou vendo cinco!

Conrado: – Eu não disse? Eu tinha contado.

Bless: – Eu vou pedir para a minha mãe comprar um desse pra mim!

Eu: – Você quer um desse na sua casa?

Bless: – Sim, eu quero!

Eu: – Mas, aí, ele vai ter que ficar preso numa gaiola. Você acha que ele ficaria feliz, cantando assim, se estiver preso, sozinho?

Bless: – Não...

Eu: – Então... É melhor vê-lo assim, solto, cantando com seus amigos!

Bless: – Uhum...

Lara: – Eles são meninos ou meninas?

Eu: – Eu não sei. Precisamos ver de perto para saber se é macho ou fêmea.

Levi: – Olha ali, um avião! – disse, observando o céu.

Paulo: – Prô, eu queria que um periquito desses pousasse aqui no meu braço...

Eu: – Paulo, eu fui a um lugar que se chama Parque das Aves e, no fim da visita, uma arara vermelha pousou aqui no meu braço. Eu tirei uma foto com ela. Vou mostrar pra você!

Paulo: – Uma arara vermelha!!! Eu preferia um periquito desses, mas roxo, não verde...

Olívia: – Por que você não tira uma foto desses periquitos?

Eu: – Ah! Minha máquina fotográfica está em casa.

Olívia: – Que pena!

Levi: – Outro avião ali!

Os periquitos estavam bicando sementinhas das árvores, e algumas caíam no chão.

Enrico: – Vamos juntar aqui todas as sementes que estão no chão, aí, eles vão descer até aqui!

Conrado: – Isso mesmo! – e foram juntando.

Bless: – Será que eles vão descer até aqui?

Eu: – Acho que não, porque eles devem ter medo ou achar que vamos machucá-los...

Bless: – Que pena...

Ficamos cerca de 15 minutos debaixo da árvore... Quando eu gritei, de início, praticamente todas as crianças foram para lá (menos o Raul e a

Mel). Aos poucos, algumas foram voltando para o parque, mas, até o final, ainda eram umas dez! Guardamos os brinquedos, e todas saíram do parque dando tchau aos periquitos...

Bons momentos... Será que, obrigatoriamente, eu tenho que retomar isso com elas por meio de pesquisa sistematizada ou, simplesmente, lembrar disso em um momento oportuno, tratando como conhecimento prático adquirido pela troca de informações???

Terça-feira – Presentes: 21 / Faltas: 5

Trouxe material para o jogo de boliche, e, só de mostrar para os alunos, alguns já foram falando que sabiam como jogar (Igor, Conrado, Maya Luiza e Olívia). Como o Igor era o mais empolgado, pedi que ele explicasse para os amigos como se jogava:

Igor: – Os pinos ficam assim, em pé – foi colocando-os aleatoriamente, uns perto dos outros, sem se preocupar com a quantidade também. – E, aí você fica longe e tem que acertar a bola neles para derrubar todos.

Eu: – Quem ganha?

Igor: – Quem derrubar mais.

Eu: – Isso mesmo!

Completei as informações deles com a quantidade de pinos, que são dez, que existe uma posição correta para colocá-los, e que, dessa forma, uns podem derrubar os outros. Para facilitar, fiz um "X" no chão, com giz de lousa, para o lugar de cada pino, e combinamos que, depois de jogar, cada um deveria levantar os pinos que derrubou e entregar a bola na mão do próximo jogador, que sempre deve estar atrás da linha marcada no chão para jogar. Expliquei, também, que há um jeito certo de pegar a bola e lançá-la, mirando sempre no meio da linha dos pinos e jogando com força, para que uns derrubem os outros. Fiz algumas demonstrações, e, em seguida, cada um foi experimentando. Ao final de cada jogada, eu perguntava: "– Quantos pinos você derrubou?". E, se necessário, ajudava-os a contar.

Depois, separei meninos e meninas, e mostrei duas "pistas". Deixei-os jogar livremente, para que explorassem o jogo e fossem, assim, descobrindo formas de jogar. Eles mesmos foram se organizando, experimentando jeitos de jogar a bola. Uns ajudavam os outros a contar os pinos derrubados e ficaram bastante tempo concentrados jogando. Por enquanto, o objetivo não é competição; quero deixar um pouco livre para ver se, entre eles, não surge essa ideia, e, assim, fazer o registro dos pontos no cartaz...

Quarta-feira – Presentes: 16 / Faltas: 10

No fim do dia de ontem, li para as crianças a história *Uma meia azul* [de Emily Ballou e Stephen Michael King]. Confesso que eu não conhecia essa história, porque o combinado desta semana era o de que as crianças escolhessem, na diversificada, a mesa dos livros que iriam sugerir aos outros amigos e à leitura feita pela professora no final do dia. Desse livro, eu tinha lido só a sinopse, mas, ao ler com elas, fiquei surpresa, porque fala das estações do ano, da chuva e do menino que, não importa a estação, está sempre com seu cachecol felpudo laranja e apenas um pé de meia azul.

Hoje, na roda de conversa, resolvi retomar a história com elas, pedindo para que prestassem atenção nas palavras da história que se referiam ao tempo (condição climática). Assim que fiz a leitura dos nomes das estações do ano, a Roberta: "– Outono e inverno! Nós conversamos sobre eles nessa semana!". Continuei a leitura e, quando chegou à parte do dia de chuva, o Conrado: "– Olha aí! A chuva, ela tem pingos, e o chão está molhado!".

Quando terminei a leitura, todos os alunos queriam falar: uns sobre o outono; outros sobre o inverno e o frio; e outros, ainda, sobre a chuva. Deixei que falassem e, depois, perguntei: "– Será que só existem essas duas estações no ano: o outono e o inverno?". Não souberam responder. E eu: "– Alguém já ouviu falar do verão e da primavera?". E vários deles disseram que sim. Igor perguntou: "– Qual a temperatura dessas estações?". Escrevi o nome das estações na lousa e perguntei: "– Qual o nome da estação em que estamos?". A Roberta: "– O outono!". Eu: "– Qual a temperatura que estamos verificando no termômetro nesses dias?". O Igor: "– Vinte!". Então, mostrei a eles onde estava escrito outono e escrevi 20 °C ao lado. Perguntei: "– O inverno é mais frio ou mais quente do que o outono?". O Ícaro: "– Mais frio!". Em seguida, mostrei a eles onde estava escrito inverno e escrevi 16 °C ao lado. Expliquei o que era "média de temperatura" e que, em alguns dias do inverno, poderíamos verificar a temperatura mais baixa do que essa. Na primavera, coloquei 25 °C e, no verão, 30 °C.

Lembrei a eles que, geralmente, as pessoas passam as férias de verão na praia, e alguns comentaram sobre usar sunga e biquíni na praia, por causa do calor. Desse modo,. falamos sobre a diferença das roupas que usamos em cada estação. A Roberta: "– No inverno também não pode tomar sorvete, porque fica com dor de garganta!". E muitos dos alunos concordaram com ela. Perguntei se alguém gostava de sopa, e alguns levantaram a mão. Expliquei a eles que, como no inverno está frio, as pessoas, geralmente, gostam de comer ou de tomar alimentos quentes para esquentar o corpo. A Juliana: "– É verdade! Eu gosto de leite bem quentinho!". Ficamos bastante tempo conversando, cerca de 30 minutos.

A maioria das crianças ficou interessada no assunto, querendo falar, perguntar etc. Estava pensando... Cada vez mais as conversas, as atividades, as brincadeiras, as histórias ficam entrelaçadas, girando em torno do mesmo tema: fenômenos naturais. E se, em algum momento, eu me esquecer disso, certamente, elas me lembrarão.

***

Cristiane,

Novamente, você me deslumbra com seus relatos. Desta vez, abre um novo nível de significação que não esperava ver tão cedo no grupo: admite que tem diversas dúvidas; ousa abrir que determinados atos não foram minimamente planejados, que gostaria de saber se tudo deve ser tratado com profundidade com as crianças... Seus últimos relatos são pura reflexão do seu fazer!

Analise com carinho o que lhe disse, Cristiane. São poucos os trabalhos acadêmicos que narram esse processo do ponto de vista do professor. Depois, só há vários acadêmicos falando sobre como o professor apreende (eu já sou um deles... Risos!). Você e a Zélia poderiam pensar em serem as primeiras a falar do ponto de vista de vocês. Creio que a Patrícia também.[2]

Deixemos os confetes de lado e vamos às análises... (Risos!) Nos seus relatos, aparecem muito "conversas bastante significativas". Por isso, estou lhe indicando a leitura do texto *Salada de crianças: a roda de conversa como prática dialógica*,[3] que me foi apresentado pela orientadora pedagógica Vilma. Creio que lhe ajudará a qualificar melhor suas intervenções.

Fico feliz por você ter lido os registros da Giovana, além de ter conversado com ela sobre o que foi desenvolvido ao longo de sua licença. Espero que isso tenha lhe ajudado. Viu como os registros são importantes? (Risos!)

Sua preocupação em traduzir para a linguagem meteorológica as expressões dos alunos é uma prova cabal de trabalho com vocabulário.

[2] N. do E.: para conhecer mais sobre o fazer da professora Patrícia e a sua interação com o seu par mais avançado, Cristiano, recomendamos a leitura do volume 1 desta coleção, *Diário de Bordo: instrumento de transformação de professoras e gestoras da Educação Básica*, publicado pela Phorte Editora.

[3] MOTTA, Flávia. Salada de crianças: a roda de conversa como prática dialógica. *In*: ROCHA, Eloisa A. C.; KRAMER, Sônia. *Educação infantil*: enfoques em diálogo. 2. ed. Campinas: Papirus, 2011. v. 1, p. 67-84.

Tratar de amplicação vocabular não é fazer as crianças falarem aleatoriamente, mas, sim, apresentar vocábulos que as auxiliem a dizer, de forma mais clara, o que desejam comunicar. E os *links* que você estabelece, de observação das roupas dos alunos em relação à temperatura, são excelentes.

Uma profunda discussão sobre o porquê de as histórias serem escritas... Viu como as crianças podem participar de discussões mais elaboradas? O que determinará o nível e a profundidade não é o tema, mas, sim, a forma como as crianças se relacionam com o que foi pensado e conjutamente está sendo elaborado.

Creio que uma boa estratégia para o aparecimento de cores no desenho dos seus alunos seria a observação e a releitura de obras de arte que sejam monocromáticas e coloridas, realçando que a técnica de usar apenas uma cor existe para determinados fins, que colorir uma obra também tem uma finalidade específica.

Cristiane: Apreciação de obras.

"Eu fiquei muito surpresa e, também, satisfeita, por ter orientado os alunos a observarem tantas coisas numa pequena história e, por meio dela, relembrarem as descobertas significativas que fizemos em nossas pesquisas!!!". Isso é pura reflexão, Cristiane! Consegue ver o grau de problematização do seu fazer? Consegue perceber que realizou uma avaliação com eles? Se tivesse (pode ter, e eu desconheço) um caderno para anotar as falas de alguns alunos, já teria diversas anotações de um relatório substancioso.

Cuidado com o termo "Sol brilhando fraco". Na verdade, ele continua brilhando com a mesma temperatura: é a inclinação da Terra que determina o fato de, aqui, ser inverno, pois, se assim fosse, no hemisfério norte, também seria inverno! Nada grave. É possível retomar com as crianças. Pensei: "E se usássemos uma vela?". Mais perto da mão, mais quente; mais distante, mais frio. O que acha? Como estão discutindo vento, poderia introduzir massa de ar frio POLAR! (Os polos Sul e Norte?) O que acha?

Cristiane: Nise.

Você me presenteia com outra reflexão profunda: "Será que, obrigatoriamente, eu tenho que retomar isso com elas por meio de pesquisa sistematizada ou, simplesmente, lembrar disso em um momento oportuno, tratando como conhecimento prático adquirido pela troca de informações???". Creio que sua pergunta se responda com sua última reflexão que, a meu ver, foi sua maior sacada até então: "Estava pensando... Cada vez mais as conversas, as atividades, as brincadeiras, as histórias ficam entrelaçadas, girando em torno do mesmo tema: fenômenos naturais. E se, em algum momento, eu me esquecer disso, certamente, elas me lembrarão".

Viu? Se o assunto das aves for importante para eles, você será "obrigada" a retomar... (Risos!) Não se preocupe, *a priori*, de fazer pesquisas exaustivas sobre quaisquer temas que eles elencarem! Dê a eles o que pedem, mais ou menos como fazemos quando os filhos nos perguntam de onde vieram... (Risos!)

Você não deixou os alunos jogarem livremente, professora! Você apresentou quantos pinos tinha o jogo, como eram organizados, quais as regras etc. E isso está corretíssimo a meu ver! Tenho horror de ler exploração livre (para mim, traduz-se assim: deixei-os fazerem o que quisessem). Sua condução só não sistematizou a anotação, até porque deseja que eles apresentem a necessidade, pelo que entendi, não é?

Cristiane: SIM!

Discutir temperaturas médias de estação do ano também é um luxo só! Cristiane, viu como tudo isso não pode ficar sem um tratamento acadêmico adequado? Depois conversamos melhor sobre isso! Risos!

Cristiano Rogério Alcântara
1º de junho de 2013

***

Registro da Semana de 03 a 06 de junho de 2013

Segunda-feira – Presentes: 23 / Faltas: 3

Como os calendários do mês de junho foram enviados na quarta-feira, antes do feriado, algumas crianças já chegaram falando sobre a Festa Junina, e, mesmo tendo programado esse tema para a roda de conversa, algumas delas (Juliana, Lara e Maya Luiza) já queriam falar comigo sobre isso na hora da diversificada. Eu só fui respondendo que ia, sim, ter Festa Junina e que, na roda de conversa, falaríamos sobre isso. Quando disse aos alunos que era hora de fazer a roda, essas meninas começaram a pular e gritar: "– Oba! Festa Junina!!!". Comecei compartilhando com as outras crianças sobre o que tinha acontecido em casa com as meninas, que as mães tinham lido o bilhete do calendário com elas, e, então, vieram me perguntar se ia ter Festa Junina na escola. Nesse momento, eu comuniquei a todos que, no dia 22, sábado, haveria uma Festa Junina na escola. Todos comemoraram!!!

Marquei com as crianças, no calendário, o dia da festa, e algumas estavam reclamando que na mãe não tinha lido o bilhete ou que não tinha falado nada sobre a festa. Conversei um pouco com elas sobre a responsabilidade de mostrar o bilhete na agenda para a mãe quando se chega em casa. Agora, estou lendo com elas o bilhete que estão levando na agenda, mas, quando é calendário, não faço a leitura, só explico que são as atividades programadas para o próximo mês.

Perguntei se alguém já tinha ido a uma Festa Junina, e a maioria levantou a mão. Em seguida, perguntei o que era festa junina. O Erik: "– É festa que tem música". Olívia: "– É festa que tem brinquedos". Isabela: "– Tem algodão-doce!". Conrado: "– Tem dança!". Comecei explicando o porquê do nome da festa, depois, falei que é uma festa típica do nosso País, que faz parte da cultura do nosso povo. Além disso, comentei sobre a roupa e o chapéu de palha, que o tipo de música (como o Erik falou) é tocado com sanfona e que as pessoas dançam, como o Conrado falou também. E o Enrico: "– Música que toca com sanfona é forró!". Isso mesmo!!!

Como a Olívia falou de brinquedos, fiz a ligação com a pescaria, e vários alunos se lembraram dessa brincadeira e a explicaram. Falei, também, sobre lambida da vaca, tomba-lata, boca do palhaço e frango na panela. Nesse momento, a Olívia se justificou sobre ter ido a uma quermesse, brincado na pescaria e ganhado um brinquedo como prêmio, e a Isabela disse a mesma coisa. Expliquei a diferença entre quermesse e Festa Junina: algumas igrejas e escolas particulares fazem quermesse, com o objetivo de arrecadar dinheiro, vendendo as coisas. Já na nossa escola, o objetivo da festa era brincar, divertir-se, dançar e trazer toda a família junto para a escola.

Ademais, falei sobre as comidas que, em geral, tem na Festa Junina (pipoca, bolo de fubá, pé de moleque etc.) e sobre a decoração da festa que, normalmente, é feita com bandeirinhas coloridas, levando-os lá fora para mostrar como o pátio estava enfeitado. Eles vibraram!!!

Quando entramos, também falei sobre a fogueira, que costuma estar presente nas festas ao ar livre e serve para esquentar, para assar batata-doce ou para pular, nas brincadeiras perigosas. Nesse momento, coloquei um CD com algumas músicas típicas, para ouvirmos, e fomos comentando cada uma delas. Fiz uma votação das que mais gostaram e registrei com os alunos na lousa. Agora, vou conversar com a Márcia J. sobre a possibilidade de integrar as turmas na dança... Momentos muito bons de conversa com eles. Já estão entrando no clima e demonstrando ansiedade em curtir a festa!!!

CP: Caruaru, Campina Grande.

Terça-feira – Presentes: 22 / Faltas: 4

A brincadeira do boliche foi muito proveitosa, por ter ensinado as regras para as crianças na semana passada. Montei as duas pistas de jogo e perguntei a elas como nós poderíamos brincar hoje. Alguém falou: "– Fazer uma disputa!". O Conrado falou: "– Uma competição!". E eu: "– Como?". O Ícaro: "– Cada um joga de um lado para ver quem ganha". Eu: "– Então, precisa ter duas pessoas jogando?". O Ícaro: "– É isso!". O Conrado: "– Mas também podem ser duas equipes, para todo mundo jogar". Eu: "– Como é que a gente faz para ter duas equipes?". O Enrico: "– Igual da outra vez, as meninas de um lado, e os meninos do outro lado". Eu: "– Então, é assim que vocês querem, meninos contra meninas?". E disseram: "– Sim!". E já foram se organizando... Eu: "– E agora?". O Davi: "– É só jogar, uma menina contra um menino, dois de cada vez". Eu: "– E quem ganha?". O Igor: "– Quem derrubar mais!". Eu: "– E como fazemos para não esquecer quem das duplas que ganhou?". O Igor: "– É só ir escrevendo aí, na lousa, quem ganhar!".

Muito bom o Igor ter chegado ao ponto que eu queria: a importância e a função do registro. Fiz uma tabela e escrevi MENINOS e MENINAS, de acordo com a localização do lado em que iam jogar. A cada jogada, o time que derrubava mais pinos ganhava um ponto. No final, depois que todos haviam jogado, perguntei como sabíamos quem ganhou. O Conrado: "– É só contar e ver o número que deu!". Contamos 7 pontos para os meninos e 6 para as meninas. Eu: "– Quem ganhou, então?". O Igor: "– Os meninos, porque têm 1 ponto a mais!". O Bless foi mostrar os números na tabela. Por terem treinado bastante na semana passada, hoje, jogaram bem, e o objetivo, que era a contagem, a representação numérica e a comparação de quantidades, foi atingido. (Muito bom!) → **CP: Risos! Verdade, muito bom mesmo!**

Quarta-feira – Presentes: 22 / Faltas: 4

Como as crianças são criativas!!! Depois que fizemos a contagem de quantas meninas e quantos meninos vieram hoje, fiz a representação de quantidade das crianças com "palitinhos", para comparação, quando fui interrompida pelo Ícaro, que perguntou: "– Cada palitinho desses é uma criança?". E eu: "– Sim, isso mesmo, cada palitinho desses, desta linha, representa um menino que veio hoje, e, os da linha abaixo, as meninas que vieram". Ícaro: "– Então, por que você não coloca o nome em cada um, para a gente saber quem é?". E eu: "– O que vocês acham?". Todos: "– Sim!!!".

Comecei a escrever o nome acima dos palitinhos e foi ficando meio espremido, cheio de informações, e pensei alto: "– Acho que não ficou bom...". O Igor: "– Se esses palitinhos são crianças, você pode fazer cabeça, braços e pernas em cada um!!!". Todos: "– Sim!!!". Eu fui desenhando e falei: "– Acho que esses nomes não ficaram bem, porque ocupam muito espaço!". O Conrado: "– Coloca só uma letra!". E eu: "– Mas que letra?". E ele se levantou, foi até a lista dos nomes e foi apontando para a primeira letra de cada um. O Ícaro: "– É a letra que começa!". Eu: "– Vocês acham que é suficiente para a gente saber quem é?". As crianças: "– Sim!!!". Fui colocando em cima das figuras de palitinho. E o Igor: "– Coloca dentro da bolinha que é a cabeça deles!!!". Como há nomes com letras repetidas, perguntei para eles como saberíamos quem era nesse caso, e o Enrico: "– É fácil: primeiro, a Lara contou a Mel, então, o primeiro é dela, e o outro é o da Maya Luiza". Perguntei se todos tinham entendido o que o Enrico falou, e disseram: "– Sim!!!". Também indaguei se todos concordavam que fosse dessa forma, e as crianças, novamente, responderam: "– Sim!!!".

Tive a ideia de os meninos e as meninas darem as mãos, e fui juntando os de quantidade igual, assim, ficou fácil visualizar os que sobraram, que estavam a mais, e os meninos <u>comemoraram significativamente a sua vitória</u>. É interessante como as crianças se acostumam com a condução do trabalho. Quando elas sabem que são significativamente ouvidas, elas querem se fazer ouvir e, se estivermos atentos, elas mesmas nos dizem de que forma entendem conceitos tão complexos como esses. É muito bom ouvi-las! Isso facilita o encontro entre o nosso ensino e a aprendizagem delas.

→ **CP: Isso merece um texto!**

Quinta-feira – Presentes: 23 / Faltas: 3

Fiz a leitura, para os alunos, da história: *Um longo dia* [de Pilar Ramos]. Eles adoraram, ficaram superconcentrados... Depois que eu terminei, fizemos uma roda. Perguntei quem lembrava o título da história, e o Conrado quase acertou: "– Um dia longo!". Em seguida, questionei se alguém sabia o que significava o título do livro, e a Roberta: "– É um dia em que temos muitas coisas para fazer". E a Isabela: "– É quando o dia demora para passar". Fui fazendo perguntas referentes ao dia como: Quando que o dia acaba? O que fica lá no céu brilhando durante o dia? Fiz a relação com o tempo do relógio, que marca o dia e faz a divisão entre manhã, tarde e noite, retomando com os alunos as partes da história em que as crianças acordaram, mas ainda estava escuro, porque ainda era muito cedo. Depois, contemplaram o nascer do Sol (amanhecer), também o Sol no meio do céu, marcando o meio-dia com o início da tarde, e o pôr do Sol, com o início da noite, com a presença da Lua e das estrelas. A Maya Luiza: "– As pessoas gostam de jantar, descansar e dormir de noite". A Roberta: "– As crianças não saem mais de casa à noite". Além disso, falamos sobre o feriado, que o livro diz sobre fazer coisas diferentes nesse dia, e cada um foi contando o que costuma fazer no feriado: ir à praia ou ao cinema; fazer um passeio no parque; visitar tias, avós e primos; ir à piscina etc.

Foi ótimo, por meio da história, fazer uma ligação com as coisas que já pesquisamos por meio do projeto, inserir a marcação das horas, também quando usamos os cumprimentos bom-dia, boa-tarde e boa-noite. Só depois me lembrei de falar sobre a duração do dia de acordo com a estação do ano, mas podemos incluir na experiência com a vela e o globo terrestre... Acho que vou pedir para a Nise fazer, porque ela tem mais experiência e pode ter outras ideias e sugestões... Na terça-feira, vou conversar com ela.

→ **CP: Excelente!**

***

Cristiane,

Como conversamos em seu último horário de trabalho pedagógico (HTP), o ato de ouvir as crianças, em seu fazer, está assumindo um grande papel de problematizar sua prática e organização didática. Isso é muito bom!

Quando as crianças apontaram que o calendário não foi lido pelos pais, e só algumas sabiam da Festa Junina, isso prova como é importante lermos tudo o que colocamos nas agendas das crianças para elas... Tenho certeza de que os futuros calendários serão lidos antes de irem para casa! Creio que até vale deixar uma cópia grande sala para acompanharem! O que acha?

Ao ler o que você falou sobre a fogueira nas Festas Juninas aos seus alunos, lembrei-me da "briga" entre as cidades de Caruaru e Campina Grande para o maior São João e a maior fogueira possível. Valeria a pena mostrar para eles imagens dessas festas.

Sua descrição escrita e oral da atividade do boliche se complementou. Continuo advogando que a questão do registro poderia ter aparecido mais da necessidade deles do que da sua intervenção para chegarem a essa resposta, contudo, foi algo que, ao menos, eles perceberam que teve uma discussão prévia. Antes isso do que nada! Nos próximos jogos, tente ver como os alunos se viram.

A questão de eles terem o desejo de se representar na contagem mostra a possibilidade de verem o registro e a simbolização de uma maneira bem peculiar. A construção (olha a palavra aqui de novo!) que vocês efetuaram para chegar ao melhor registro foi bem interessante, porém, de tudo, o que mais gostei foi sua afirmação: "É muito bom ouvi-las! Isso facilita o encontro entre o nosso ensino e a aprendizagem delas".

Você ter conseguido usar o livro Um longo dia como um momento de avaliação do que, até o presente momento, vocês estudaram é uma grande prova de que podemos – e DEVEMOS – pensar em avaliar o que as crianças estão percebendo de nossas intervenções! Novamente, meus parabéns!

Cristiano Rogério Alcântara
09 de junho de 2013

***

Registro da semana de 10 a 14 de junho de 2013

Segunda-feira – Presentes: 21 / Faltas: 5

Pensando em livros de histórias que complementem as informações que estão recebendo por meio das pesquisas realizadas para o projeto, vasculhando a BEI, encontrei um livro nas estantes das crianças chamado *O planeta Terra*. Considerei esse livro bastante "científico". Deixei o livro, primeiro, na diversificada e, na hora da história, mostrei e perguntei se alguém conhecia aquele livro, e o Erik disse: "– Eu vi lá na mesa!" – e só. Eu: "E você pode falar para os amigos sobre o que esse livro trata?". Ele: "– Fala do planeta Terra". Muito bom! Vibrei!

A primeira parte trata sobre o dia e a noite, explicados por meio do movimento de rotação da Terra. Depois de observarmos a figura, pedi que o Erik fizesse o papel da Terra na figura, e a Olívia se ofereceu para ser o Sol. Consultamos o livro, que explicava que o Sol fica parado, e a Terra gira em torno dele (translação) e, ao mesmo tempo, dela mesma (rotação), o que determina o dia e a noite, durando 24 horas, o tempo de um dia inteiro. Por meio do movimento das crianças, puderam visualizar qual parte era atingida pelos raios do Sol e, depois da volta, que a mesma parte não recebia mais luz, onde, portanto, seria noite naquele momento. Aproveitei para explicar a visita da Nise, que virá amanhã falar sobre a Lua com os alunos. Disse, também, que ela é astrônoma, e falamos um pouco sobre o seu objeto de estudo: o céu, os planetas, a Lua, as estrelas... Todos ficaram muito ansiosos!

Terça-feira – Presentes: 21 / Faltas: 5

Após a entrada, já comecei a preparar as crianças para a chegada da Nise e, quando ela chegou, como já sabiam quem ela era, formamos a nossa roda, e, só depois, ela se apresentou. Explicou sobre seu trabalho e disse que estava trazendo algumas informações para nós sobre a Lua. Os alunos explicaram que, um dia, conseguimos ver a Lua aqui da escola, que estava de dia, e o astro tinha forma de banana. Para mostrar o formato real da Lua, ela trouxe uma bolinha de borracha. Eles entenderam, e alguns quiseram pegar a bola. Em seguida, ela perguntou se a Lua brilhava, e todos responderam que sim, e ela: "– Mas a Lua tem luz própria?". E o Igor: "– Não, é a luz do Sol!".

Nesse momento, eu perguntei para eles quem lembrava o que tinha acontecido ontem na hora da história, para contar para a Nise, e a Roberta começou a falar que a Olívia era o Sol e que ele ficava parado, e o Erik era a Terra, e ele ficava girando. Ela perguntou se eles poderiam representar de novo o que tinha acontecido, e eles o fizeram. O Igor quis ajudar o Erik a girar em torno de si. Perguntei se alguém lembrava o nome daquele movimento, e o Raul: "– Rotação!". A Nise ofereceu sua lanterna, e a Olívia ficou refletindo a luz do Sol. Após ajudá-los com a explicação do dia e da noite, ela convidou o Ícaro para representar a Lua e explicou aos alunos que a Terra gira em torno do Sol, a Lua, ao redor da Terra. Além disso, a Nise mostrou que, em alguns momentos, a Terra impede que a luz do Sol chegue totalmente à Lua e que essa sombra que determina qual é a fase da Lua por meio do seu formato brilhante que conseguimos enxergar.

CP: Há filmes que mostram esses movimentos. O que acha?

Nesse momento, ela reuniu as crianças em pequenos grupos e mostrou algumas imagens sobre as fases da Lua, nomeando cada uma delas. Como o tempo havia esgotado, paramos por aqui. A Nise disse que só poderá retornar em um mês. Estou pensando em aprofundar, com os alunos, as fases, com o formato da Lua em cada uma delas e, assim, começar a usar o calendário para essas marcações. Combinei com a Nise que, perto do seu retorno, enviarei informações sobre o andamento do projeto.

Quarta-feira – Presentes: 22 / Faltas: 4

Aproveitando o envio do bilhete sobre a Festa Junina, fiz a leitura com as crianças, contextualizando o tema da Festa, e elas reconheceram, na leitura, alguns dos termos que tinham sido usados nas nossas conversas sobre a Festa, como danças típicas. O Igor: "– É a dança cultural que nós estamos aprendendo!". Quando chegamos à data da festa, dia 22, o Igor e o Conrado, encontrando a data no bilhete: "– Aqui, aqui!!!" – e começaram a mostrar para as outras crianças.

CP: LINDO!!!

CP: BINGO!!!

Coloquei a data abreviada na lousa, igual estava no bilhete, relembramos o significado de cada número (dia, mês, ano), e o Igor: "– Lá no calendário, tem esse dia!". Então, levantou-se e foi até lá nos mostrar. Eu: "– Como podemos fazer para não esquecer o dia da Festa?". Ninguém... Eu: "– Quando não queremos esquecer algo, o que fazemos para isso?". Nada... Dessa vez, coube a mim: "– Que tal se fizermos uma marquinha aqui no calendário? Quando as pessoas querem lembrar que têm alguma coisa de especial ou importante naquela data, elas fazem isso!". E fiz um círculo no 22.

CP: Adoro isso ao cubo! Risos!

Os alunos ficaram comentando entre si sobre a festa – estão todos muito ansiosos. Foi quando tive outra ideia: "– Quantos dias será que faltam para a festa?". Mostrei a eles que os dias podiam ser contados no calendário, e fizemos a contagem juntos: dez dias. Falei para eles: "– Vou escrever aqui na lousa para ninguém esquecer!". Desse modo, escrevi: "FALTAM 10 DIAS PARA A FESTA JUNINA". Amanhã, vou retomar e explicar sobre a contagem regressiva.

Depois, fiz a leitura do bilhete da vacinação contra a poliomielite, e, logo, as crianças identificaram o número "8", e o Igor: "– Depois do '8' tem a letra 'a'!". Expliquei que era o período de vacinação, do dia 8 ao dia 21. Comentei, também, que, na parte de trás, havia o endereço dos postos de saúde, e o Enrico: "– O que é o endereço?". Falei sobre a localização dos lugares, que cada rua tem um nome, que as casas têm um número... Pensei em retomar isso de alguma forma; por exemplo: fazer um convite para o amigo ir brincar em casa, com o endereço e o telefone...

CP: Uma pesquisa inicial e, depois, os bilhetes com endereço?

Essa estratégia do bilhete tem despertado muito o interesse das crianças, tanto para a função social, pois vêm contar que, antes de a mãe ver a agenda, elas já vão falando sobre o que se trata, quanto no reconhecimento do que está escrito, sobretudo os números. Elas estão muito empolgadas.

CP: E contextualizanzdo os números e a escrita!

***

Cristiane,

Como minha devolutiva foi do dia 9 de junho 2013, ficaram poucos dias aqui relatados. Vou dar uma devolutiva menor! (Risos!)

A visita da Nise, como até discutimos em seu HTP, não rendeu tudo o que esperávamos. Creio que compreender bem o porquê disso será um bom passo para evitarmos tal sensação de novo! Há muitos vídeos no YouTube explicando o movimento de rotação, de translação e da Lua.

O Igor fazer o paralelo com a dança cultural que estão aprendendo é bárbaro! Parabéns! Pensar em sistematizar a forma como a data vem nos fôlderes com o dia, o mês e o ano a que se referem é essencial!

Quando você tem uma ideia e a coloca em prática, é certeza de aprendizado contextualizado para todos! Esses movimentos são muito importantes e devem acontecer muitas vezes! Parabéns!

A ideia de usar o endereço dos alunos deve ser bem aproveitada, Cristiane. Uma pesquisa para casa, a fim de preencherem as informações com a família, depois, uma caderneta de endereços da turma? Pode ser abordado se são vizinhos, se moram na mesa rua, longe, em outro bairro etc. Quem sabe, mais para a frente, com a autorização dos pais, os números de telefones não entrem nessas cadernetas? Dessa maneira, conseguiria contextualizar o uso do número e da escrita!

Cristiano Rogério Alcântara
16 de junho de 2013

***

Registro da Semana de 17 a 21 de junho de 2013

Segunda-feira – Presentes: 20 / Faltas: 6

Logo que você me deu o livro, li rapidinho e achei muito interessante para contextualizar as fases da Lua, que nem eu havia entendido. Quando eu própria li, entendi. Como estavam faltando páginas, corri na BEI e o achei (explosão!). Modifiquei o planejamento, para juntar a hora da história com a roda de conversa (mudando o tema, que era continuar contextualizando a Festa Junina).

Os termos do livro foram ajudando-nos a entender a Lua minguante: o Sol fez minguar a sua luz, diminuir; e, da Lua minguante, passou para a fase nova, para que os animais percebessem a falta do brilho da Lua. O importante para eles foi ver que ela estava lá, mesmo sem brilho. Depois, o brilho vai voltando, crescendo, tomando a forma crescente, até ficar cheia.

Perguntei se os alunos se lembravam das fotos que a Nise trouxe e fui fazendo o desenho conforme a sequência do livro. Falei sobre o intervalo de oito dias entre elas e indaguei se alguém lembrava quanto tempo demorava para passar por todas as fases, e o Igor: "– Mais ou menos, um mês." – conforme a Nise falou. Peguei o calendário e fui mostrando para grupos de três, para que observassem o desenho de cada fase e que todos eles estavam ali no mesmo mês, confirmando o que a Nise tinha dito. Pretendo usar o calendário para fazer a marcação das mudanças de fase e estimular a observação do formato em casa, já que, à noite, é melhor, e também porque ela está acontecendo no sábado. Acho que posso usar o caderno do tempo para isso...

O meu relato está deixando transparecer que a atividade não foi muito participativa e, na verdade, com relação à oralidade, não foi, mas as crianças estavam muito concentradas. Percebi isso pelo silêncio e pelas expressões faciais – olhos fixos. Só fiz a descrição de uma fala do Igor, mas outra criança falou: o Raul, só que a emoção não me permitiu nem guardar na memória, nem registrar (fiquei paralisada), porque, geralmente, suas falas são um pouco desconectadas com o assunto e, dessa vez, ele respondeu exatamente o que perguntei, e mais ninguém (explosão!).

CP: SIGNIFICATIVO!!!

Terça-feira – Presentes: 21 / Faltas: 5

No jogo de boliche, usei a estratégia que você sugeriu sobre o registro, mas não sei se fiz as perguntas certas, porque achei que chegaram (o Igor falando pelo grupo) muito rápido à conclusão que eu queria. Expliquei para os alunos que faríamos uma competição e que cada equipe jogaria num dia diferente, quatro jogadores, um de cada vez. Mencionei que registraríamos quantos pinos derrubaram, a fim de fazer a comparação de pontos depois, quando a outra equipe jogasse.

Perguntei para os jogadores (Davi, Conrado, Igor e Bless) como eles fariam para lembrar dos pinos que derrubarem hoje no outro dia da competição, e o Igor: "– É só fazer igual a você, e escrever na lousa". Eu: "– Mas e se a professora do período da manhã precisar usar a lousa e apagar?". Ele: "– Então, é só escrever em outro lugar!". Eu: "– Onde?". Ele ficou pensativo, enquanto isso, questionei os outros, mas eles apenas repetiam o que o Igor falava, e ele: "– Pode escrever em qualquer lugar, num papel". Eu: "– Que papel?". Ele: "– No que a gente usa pra desenhar". E foi até o armário e apontou para o lugar onde eu guardo as folhas de papel sulfite. Disse-lhe que poderia pegá-las e me trazer. Mostrei às outras crianças, e todas concordaram. Falei que eu achava que aquele tamanho de papel era muito grande, que ele poderia ser menor para o que estávamos precisando, mas as crianças não alcançaram o meu raciocínio... Eu mesma fui cortando a folha em quatro partes e escrevi o nome delas. Combinei que cada jogador teria que contar os pinos que derrubou, pegar o papel com seu nome e registrar sua jogada. Então:

Conrado:

 → *Desenhou os dois pinos que derrubou.*

Davi:

 → *Desenhou os quatro pinos que derrubou.*

Bless:

O → *Disse que fez uma bolinha para lembrar que derrubou um pino.*

Igor:

| → *Fez um risquinho, dizendo que tinha derrubado um.*

Nos relatórios anteriores, eu mencionava apenas se a criança havia feito registro numérico de forma convencional ou não, ou seja, se derrubou um pino, o convencional seria escrever no papel o número "1"; todas as outras formas eu considerava como "registro numérico de quantidades não convencional". Mas, agora, analisando os registros de hoje, achei que tanto o Davi como o Conrado fizeram um "registro de quantidades pictórico", porque fizeram um desenho dos pinos que derrubaram. Agora, fiquei um pouco confusa sobre como nomear a situação matemática que cada um expressou. Você poderia me ajudar? → **CP: Fazem relação de quantidade e representação dela.**

Quarta-feira – Presentes: 23 / Faltas: 3

Antes do ensaio, achei que precisava conversar com os alunos sobre a dança e comecei explicando o contexto da Festa, que vamos fazer uma apresentação com plateia, que as pessoas que vierem nos acompanhar ficarão assistindo às crianças dançarem.

Perguntei se sabiam por que, todos os dias, ensaiamos, e todos balançaram a cabeça dizendo que não! Percebi que, como professoras, ficamos preocupadas com o espetáculo, e, na verdade, eles não sabem por que repetir a mesma coisa tantas vezes. Criativos e inquietos, não param e ficam inventando coisas para fazer no meio da dança.

Depois da conversa, percebi que as coisas ficaram mais claras. Aproveitei, também, para explicar cada passo da dança ali mesmo, na sala. A Maya Luiza me ajudou e, dessa forma, o ensaio propriamente dito parece que fluiu melhor, fazendo mais sentido! Exceto para os viajantes, aqueles que vivem no mundo da lua, muito distraídos, precisam de ajuda o tempo todo...

Quinta-feira – Presentes: 21 / Faltas: 5

Fiquei, na diversificada, com as crianças do jogo da memória: Maya Luiza (Malu), Naim, Frida e Erik. Deles, percebi que a Malu sabia as regras, já foi organizando as peças para o início do jogo e perguntou: "– Quem vai ser o primeiro?". E o Erik: "– Eu!". Ela: "– Então, você começa!". Ele virou uma peça e começou a espiar as outras, ao mesmo tempo, o Naim começou a virar e desvirar todas as peças. Ela tentou colocar ordem no jogo, falando para o Naim que ele tinha que esperar a sua vez de jogar e, também, explicando para o Erik que ele tinha de virar duas peças e, se não fossem iguais, desvirar e esperar sua vez de novo.

Como o Naim não parava, eu tive que intervir enquanto ela orientava o Erik. Tive de ajudar o Naim a jogar algumas vezes, até que ele conseguisse se conter para virar apenas duas peças na sua vez. Como não sabiam que quem acertava jogava de novo, expliquei, e assimilaram rapidamente, sempre conduzidos pela Maya Luiza. Até que, no final, cada um fez a contagem das suas peças: Frida, 12; Erik, 2; Malu, 2; Naim, 8. Fiquei surpresa como realizaram a contagem naturalmente e de forma correta. Muito bom!

CP: ?

Na hora do parque, além de realizar as observações, tenho me aproximado dos alunos para perguntar do que estão brincando. Chego até a participar, comer as comidinhas que estão fazendo, sugerindo ideias... Eles gostaram tanto que, agora, quando estou lá fora sentada apenas observando, muitos deles vêm me contar do que estão brincando, quem é quem na brincadeira, chamam-me para mostrar o que fizeram na areia. Parece que pedem minha participação, e, nesses momentos em que me convidam para participar, tenho encontrado boas oportunidades para intervir, mostrando novos jeitos de brincar, ensinando novas técnicas de fazer bolos de areia etc.

E, hoje, prepararam uma superfesta de aniversário para mim... Que privilégio!!! Olívia, Maya Luiza, Yohan, Conrado e Roberta se organizaram, dividiram as tarefas entre eles (que prato cada um ia preparar) e, depois, vieram todos juntos com seus pratos, cantaram "*Parabéns*". Tinha até espátula e prato para eu cortar o primeiro pedaço, e ficaram ali, ansiosos e apreensivos, esperando para ver quem ganharia o primeiro pedaço, e eu: "– O primeiro pedaço vai para... mim!!!" – fingi comê-lo, e eles vibraram.

Algumas crianças pararam de brincar e ficaram observando a festa. O Igor me trouxe um presente, e eu: "– Olha que linda!!! É uma pedra preciosa?". E ele: "– Não, é uma pedra mágica! Ela realiza seus desejos! Você pode pedir o que quiser!". Por um momento, eu desejei que aquilo fosse verdade... Como é bom ser criança e poder viver no mundo do faz de conta, onde tudo é possível!!! Fiquei até emocionada!

Registro da Semana de 24 a 28 de junho de 2013

Segunda-feira – Presentes: 22 / Faltas: 4

A roda de conversa "bombou" hoje! A maioria das crianças queria falar sobre a Festa Junina, mas algumas queriam falar sobre o filme *Meu Malvado Favorito*, que terminamos de assistir na sexta-feira. Combinei que, primeiro, comentaríamos sobre o filme e, depois, sobre a Festa. Levi: "– Ele era malvado, porque queria que a Lua fosse só dele e, por isso, roubou ela!". Eu: "– Foi por isso que o Gru roubou a Lua?". Enrico: "– Ele fez a Lua ficar pequena com uma arma". Roberta: "– A arma soltava um raio superencolhedor, mas quem inventou essa arma foi o Vector, e o Gru roubou a arma dele quando as meninas foram vender os biscoitos". Levi: "– Mas o Vector também roubou o Gru, roubou a Lua pequena dele, mas ela voltou a crescer dentro da nave". Eu: "– Mas por que o Gru queria roubar a Lua?". Levi: "– Porque ele era malvado!". Eu: "– Só por isso?". E nada... Eu de novo: "– Por que a Lua voltou a crescer?". Maya Luiza: "– Porque passou o efeito do raio". Erik: "– E, daí, ela voltou para o céu, lá no lugar dela, e levou o Vector junto! Ele ficou lá, preso...".

Por essas falas, ficou confirmado que o enredo sobre a Lua foi relevante para todos. Não falaram sobre a adoção das meninas, nem sobre a apresentação de balé que virou o final do filme, como uma confraternização, só sobre a Lua, Lua, Lua!

Então, já emendamos o assunto da Festa Junina, e a preferência unânime, TOP 10, foi: a pescaria!!! Todos falaram como brincadeira preferida. Fiquei surpresa quando algumas crianças (Maya Luiza, Levi, Conrado, Roberta e Hugo) citaram que gostaram muito de dançar e que, além das brincadeiras, esse foi um dos seus momentos preferidos da Festa. Acho que isso comprova que, ao menos, para essas crianças, alguns objetivos foram alcançados como forma prazerosa de expressão corporal, manifestação da cultura.

Terça-feira – Presentes: 16 / Faltas: 10

Dando continuidade à competição de boliche, hoje, foi a vez de as meninas jogarem, e, como combinado, cada uma tinha que registrar a quantidade de pinos derrubados.

Jade Helena:

 → Desenhou o pino que derrubou.

Frida:

| | → Fez dois risquinhos correspondentes aos dois pinos que derrubou.

Isabela:

| | → Idem.

Juliana:

| → Fez um risquinho para um pino que derrubou.

Fiz um quadro na lousa, denominado "Competição de boliche", e fui colando os papéis dos adversários. Chamei um por um, para que fizesse a leitura do seu registro, e fui explicando a todos que aquelas quantidades poderiam ser registradas de forma numérica, e, em cada papel, registrei o número correspondente abaixo. Depois desse registro, perguntei aos próprios competidores quem tinha ganhado, e por quê. Pedi que observassem os números que registrei. Todos responderam corretamente, usando a mesma justificativa: "Porque (eu/ele/ela) derrubei/ou mais".

Apesar de parecer ainda muito abstrato para as crianças, acredito que é uma das muitas possibilidades e estratégias para construção do conceito numérico de quantidades. Agora que eu estou refletindo e analisando minuciosamente esses conceitos matemáticos, estou muito confusa para nomeá-los.

Quarta-feira - Presentes: 20 / Faltas: 6

A Márcia J. me convidou para juntarmos as turmas na hora do movimento, pois ela ensinou uma brincadeira nova para a turma dela, "caçadores de tartarugas", de que as crianças gostaram muito, e queria compartilhar comigo e com a minha turma.

Primeiro, ela nos explicou verbalmente o modo de brincar, depois colocou algumas das suas crianças para brincar enquanto as minhas observavam, e, então, misturamos todas... Tanto eu como ela íamos orientando individualmente as que não tinham entendido.

Como a brincadeira requer bastante atenção e agilidade, num certo momento, ela sugeriu que escolhêssemos algumas crianças mais "lentas" e desatentas para fazer o papel de "caçador", e, assim, estimular sua atenção e sua agilidade. Eu achei essa ideia ótima, já que são sempre essas crianças as primeiras a serem pegas ou as últimas a serem escolhidas pelos amigos, pois fazem tudo mais devagar... E essa foi uma boa maneira de incluí-las. Foi muito bom compartilhar esses momentos com a Márcia J. e as suas crianças!!!

Quinta-feira - Presentes: 21 / Faltas: 5

Hoje, finalmente, trouxe o *pen drive* com as fotos da viagem para mostrar para os alunos. Como o *data show* do ateliê não estava funcionando, usei a TV nova da sala dos professores. Logo que chegaram, eles vibraram, por estarem usando um lugar novo da escola, ficaram encantados com o tamanho da TV e com o fato de as fotos estarem aparecendo ali.

Como já tinha conversado e contado para eles sobre a viagem, a cada foto, fui relembrando. Eles ficaram muito encantados com as imagens, suspiraram ao ver as Cataratas; alguns até perguntaram se era de verdade. E, quando viram o arco-íris, então, aplaudiram, levantaram, quiseram ver de perto, sempre perguntando: "- É de verdade?". Fui relembrando, também, os conceitos descobertos nas pesquisas. Eu também adorei rever as fotos de momentos tão especiais junto com eles!!!

***

Cristiane,

Estou fazendo uma análise minuciosa do Diário de Bordo da Patrícia. Imagino que o seu será o próximo! (Risos!) Há muito conteúdo nele que será interessante a gente compartilhar com mais pessoas, mas isso fica para o segundo semestre... Risos!

Fico feliz em saber que o livro contribuiu tanto para você como para as crianças entenderem o que se passa com a Lua. Essa construção coletiva é muito significativa! Demonstre a elas que você está aprendendo junto com elas!

O calendário, já lhe recomendei tirar cópias e distribuir um para cada criança. É essencial que elas tenham esse material em mãos. Num recesso, seria uma boa atividade para fazer em casa!

Adorei o uso das "explosões"! (Risos!) Sinal de que o artigo fez sentido para você também! Espero que faça aos outros leitores... Risos! Porém, estou mais tranquilo em saber que a escrita nunca dará conta de toda a riqueza e complexidade envolvida em nossas ações!

O que as crianças fazem quando desenham os pinos, creio que nosso HTP deixou um pouco mais claro, e a inadequação de mostrar o algarismo a elas também! Cristiane, essa é uma construção complexa, que não sabemos muito bem como fazer, afinal, não foi realizada com a gente. Logo, temos dificuldade de saber como fazer... Sim, mais uma coisa para estudar, ler, errar e acertar!

Interessante ter se preocupado, quase no meio do ensaio, de conversar com os alunos sobre o porquê de estarem ensaiando! No ano que vem, com certeza, você terá essa conversa mais cedo! E deixe que parta deles a necessidade de ensaiar, porque, quando escolherem a música, resolverem que vão dançar, terão que resolver como garantir que todos saibam como efetuar a dança... Desse modo, o ensaio sairá tranquilamente! É um percurso de aprendizagem, Cristiane. Acertamos muitas coisas, ainda escorregamos em outras e, no processo, percebemos outras tantas! (Risos!)

Há, no seu registro (no da Lídia e e no Zélia também), algo que me preocupou: vocês demonstram espanto, surpresa e alegria com a aprendizagem das crianças! Minhas professoras mais capacitadas, a meu ver (colocaria, nessa lista, mais uns três nomes), surpresas com aprendizagem dos alunos?

Cristiane, o que você achou que estava fazendo com essas crianças nesses cinco meses? Sei que foi uma novidade em diversos sentidos para você, mas acreditei que você (e as outras professoras) soubessem o que estavam fazendo... E, aqui, há um dado importante. Obrigado pela confiança, pois, mesmo sem terem certeza dos resultados, acreditaram no que eu propunha! É um dado preocupante. E se eu estivesse errado?

Você relatou quatro situações de forte emoção! Isso é excelente, se não indicar que a escrita dos relatórios mexeu tanto com o seu emocional e começou a ter reações a coisas normais... Risos! Brincadeiras à parte, encantar-se com o que faz é, sem a menor sombra de dúvida, o motivo primeiro para aqui estarmos! É na construção conjunta de aprendizagens e de significados que me reconheço como mestre! Parabéns por isso!

É interessante ver como algumas crianças conseguiram entender a dança. No ano que vem, serão mais crianças, com certeza! (Risos!) E a Lua ser o foco central do *Meu Malvado Favorito* deixa explícito como usam seus conhecimentos prévios para entenderem melhor o que já conheciam! Reflita, Cristiane: Quantas crianças já tinham assistido ao filme? E como agora viram com outros olhos! Isso não tem preço mesmo!

Estar confusa sobre como tratar e nomear as construções matemáticas das crianças, *a priori*, não é um problema em si. O problema seria ficar confusa e não procurar deixar de estar... Risos! E sei que, isso, você não está fazendo... E, como tratamos nos HTPs, há de se ter prioridades, Cristiane, e, infelizmente, não há forma de dar conta de tudo ao mesmo tempo!

Cristiano Rogério Alcântara
4 de julho de 2013

***

Registro da semana de 23 a 26 de julho de 2013

Terça-feira – Presentes: 13 / Faltas: 12

Desde ontem, tenho pensado em como receber as crianças... Em cada momento da rotina, pensar naquilo de que elas gostam e de que forma irão se sentir mais bem acolhidas. Na diversificada, separei uns brinquedos que tenho no armário, dos quais elas gostam, e, também, seus jogos preferidos. Elas ficaram até às 14 horas brincando e ainda acharam ruim na hora de guardar. Quando estabelecemos a rotina, falamos do frio e da chuva, por isso, não poderiam ir ao parque. Elas pediram, então, massinha, que a maioria usou para fazer "comidinhas". O trabalho do Raul me chamou a atenção: foi fazendo "cobrinhas" e, no plano do plástico protetor, foi modelando-as e formando um carro. Muito bom! Parecido com seus desenhos: ele adora fazer carros. Na roda de conversa, falamos sobre o que fizemos nas férias.

Eu falei sobre a minha cirurgia de unhas encravadas, e o Enrico, sobre o acidente no qual queimou o braço e a perna com café quente – mostrou as cicatrizes. As outras crianças falaram sobre brincadeiras e passeios. No final, o Paulo (ajudante) escolheu um livro para que eu lesse, *As dez formiguinhas*. Comentou que a prô Ludmila leu para eles no ano passado e ele escolheu porque gosta muito da história. Eu fiz a leitura, porque não a conhecia, mas, para amanhã, ficou combinado de que alguém fará o reconto. O melhor foi receber os abraços e as palavras de carinho com saudades!!!

Quarta-feira – Presentes: 11 / Faltas: 14

Na diversificada, fiquei com as quatro meninas que estavam presentes. Perguntei do que elas estavam brincando, e a Jade: "– De mamãe e filhinha!" – e foi explicando que a Lara e a Frida eram suas filhas, e a Karin era sua irmã, a tia das meninas. Então, eu perguntei se eu poderia brincar, e ela respondeu que eu também poderia ser tia.

Nesse momento, ela ligou para o consultório médico e disse que precisava de um horário, porque suas filhas estavam doentes. Desligou e disse: "– Filhas, amanhã cedo, vocês têm hora no médico!". Eu: "– Já sei! Eu posso ser a médica a que vocês vão amanhã!". Elas: "– Sim!!!". Falei que, enquanto não chegava "amanhã", eu iria arrumar o consultório e esperaria por elas.

Peguei o *kit* médico, arrumei a mesa com o receituário, a ficha dos pacientes, a maca (com cadeiras) e a sala de espera. Chamei o nome das duas meninas, e a "mãe" entrou com elas. Perguntei a idade das "filhas", e ela: "– A Frida é a bebezinha, e a Lara tem 1 ano". Eu: "– Vamos começar com a mais nova. Qual é o problema, mãe?". Jade: "– Ela está com muita tosse, febre, dor de barriga e vomitou essa noite...". Pedi que colocasse a menina na maca e comecei a examiná-la, usando os instrumentos do *kit*. Depois, fiz a receita e expliquei o porquê dos remédios, os horários e a dosagem, e o diagnóstico: "virose". Passamos, então, para a Lara, e a "mãe" repetiu os mesmos sintomas da primeira, mas, no final, disse: "– Ela já está tomando antibiótico faz quatro dias". Pedi para a paciente deitar-se na maca, e a examinei também. Disse, como diagnóstico, que esses sintomas poderiam terminar depois do tempo recomendado para o uso do antibiótico. Fiz a receita e orientei a "mãe" que se, com o término do tratamento, os sintomas continuassem, ela deveria voltar. Ela pegou as receitas, as duas meninas e voltaram para "casa". Percebi que ela estava "dando remédio" para as filhas, dizendo: "– Você vai melhorar...". Estou pensando, para amanhã, incluir os procedimentos de sala de espera e da secretaria, agendando consultas (já havia até separado uma agenda para isso!). Vamos ver...

CP: LINDO!!!

Quinta-feira – Presentes: 8 / Faltas: 17

Logo que chegaram, a Frida e a Jade Helena vieram perguntar se iríamos brincar de médico, eu disse que sim, só que, desta vez, eu iria ser a secretária. Nenhuma delas quis ser a médica, pois queriam igual a ontem: ser a mãe e a filha que iriam se consultar. Então, perguntei quem mais queria brincar; o Bless, o Igor e o Davi quiseram. O Igor se ofereceu para ser o médico; o Davi, o pai; e o Bless, o paciente.

Quando "chegaram", abri a agenda e confirmei o nome da paciente (Jade) e o horário da consulta. Fiz a ficha com o nome e a idade da paciente, perguntei o endereço e o telefone, mas as crianças ficaram um pouco confusas. Fiquei escrevendo como se elas tivessem me falado, e pedi para que aguardassem. Enquanto atendia ao telefone, marquei algumas consultas e, depois, levei a ficha para o "médico". Pedi para que a "paciente" e a sua "mãe" entrassem e voltei para a minha mesa, mas percebi que o Igor ficou nervoso, não sabia o que falar. Voltei ao consultório e disse: "– Eu sou sua ajudante também, doutor!". Parece que ele ficou mais tranquilo e perguntou: "– Por que vocês vieram aqui no consultório?". A "mãe": "– Ela está com muita dor na barriga!". Ele ficou olhando para mim, dizendo com os olhos: "– O que fazer agora?". E eu: "– Vamos deitar na maca, menininha, que o doutor vai te examinar!" – e fui entregando os instrumentos para ele, orientando-o para ver a garganta, o ouvido.

Quando ele terminou, ajudei a paciente a se levantar e falei, cochichando, para ele: "– Já disse pra mãe o que a filha tem?". E ele: "– Ela tem bichinhos na garganta!". Eu: "– Escreve no bloco de receitas [na hora, esqueci da palavra 'receituário'] que remédio ela precisa tomar, a quantidade e o horário". Ele disse: "– Eu não sei escrever...". E eu: "– Escreve do jeito que você sabe". Ele usou as letras para escrever o nome do remédio, e eu mostrei para ele, logo abaixo do remédio, para ele escrever a quantidade e os horários – ele também usou letras. Mostrei o lugar para assinar e ajudei-o a destacar a folha, orientando-o para entregar à "mãe", explicar o nome do remédio e como tomar. Ele falou um nome esquisito e disse: "– Uma colher, três vezes ao dia!". Elas levantaram, e eu perguntei para ele: "– Precisa agendar retorno?". E ele: "– Daqui uma semana!". Eu saí com elas e mostrei os dias na agenda: "– Próxima quinta, dia 1º de agosto. Qual horário?". E ela: "– Meio-dia!". Eu anotei, elas foram.

O Davi e o Bless "chegaram", e eu procedi da mesma forma na recepção. Quando entraram no consultório, o Igor estava mais à vontade, e eu pouco tive que ajudar. Dessa vez, ele quis dar uma injeção no Bless. Agendei o retorno para eles também. Então, o Davi quis ser o médico. Desse modo, trocamos: o Bless e o Igor se tornaram o pai e o paciente. O Davi não teve muita dificuldade no papel de médico, porque ele tinha observado o

Igor, e precisou de ajuda apenas na hora da receita. Quando a entregou ao "pai", disse: "– O remédio é dipirona. Uma colher, três vezes ao dia!" – usou a mesma medida do Igor.

Na próxima semana, quero ver se essas crianças conduzem a brincadeira com mais autonomia, orientando as outras crianças que não vieram. Aos poucos, quero ir introduzindo detalhes, como escrever o nome do paciente (amigo) na receita, a quantidade do medicamento com número e o horário, dar um lembrete do agendamento da consulta, com o dia e o horário para o paciente, e uma caixinha com embalagens (as caixas) de remédios, para que se baseiem na prescrição: quantas gotas ou comprimidos etc.

CP: Isso é planejar a atividade! (Risos!)

Registro da Semana de 29 de julho a 2 de agosto de 2013

Segunda-feira – Presentes: 19 / Faltas: 6

Na diversificada, coloquei o cantinho do médico novamente. Fiquei surpresa com o fato de que as crianças que brincaram na semana passada não quiseram brincar. Conforme elas foram chegando, fui mostrando o cantinho e perguntando se queiram brincar novamente. Elas olharam para as outras mesas e se interessaram pelas outras propostas.

Quando o Enrico chegou, ele foi para a mesa da recepção médica e começou a usar o telefone, a manusear a agenda e a fazer anotações no rascunho (com imitação de letra cursiva). Cheguei e perguntei do que ele estava brincando, e ele falou que estava usando o telefone. Expliquei que se tratava da recepção do consultório médico. Perguntei o que ele estava escrevendo, e ele respondeu: "– Eu estou escrevendo!" – e fez um sinal de silêncio, porque estava ao telefone. Depois que ele "desligou", tentei conversar novamente, mas ele pegou o telefone e fez sinal de silêncio para mim.

Enquanto isso, o Hugo veio me mostrar um machucado no rosto que fez nas férias, e eu: "– Você precisa ir ao médico! Vem cá!". Nisso, eu o sentei na cadeira do consultório e disse ao Enrico: "– Temos uma emergência! Um menino machucado!". Ele resolveu, então, fazer o papel de médico: entrou na sala e usou todos os instrumentos para examiná-lo. Foi descartando: "– Não tem febre, não dói...". Escreveu o nome do remédio, e eu: "– Embaixo, tem que escrever a quantidade e os horários". E o Enrico continuou (sempre imitando a letra manuscrita). Mostrei em que ponto deveria assinar, e ele entregou a receita ao Hugo. Quando perguntei se ele tinha falado o nome do remédio ao Hugo, ele disse que sim e que tinha que sair, então, levantou-se foi para a mesa da recepção e continuou a mexer no telefone e na agenda, o que estava muito lhe interessando... O Hugo não ligou: ficou brincando sozinho com os instrumentos (ele gosta muito de brincar sozinho). As crianças nos surpreendem mesmo!!! → **CP: Risos!**

Terça-feira – Presentes: 18 / Faltas: 7

Para meu consolo, três crianças escolheram o cantinho do médico (Roberta, Enrico e Yohan). O Enrico escolheu novamente a recepção; o Yohan foi o médico; e a Roberta, a paciente. Aproximei-me da brincadeira, e o Enrico já foi me falando: "– Não precisa brincar com a gente. Eu ensino eles!". Ele se dirigiu até o Yohan, explicou os instrumentos e como se examinava a paciente, e disse, também, que o médico tinha de escrever o nome do remédio na receita. O Enrico voltou para a mesa do telefone e da agenda, mas lá ficou observando e, quando percebeu que o Yohan estava meio atrapalhado, foi até ele e disse: "– Não se preocupe, amigo! Eu te ajudo!". E ficou o tempo todo ajudando o Yohan a examinar. Na hora de escrever a receita, tomou a frente do Yohan, foi escrevendo e mostrou para ele, dizendo: "– Agora, é só entregar para ela e dizer para tomar esse remédio!". Foi tirando a Roberta da cadeira e dizendo: "– Vem cá, que eu vou marcar um retorno para você!". Depois de escrever na agenda, despediu-se, mas, quando ela estava "saindo", ele falou: "– Já chegou o dia de você voltar! Pode entrar no médico de novo!". Ela entrou e, dessa vez, ele ficou lá fora, atendendo ao telefone e manuseando a agenda. O Yohan, um pouco tímido, foi atendendo a Rô, e ela mesma foi ajudando o amigo. O Enrico tem desenvoltura para liderar as brincadeiras e é muito prestativo.

CP: Interessante.

Estou percebendo que a brincadeira está caminhando com um pouco de autonomia e, também, aos poucos, vou inserir novos elementos... Achei interessante não pensarem, ainda, nas bonecas como pacientes. Várias vezes, já coloquei as bonecas com o kit médico na diversificada, mas ainda não rolou...

Quarta-feira – Presentes: 23 / Faltas 2

Hoje, o cantinho médico foi escolhido por: Enrico, Yohan, Conrado, Levi e Lara. Em razão da quantidade de crianças, e, como o Yohan já tinha brincado ontem, o Enrico não conseguiu liderar muito a brincadeira, porque o Yohan disse que já sabia como brincar. O Conrado seria o paciente, e o Levi, o ajudante do médico Yohan. Enquanto o Conrado era atendido na recepção pela Lara e pelo Enrico, pedi para ele ensinar "o serviço" a ela, pois ela poderia ser sua ajudante, mas ele logo foi respondendo: "– Eu não preciso de ajuda!". Eu: "– Mas quando você não puder vir, ela vai ficar no seu lugar...". Ele tem muita dificuldade em compartilhar brinquedos e, também, a brincadeira com quem não pertence ao seu grupo de amigos mais próximos.

De tanto Lara e eu insistirmos, ele acabou aceitando, mas visivelmente contrariado. O "médico" deu o diagnóstico para o Conrado: "– Dor de barriga!" – e já fez a "medicação" ali mesmo, por isso, ele não ia fazer receita. Sugeri que ele a fizesse, para que o paciente continuasse tomando o medicamento em casa. Eu ia fazer o fechamento da brincadeira, mas o Enrico e a Lara acabaram não se entendendo e abandonaram antes.

Fica bem nítido que, dependendo da criança, a mesma brincadeira acontece de forma diferente de acordo com vários fatores: da vivência de cada criança daquela situação no real, da sua bagagem sociocultural, da percepção que cada uma tem das possibilidades que o faz de conta permite e da qualidade da interação e da troca com o outro.

CP: Importantes observações.

Momento especial de hoje: tive a ideia de fazer a hora da brinquedoteca ao ar livre, para aproveitarmos o dia ensolarado e o clima muito agradável do lado de fora. Pegamos os brinquedos e trouxemos para a parte externa, próximo da sala, da pia e da quadra – as crianças adoraram!!! A Isabela: "– Prô, está muito gostoso aqui fora!". O Bless: "– Eu estou gostando muito de brincar aqui fora!". E eu, particularmente, adorei!!!

CP: Ótimo.

Quinta-feira – Presentes: 22 / Faltas: 3

Apresentei o calendário de agosto para os alunos, e eles ficaram muito empolgados com a cópia de cada um. Pedi para pegarem a plaquinha de apoio do nome, e o Igor e a Olívia foram muito rápidos. Como já estava trabalhando o nome completo, vieram me falar que iriam usar o outro lado da plaquinha para escrever o nome. Eu confirmei que sim, então, eles voltaram para o lugar, foram espalhando a notícia e orientando os amigos: "– É para escrever o nome inteiro! É o nome desse lado da plaquinha!".

Antes de intervir, fiquei observando no que ia dar, e todos foram fazendo a escrita do nome completo; alguns, mesmo sem entender. Na observação individual, fui reformulando a comanda para alguns, e outros escreveram até onde o espaço permitiu.

Esse movimento até que foi rápido e não permitiu que eles se desinteressassem do foco (que, para eles, era pintar o dia da mesma forma que no calendário coletivo). Expliquei que havia espaço para o registro da temperatura e que, assim, ela poderia ser retomada por eles a qualquer momento. Fiquei surpresa, porque a maioria não apresentou dificuldades nessa escrita, apenas o Raul, o Bless e o Enrico, mas não coloquei o foco nisso. Logo, passamos para pintar o dia, e foi quando eles se realizaram.

A primeira impressão é a de que a atividade foi bastante significativa e contextualizada para eles, que demonstraram menos dificuldade do que eu achei que teriam... Bom começo!!! → **CP: Excelente.**

***

Cristiane,

Já lhe disse isto diversas vezes, e creio que não devo me cansar de repetir: você é uma professora acima da média, e muito me surpreende sua preocupação com o seu fazer e em como agir diante das crianças. Percebo que se resguarda de não apresentar muitas de suas dúvidas e descobertas para o grupo. Contudo, creio que deva rever essa postura, e a convivência com a Márcia J. será um bom laboratório...

Você percebeu que as crianças agem diferente, e, segundo suas palavras, "Fica bem nítido que, dependendo da criança, a mesma brincadeira acontece de forma diferente de acordo com vários fatores: da vivência de cada criança daquela situação no real [...]". Isso se dá com as minhas sugestões e intervenções a vocês, Cristiane! Há professoras que entendem e acolhem bem as minhas sugestões; outras ficam em dúvida; e outras, ainda, nem compreendem o que está em jogo.

Notei que você ficou feliz com o Enrico, pelo fato de ele ter aprendido e poder mediar as suas descobertas com os amigos. Do mesmo modo, tento fazer com você e com as outras professoras que entenderam, para que medeiem com suas colegas as descobertas...

Considerações à parte, vamos aos seus relatos efetivos.

Maravilhosa a sua preocupação de acolhê-los bem, e preciosa a explanação do Paulo, dizendo claramente qual foi critério adotado por ele para a escolha do livro a ser lido por você para turma!

Percebi que houve um megaplanejamento de sua parte na intervenção da brincadeira de médico! Parabéns ao cubo! Porém, não teria sido melhor ter graduado as intervenções? E, pelo que percebi, você ainda não operou todas as intervenções que espera fazer... (Risos!)

A "atendente" poderia esperar um pouco, mas, agora que ela existe, vamos fazer uso dela adequadamente. Vou pegar agendas sem uso em casa (mandar um bilhete para casa pedindo seria útil, não acha?). Além disso, que tal uma pesquisa com receitas médicas já utilizadas? Assim, as crianças veem exemplos de medicamentos, o CRM do médico, e podemos agendar uma visita no posto de saúde ou pedir a um médico para que venha à escola, a fim de que as crianças o entrevistem! O que acha?

Outra pesquisa que seria superinteressante é: Como as mães fazem para dar os remédios na hora certa? Escrevem bilhetes? Usam o celular? Despertam de madrugada? Como seria isso em cada casa?

O fato de o Enrico ter dito que você não precisava brincar, pois ele explicaria a brincadeira, não seria uma forma de ele dizer: "Entendi que você quer que brinquemos de determinada forma. Agora, eu já sei, então, não precisa mais intervir!"? Complicado esse tipo de intervenção, não é? Se não apresentamos nada, nada muda! Se apresentamos muito, eles percebem! (Risos!) Achar o meio termo é o nosso desafio!

Excelente sair do espaço de sala de aula para aproveitar o Sol, e as crianças terem acolhido a ideia também! Parabéns novamente!

Cristiano Rogério Alcântara
5 de agosto de 2013

P.S. 1: A orientadora Vilma manda-lhe parabéns pela qualidade de sua reflexão acerca do seu fazer e adorou ler o artigo em que descrevo o nosso HTP.

P.S. 2: Solidifique bem as conquistas que as crianças podem fazer na exploração do *kit* médico, em relação ao que, até agora, já empreenderam, antes de apresentar novos itens.

***

Registro da semana de 5 a 9 de agosto de 2013

Segunda-feira – Presentes: 22 / Faltas: 3

Com a preocupação de criar modelos para o CADERNO DE MEDIÇÃO, pensei que seria bom que eu fizesse a primeira medição e as anotações, mesmo porque eu estou em dúvida para quem mandar. Na roda, mostrei o caderno para os alunos e expliquei que o objetivo era que cada um fizesse, com as suas famílias, em casa, a mesma coisa que fazemos todos dia na escola. Eles ficaram empolgadíssimos, e todos (menos a Maya Luiza) disseram que queriam levar o caderno.

Mostrei o quadro de registro das temperaturas e as notícias sobre o clima no fim de semana, como no sábado, que fez 30 °C ao meio-dia e que, nessa hora, eu estava indo ao *shopping* para almoçar e levei o termômetro para verificar a temperatura no horário certo. O interessante que, quando entramos no *shopping*, Cauê disse: "– Mas está muito frio aqui dentro!". E, quando tirei o termômetro da bolsa, foi caindo até os 20 °C.

As crianças ficaram vidradas e superempolgadas. Algumas delas queriam saber se levariam o caderno hoje. Também fiquei empolgada! Espero que levem essa empolgação para casa e que as famílias realmente se envolvam.

Na diversificada, preparei a mesa do cabelereiro, com frascos de xampu e de condicionador, secador, chapinha, pente, escova, presilhas e elásticos de cabelo, agenda e telefone. Quando chegaram, o Bless e o Enrico já se dirigiram à mesa, e o Enrico já foi falando: "– Eu sou o cabelereiro!". E o Bless ficou de secretário. Depois, chegou a Évelin, e o Enrico foi atendê-la, mas ela estava de trança e não quis desmanchá-la para brincar. Então, o Enrico fez de conta que lavava, secava, alisava, e, ainda, fez uma maquiagem nela.

O Bless ficou fazendo anotações na agenda, e eu expliquei para ele que cada folha representava um dia, e as linhas tinham números, que eram horários que, ao atender ao telefone, ele deveria verificar com a cliente, a fim de saber qual o dia e o horário ela queria vir ao salão, para poder registrar. Ele não quis atender ao telefone, disse que estava escrevendo e ficou imitando letra cursivas nas suas escritas. Como já tinha acabado o tempo, perguntei para o Enrico: "– Você só atendeu uma pessoa hoje?". E ele: "– É que o atendimento é demorado...".

Terça-feira [Sem registro de presença.]

Na terça-feira, juntaram-se ao Bless e ao Enrico, o Levi, o Hugo e a Juliana, que deixou o amigo soltar seu cabelo para ser atendida. O Enrico, como cabeleireiro novamente, lavou, penteou (isso, desta vez, de verdade), escovou, prendeu e, também, fez a maquiagem. O Levi e o Bless estavam revezando no atendimento: enquanto um falava ao telefone, o outro fazia as anotações na agenda. Depois que o Enrico atendeu a Juliana, ele quis cortar o cabelo do Hugo, que não quis tirar a touca, e o Enrico disse: "– Assim não vai dar pra cortar...". O Hugo disse que não queria brincar, que estava só olhando. Realmente, é difícil convencê-lo a brincar com outras crianças. Quando ele chega, não quer escolher nenhuma mesa; fica sentado ao meu lado e, depois de algum tempo e de muitas intervenções, dirige-se para alguma mesa, mas, em geral, não quer brincar, <u>fica só olhando</u>. Vou tentar me aproximar mais significativamente da brincadeira amanhã.

Quarta-feira – Presentes: 21 / Faltas: 4

O Enrico faltou e, como ele é um dos primeiros a chegar na sala, acho que isso contribuiu para que outras crianças fossem brincar de cabeleireiros: Isabela, Juliana, Maya Luiza, Frida, Jade Helena e Hugo (que, novamente, só queria observar). Quase todas queriam ser cabeleireiras, oque, de início, já causou confusão entre elas. A Isa, então, ofereceu-se para ser a cliente, e a Jade, para ser a secretária. A Juliana não abriu mão de ser a cabelereira, e a Maya Luiza ficou como ajudante. A Frida ficou na sala de espera para ser atendida, e a Lara que, chegou depois, também ficou aguardando.

As "cabeleireiras" fizeram de tudo nas clientes: lavaram, secaram, passaram chapinha, fizeram mechas e maquiagem. Conforme acabava o atendimento, eu ajudava as "clientes" atendidas a efetuarem o pagamento na recepção com o "dinheirinho" que havia distribuído para elas.

A Jade Helena estava atendendo ao telefone e perguntando se queria marcar horário, mas não estava agendando nada. Expliquei para ela sobre o registro na agenda, mas ela continuou da mesma forma que antes, só atendendo ao telefone.

Estou surpresa com o andamento do calendário! No período de uma semana, já se apropriaram da forma de realização da atividade. Apesar de não ter foco na escrita numérica, a maioria está reproduzindo corretamente a escrita e realizando sua leitura. A temperatura tem ficado na linha dos 20 °C, e muitas crianças já chegam perguntando: "– Nós vamos pintar o calendário hoje?". Isso comprova que a atividade tem sido significativa para elas!

Quinta-feira – Presentes: 23 / Faltas: 2

Conversei com os alunos sobre os diferentes tipos de árvores, relembrando a apreciação que fizemos da tela do Di Cavalcanti. Eles foram falando sobre os lugares em que há árvores na escola. O Conrado: "– No parque, tem muitas árvores!". Eu: "– E vocês já as observaram?". A Lara: "– O que é observar?". O Igor: "– É ficar olhando!". Eu complementei: "– É olhar atentamente para alguma coisa, observando detalhes e, também aqui na escola, tem um lugar chamado 'bosque', com muitas árvores, que fica meio escondido, por isso, a gente quase não vai lá". A Olívia: "– Eu já fui lá com a outra prô!". Algumas outras crianças também o afirmaram.

Entreguei um saquinho para cada aluno e sugeri que recolhêssemos as folhas caídas das árvores para verificarmos as cores, os tipos, as espessuras, os tamanhos... O Igor: "– Se as árvores são diferentes, suas folhas também são diferentes, e as folhas amarelas já estão secas!". E eu: "– Muito bom!". Depois de orientá-los sobre o caminho, seguimos em frente... Chegando lá, foram catando o que viam pela frente, e, já naquele momento, iam me mostrando, e também aos amigos, as características de cada folha coletada e as diferenças entre elas...

Foi um momento de muita troca de informações e interação entre eles, uns orientando os outros sobre onde encontrar aquele tipo de folha, pegando a mais e entregando ao amigo. Muito bom!!!

Na volta, fui chamando a atenção das crianças para que observassem as árvores, e elas foram estabelecendo as características de cada uma. Quando o Levi achou uma de tronco muito liso, todas quiseram tocá-la e passaram a tocar nos outros troncos, para sentir a diferença... Como gastamos (e bem gasto, aproveitado) um bom tempo com isso, quando chegamos à sala, pedi para que desenhassem as árvores que tínhamos visto. Para a minha surpresa, a maioria fez aquela "árvore redondinha". Apenas o Marcos, o Conrado, o Paulo e o Davi fizeram algumas parecidas com o que realmente vimos.

Ficou combinado que faremos outras coletas, para, depois, falarmos sobre elas. Pensei em resgatar o registro da observação da tela do Di Cavalcanti para compararmos com os desenhos de hoje ou levarmos como roteiro, para buscarmos árvores reais parecidas pela escola... O que você acha?

***

Cristiane,

Como sempre, ler seu diário é uma agradável surpresa... Creio que você tenha se apropriado do espírito de pensar na significação dos seus atos para os seus alunos de uma maneira adorável! Parabéns!

Quando se coloca como a primeira escritora do caderno, partilha com eles como é importante para você também o preenchimento deste. Simbolicamente, isso é megaimportante, e não estamos falando aqui que deseja que as crianças e suas famílias façam a lição de casa corretamente, mas, sim, que signifiquem os dados que colocarão nesse caderno de maneira contextualizada!

Quanto ao aluno Hugo, advogo que ele tenha o direito de só observar. Você é um exemplo de professora que mais observa do que fala nos momentos de HTPC. A princípio, poderia achar que você não está prestando atenção, contudo, foi uma das primeiras a compreender o que estava em jogo nesses encontros semanais.

Adoraria que muitas de nossas conversas em HTP pudessem ser gravadas ou divididas com as outras. A prova disso é que escrevi um artigo de um desses encontros, mas aprendi a respeitar sua forma mais discreta e comedida. O Hugo tem clareza do que deseja fazer: só quer olhar...

Pode ser que você consiga brincar com ele, ou que ele brinque só com uma criança, mas deve ser uma aproximação muito natural. Não o force a brincar, OK?

Como o foco do calendário não eram os números, se precisam de números para preenchê-lo? O que não era o foco, acredito eu, era a grafia correta dos números, mas, como as crianças veem como significativo o seu registro, elas se esforçam para realizar a tarefa da forma mais correta possível!

Outra importante constatação, Cristiane: quando as crianças estão mobilizadas significativamente, as tarefas são realizadas com maior precisão, não porque a professora deseja que estejam corretas, mas, sim, porque compreendem a importância de fazerem a tarefa o mais próximo do ideal.

Você me surpreende muito com o que faz das minhas proposições, e, dessa forma, vejo que avança muito. Não se limita a aplicar o que proponho de forma literal. Percebo que digere a informação, procura contextualizá-la aos seus alunos, volta ao espírito da minha proposição e aplica a intervenção! Isso é maravilhoso de ver!

Interessantíssima a sua estratégia de apresentar as folhas e as árvores aos alunos. Creio que a ação do tempo no amarelamento das folhas ainda renderá coisas maravilhosas, para além da observação e do desenho deles (estações do ano, mudança de pigmentos etc.).

Você comentou que ficou surpresa com o fato de muitas crianças (quase todas) terem desenhado as "árvores bolinhas". Por que será que o fizeram? Tenho algumas hipóteses:

- *Primeira: tinham que se decidir por diversas árvores, logo, voltaram à que tinham mais estabilidade.*
- *Segunda: são, no mínimo, um ano e meio ou dois anos desenhando "árvores bolinhas", logo, não será de um dia para o outro que abandonarão esse modelo.*
- *Terceira: não havia modelos das outras árvores para consulta imediata; desse modo, precisaram recorrer à memória para fazer o desenho, de novo voltaram para o que era mais estável.*

Sugiro que escolha uma árvore por dia para desenharem. Pode ser usando a prancheta (na escola, tem uma para cada aluno). Vocês irão para a frente dela, com lápis e folha de sulfite, e farão o registro. Outra possibilidade é fotografar umas cinco ou seis árvores e pedir para a Marisa ou para a Eva imprimir grandes e coloridas, e colocar em discussão como realizar o registro.

Não vejo problema nenhum em fazer duas atividades... Risos! Não deixe passar despercebido o fato de terem tocado no tronco de uma árvore. Isso é muito (MEGA)importante, pois, assim, deixam claro que o tato é um componente importante para realizarem a observação, que, em alguns casos, exige mesmo o uso desse sentido. Só olhar não contempla todas as observações possíveis de serem feitas! Deixo sua imaginação correr aqui para ver como usará tal dado... (Risos!)

Cristiano Rogério Alcântara
11 de agosto de 2013

P.S.: O Hugo também tocou no tronco da árvore?

***

Cristiano,

Como professora, sinto-me "obrigada" a intervir. Achava "normal" a criança interagir, mas, quando você fez a comparação com a minha postura tímida e recatada diante das outras colegas, consegui avaliar a posição dele diante das outras crianças. É difícil fazer esse exercício sozinha, de olhar para si mesma e avaliar sua própria postura para compará-la com a das crianças. Sua colocação me fez refletir sobre ficar atenta para perceber até que ponto (ou quando) intervir nesses casos.

Com relação ao desenho das árvores, vou seguir sua sugestão: fazer desenhos de observação com os alunos fora da sala de aula, usando as pranchetas. Os modelos "árvores bolinhas" estão muito fortes e precisam de tempo – e de muito trabalho – para serem descontruídos. No momento, vou aproveitar o interesse deles pelas folhas, fazer mais coletas pelos outros espaços com árvores da escola, pesquisar com eles por que as folhas caem e sobre o seu amarelamento. Depois do momento da colagem, para confecção da árvore coletiva, voltaremos à observação das árvores, registraremos os vários tipos por meio de desenhos e, então, decidiremos o trabalho coletivo.

Cristiane Capriolli

***

Registro da semana de 12 a 16 de agosto de 2013

Segunda-feira – Presentes: 21 / Faltas: 4

O caderno de medição voltou pela responsável pelo transporte do Conrado, já que ele está doente e ficará alguns dias afastado da escola. A mãe dele fez o registro das medições de temperaturas na tabela e, assim como eu, escreveu o contexto em que as medições foram realizadas (passeio na casa da avó e brincadeira na rua). Compartilhei com os alunos o registro na roda, mas achei que ficaria mais significativo o acréscimo do depoimento do Conrado. Assim que ele retornar, pedirei para que conte como foi... Alguns deles já queriam definir quem seria o próximo a levar o caderno e, quando eu disse que teriam que aguardar até sexta-feira para saber, ficaram tristes, foi um "– Ahhhh...!!!" coletivo.

Recebemos um amigo novo, transferido da sala da professora Luana e, como ele tem exatamente o mesmo nome composto do Paulo, os dois são Paulo Ricardo, depois de apresentá-lo a todos, coloquei o problema para eles. "– Como vamos diferenciar os dois?". O Igor sugeriu: "– Para isso é que a gente tem nome inteiro...". Eu achei muito complicado e repliquei: "– Como estamos acostumados a chamar nosso amigo só de Paulo, o aluno novo pode ser Paulo Ricardo, o que acham?". Todos concordaram e já foram logo colocando em prática.

Terça-feira – Presentes: 21 / Faltas: 4

A Olívia trouxe, hoje, a sacola literária com o livro *Viagem ao céu* [de Monteiro Lobato] e o caderno do registro. Na hora da roda, fiz a leitura do registro para eles e perguntei a ela como havia sido a leitura. A menina respondeu que demorou, que tinha feito um desenho da turma do Sítio e que havia colocado, no seu desenho, as cores certas do cabelo da Emília: laranja e vermelho, porque, no livro, aparece tudo em branco e preto.

Achei muito interessante a observação dela e a colocação desse detalhe para a classe, no entanto, fiquei muito decepcionada (não posso esconder isso) com as poucas palavras que sua mãe escreveu a respeito da leitura, mais ou menos essas: "As crianças têm mais energia do que os adultos. Quando os adultos se cansam, as crianças ainda estão dispostas".

Diante disso, senti-me obrigada a explicar às crianças fatos importantes do primeiro capítulo, que seriam fundamentais para o entendimento do livro, como: a história se iniciar no mês de abril, que traz algumas características da estação dessa época; a criação do "mês do lagarto ao Sol"; e o Visconde ter virado um toco. Nesse momento, a Olívia: "– Olha o meu desenho! Eu fiz o Visconde de toco!".

Fiquei pensando que deveria ter feito com essa sacola a mesma coisa que fiz com o caderno de medição, para criar modelos... Mas já foi... Achei que, por ser tratar de um livro, seria diferente... Depois, registrei no verso da folha que a Olívia usou tudo o que falamos e expliquei-lhes na roda, com o título: *Observações e compartilhamentos na roda de 13 de agosto.* "Achava óbvia a interpretação de uma história, mas, nesse momento, lembrei que, para o entendimento, são necessários aspectos subjetivos da construção social e cultural do sujeito, por isso, o que é obvio para mim, não é para o outro". Portanto, preciso estar preparada para retornos desse tipo. Será que, quando isso acontecer, devo reagir da mesma forma que hoje, fazendo eu mesma a explicação?

CP: !!!!.

CP: Sim!

Quarta-feira – Presentes: 17 / Faltas: 8

Assistimos ao DVD da Barsa Hoobs: *Céu e Cosmos* – muito bom! As crianças ficaram concentradas e bastante envolvidas no assunto. Depois, fizemos uma roda, e perguntei o que elas tinham descoberto com o filme. A Roberta: "– Existem vários planetas!". O Erik: "– Mostrou a Lua!". O Levi:

"– A Terra gira, por isso, existe o dia e a noite". Conforme as colocações, fui complementando suas falas: "– Esse movimento se chama 'rotação'. Lembram desse nome? Mas acontece, também, outro movimento. Lembram?". E a Isa: "– Em volta do Sol!". Eu: "– O nome dele é 'translação', e, nesse movimento, a Terra passa mais perto e mais longe do Sol, e isso causa alguma coisa...". A Olívia "– O verão! Quando a Terra passa em volta do Sol, porque ele é quente!". Eu: "– E, quando o lado da Terra em que estamos passa longe do Sol, a temperatura fica baixa". O Enrico: "– O inverno, com o frio que está agora!". O Levi: "– Netuno!". E eu: "– Netuno é o quê?". Ele: "– O nome de um planeta!". Roberta: "– Existem outros planetas no sistema da Terra". Expliquei que o nome era "sistema solar", porque todos os planetas giravam em torno do Sol, e fui relembrando os nomes deles. O Yohan: "– As estrelas brilham!". Eu: "– É porque elas têm luz própria. E os planetas têm luz própria?". Todos: "– Não!!!".

CP: !

Um material muito bom que explica todos esses conceitos de forma animada, em cerca de 25 minutos. Quero repetir a apresentação, chamando a atenção das crianças para tudo o que já foi falado, e aproveitar a presença das que faltaram hoje (8). Pensei em retomar o contato com a Nise e perguntar o que ela poderia trazer para os alunos sobre o assunto.

CP: Perfeito!

Quinta-feira – Presentes: 14 / Faltas: 11

Tinha programado nova coleta de folhas para hoje, mas, por causa do frio e da garoa, não foi possível. Retomei com as crianças a biografia de Lasar Segall, a que já tínhamos assistido em DVD, e fizemos a apreciação de algumas telas dele (várias, não apenas as que foram selecionadas para o projeto). Chamei a atenção delas para os diferentes materiais usados pelo artista. Notaram a diferença entre as cores mais vivas e fortes, no caso da tinta a óleo, e, conforme o Enrico: "– Mais fracas" – no caso da aquarela. Recordei-lhes de que já tínhamos usado aquarela em alguns de nossos trabalhos no ateliê, e a Olívia: "– Eu lembro! É aquela tinta seca que mistura água!".

Mostrei, também, a tela do pintor chamada Velho ex-escravo, *feita com grafite. Após observarem durante algum tempo, a Maya Luiza: "– Essa não é colorida, é só preto e branco". Quando eu revelei que a tela foi feita com grafite, vários alunos perguntaram juntos: "– Igual nosso lápis grafite?". Eu: "– Parecido...". Eles ficaram meio impressionados, com cara de quem estava se perguntando: "Como é que um instrumento que usamos todo dia serve para fazer uma obra de arte???". E o silêncio foi quebrado pelo Erik: "– É um homem?". Eu devolvi a pergunta: "– Parece um homem?". E eles: "– Sim!!!". Então, fui chamando a atenção deles para os detalhes do rosto: olhos* meios "puxados", boca "carnuda", cabelo "crespo", e o Enrico: "– E ele tem barba também!". Lancei a proposta de desenharem um rosto de homem igual àquele usando lápis grafite, atentos para a posição da folha igual à da tela (retrato), e deixei a figura da tela à disposição, para observarem se necessário. A maioria foi olhar de perto durante a execução do desenho. Em praticamente todos os trabalhos, apareceu o pescoço junto ao rosto (elemento novo para eles) e, em alguns, as rugas da testa: Jade Helena, Frida e Hugo. Adorei o resultado!

Hoje, o tempo ficou bastante instável, nublado, com garoa e algumas aberturas de sol. Principalmente o Bless e o Enrico observaram isso e incentivaram as outras crianças a vibrar quando o Sol aparecia. Como a maior parte do tempo em que o Sol aparecia a garoa continuava, o Enrico: "– Desse jeito, vai aparecer um arco-íris!". Então, por duas vezes, fomos lá fora olhar, mas o Sol estava muito tímido entre muitas nuvens... Que pena!!! São fenômenos naturais fazendo parte do nosso dia a dia, literalmente...

***

Cristiane,

Como lhe falei diversas vezes, creio que coordenar uma profissional como você é um *show*! Fico lisonjeado e aliviado ao mesmo tempo por ter conseguido despertar em você o questionamento em relação ao comportamento do menino com base no seu. Concordo que é um exercício difícil analisarmos sozinhos nossos atos e como eles reverberam na sala.

Contudo, também é difícil aceitar a ajuda do outro nesse processo, pois significa nos desnudarmos de certezas e conseguir ver o outro como capaz de ajudar-me a ver-me melhor. Parabéns por sua coragem e esforço neste processo.

A hipótese de como chamar o novo aluno Paulo poderia ter avançado para a questão do uso do último nome (comparando como fazem os americanos, os europeus e nos cartões de embarque nos aviões). Por vezes, nas escolas que frequentei, fui chamado de Alcântara, e chamo a professora Camila, do período matutino, de Torricelli.

Como reflexão, foi muito produtiva a sua percepção de que o registro da história do livro poderia ter sido mais significativo se tivesse feito o primeiro registro. Mas e agora? Avança assim mesmo? Ou pega o caderno e realiza o registro? Eu esperaria mais dois registros. Caso não avance, faça um você mesma...

O fato de as crianças estabelecerem comparações entre o que estavam, há pouco, vendo no filme e o que estão sentindo é, simplesmente, um LUXO! Viu como é possível acreditarmos nelas? E, isso, com certeza, é fruto de sua condução didática exemplar junto com elas! Parabéns!

Creio que a Nise teria muito a acrescentar agora, pois essa é a área de interesse maior dela e o ponto no qual ela gostaria que os alunos chegassem... Vamos resgatá-la! (Risos!)

Adorar o resultado das produções de seus alunos é, para mim, um grande sinal de que compreendeu o que está em jogo nas suas proposições e de que eles alcançaram o que você desejava. Vale a pena pensar, minuciosamente, na sua condução, para que consiga mais vezes adorar os resultados!

Por vezes, Cristiane, não nos atemos a esse pormenor e ficamos contando com a sorte ou com a inspiração deles para termos boas produções, embora um pouco mais de procedimentos na condução da atividade já melhoraria o êxito da atividade.

As crianças observarem e acompanharem as mudanças climáticas *in loco* é maravilhoso mesmo! Creio que, agora, você esteja mais atenta para isso! Não?

Cristiano Rogério Alcântara
20 de agosto de 2013

***

Registro da semana de 19 a 23 de agosto de 2013

Quarta-feira – Presentes: 22 / Faltas: 3

Estamos selecionando as crianças que levam os cadernos dos projetos de acordo com o comprometimento, principalmente dos pais, em participar com as informações solicitadas na devolução de cada caderno. O Igor se encaixa nesse perfil e estava muito empolgado na sexta-feira em levar o caderno, apesar de eu ter explicado que, em razão do feriado, seriam quatro dias de medição. Quando eu perguntei a ele hoje sobre o caderno, respondeu que não tinha trazido porque sua mãe esqueceu de medir a temperatura por três dias e ele não sabia onde estava o caderno, acha que o esqueceu na casa da avó. Naquele momento, eu fiquei sem reação, um pouco decepcionada e, olhando para eles, percebi o mesmo sentimento nos rostinhos de alguns. A Roberta verbalizou esse sentimento: "– E agora? Vamos ficar sem saber a temperatura, nosso calendário vai ficar incompleto... Não pode esquecer...". O Conrado: "– Na minha vez, eu não esqueci!". O Enrico: "– E agora?". A Olívia: "– Isso não podia ter acontecido...".

Diante das falas, aproveitei a situação para explicar sobre o trabalho em grupo que, quando alguém deixa de cumprir a sua parte, todas as outras pessoas do grupo são prejudicadas. Usei como exemplo, também, o fato de ainda não terem conseguido montar um carrinho em grupo, pois são necessários comprometimento e cooperação de cada um.

Para a minha surpresa (e a deles também...), aconteceu quase a mesma coisa com a sacola literária... A Mel levou o livro *Viagem ao céu* para a leitura, com a família, do capítulo 2, cujo título é: *O Visconde novo*, mas ela desenhou apenas a parte que contava como o Visconde tinha caído no mar, sem constá-lo no desenho... Seus pais não fizeram nenhuma anotação e, no momento de compartilhar a leitura com os amigos, ela não sabia falar além do que tinha desenhado. Expliquei novamente para os alunos sobre a divisão do livro em capítulos, que o título traz a informação central daquele pedaço do livro e que, nesse caso, ainda não ficaríamos sabendo o porquê eu daquele título *O Visconde novo*. Também nesse caso reclamaram bastante, mas achei mais adequado usar essa situação como exemplo para os próximos que irão levar o livro... Na sexta-feira, estou pensando em retomar a situação com os alunos e perguntar se acham que a próxima criança deve retomar a leitura do capítulo 2 e explicar *O Visconde novo* (aproveitando para explicar para eles que, para entender a história do livro, é necessário entender cada capítulo) ou se acham que devemos seguir em frente.

→ CP: BOA.

Quinta-feira – Presentes: 23 / Faltas: 2

Fizemos uma nova coleta de folhas por outros espaços da escola que não tínhamos visitado antes, na primeira coleta. Observamos novos tipos de árvores diferentes, mas especialmente duas: uma no parque da casinha, que parece que está meio morta, com uma vegetação cobrindo-a; e outra que está na parte de fora da escola, mas ultrapassa o muro e a grade da quadra, cujo verde é diferente, bem como seu formato. Quando passamos pela horta, a Olívia: "– Olha, um jardim!". E alguns ficaram repetindo com ela: "– Um jardim!". Perguntei se todos achavam que era mesmo um jardim, expliquei que, na verdade, era uma horta, pequenos canteiros onde se cultivam temperos, legumes, verduras, e o Conrado completou: "– E girassóis, aquelas flores grandes e amarelas!".

Entramos, porque todos queriam ver de perto. Foram observando as plaquinhas dos canteiros e descobrindo o que estava plantado ali. Aproveitei para falar sobre a importância da chuva para o crescimento das plantas, e o Igor: "– Mas já faz tempo que não chove... Olha como a terra está seca!". Mostrei o regador para eles e expliquei que, nesse caso, nós precisamos molhar a terra onde as plantas estão, para não ficarem secas e murcharem. Fui regando todo os canteiros e todos os alunos foram *me acompanhando (uns ainda catando folhas, outros encantados com os girassóis, e outros acompanhando o regador bem de perto).*

Os passeios pela escola têm sido muito produtivos! Além de fazer a coleta, as crianças tocaram nos troncos das árvores, descobrindo a diferença entre eles, descobriram raízes para fora da terra no jardim perto do parque e, também, na passagem da quadra para a secretaria, onde o chão está todo quebrado por causa disso... Com certeza, ainda existe muita coisa a ser trabalhada em novos passeios.

CP: VOCÊ E A PATRÍCIA ESTÃO FAZENDO A MESMA COISA. AMPLIE O DIÁLOGO!!!

Sexta-feira [Sem registro de presença.]

Usamos a cozinha educacional para uma atividade de culinária retirada da música Chuvarada, do DVD da turma do Cocoricó: bolo de cenoura com cobertura de chocolate quente. Pedi ajuda para a mãe da Olívia, que trouxe a receita (segundo ela, uma das suas especialidades) e ficou de me auxiliar no dia da receita. O primeiro passo foi dividir os ingredientes com a turma. Para fazer a receita, coloquei como condição conversar com as mães que vêm trazer e buscar as crianças, já que é a primeira vez que realizo uma atividade dessas. Os alunos ficaram muito ansiosos, empolgados. As mães que iam trazer os ingredientes compartilharam comigo que queriam trazê-los ingredientes antes mesmo do dia da receita, e as que não participariam trazendo ingredientes vieram perguntar se realmente faríamos um bolo e se não precisariam trazer alguma coisa. Depois disso, percebi que alguns ficaram tristes por não terem trazido nenhum ingrediente da receita. De ímpeto, então, já prometi para eles uma próxima receita, antes mesmo do preparo da primeira.

CP: Bingo!

CP: Risos!

Todos chegaram muito, mas muito empolgados mesmo, perguntando a que horas faríamos o bolo. Não estavam sequer se importando com o dia do brinquedo (o que é de se estranhar), e não queriam cantar o Hino. Apesar disso, dedicaram-se ao calendário (atividade que, cada vez mais, mostra-se importante para eles).

Quando chegamos à cozinha, iniciei o processo pela escrita da receita. Fui explicando a medição e a separação dos ingredientes, mas as crianças ainda estavam muito agitadas, dessa maneira, foi um pouco difícil prender a atenção nesse momento. Depois de triturar a cenoura com óleo e ovos, solicitei a ajuda delas para misturar os ingredientes líquidos com os secos; todas mexeram um pouquinho. Como acabei ficando sozinha, porque a mãe da Olívia arrumou um trabalho de última hora, fiquei muito preocupada em me dedicar à receita não dar errado, e fui respondendo às perguntas das crianças, mas, pela ocupação, acabei não as registrando. Quando levamos o bolo para assar, voltamos, e pedi para que eles registrassem a receita, para que pudessem repeti-la, fazer novamente ou ensinar alguém. Nesse momento, a maioria se atentou para os desenhos das xícaras, da colher etc., mas alguns alunos, como o Igor, a Roberta e o Davi, reproduziram a escrita. Outros foram além, como a Juliana, que me desenhou.

Comemos o lanche e, quando voltamos com o bolo pronto, escondido, coberto, no momento em que mostrei para eles, vibraram muito, vibraram mesmo! Rapidinho, coloquei os ingredientes da cobertura na panela, e o Davi: "– Por que você não fez antes?". Eu: "– Porque tem que ser quente, 'chocolate quente'!". Ligeiramente, terminei, cobri o bolo, enquanto isso, eles mesmos foram falando sobre o perigo de as crianças mexerem no fogão. Comemos o bolo ainda quente, e eles se deleitaram.

Registro da semana de 26 a 30 de agosto de 2013

Segunda-feira – Presentes: 26 / Faltas: 5

A mãe da Juliana chegou muito preocupada com o caderno de medição em mãos, perguntando se havia escrito certo, justificando que não tinha computador em casa e, por isso, não pôde fazer nenhuma pesquisa... Respondi-lhe que o importante era o registro da temperatura, seu contexto e que a criança compartilhasse isso com os amigos. Essa preocupação, certamente, deixa claro a importância que a atividade teve para a família e, conhecendo um pouquinho da Juliana, acho que toda essa preocupação nasceu primeiramente dela, já que, na hora da roda, falou quase que exatamente o que estava escrito no caderno, parecendo que tinha "ensaiado" em casa. Elogiei seu desempenho diante dos amigos e sugeri que seguissem seu exemplo. Ela ficou toda orgulhosa!!! Ainda estou tentando contagiar as crianças com o meu entusiasmo referente ao caderno de medição e ao livro *Viagem ao céu*, mas parece que isso está acontecendo de modo muito lento, mais devagar do que eu esperava.

Quanto ao Hugo, parece que meu excesso de preocupação estava atrapalhando-o e que foram situações concomitantes: finalmente, acho que consegui convencer os avós (que vêm trazê-lo) que ele fica bem na escola, porque, assim que ele começava a chorar para entrar, eles ficavam com dó e deixavam de trazê-lo por um ou dois dias. Quando retornava, começava a chorar de novo, não queria brincar, pedia para ficar perto de mim e, também, requisitava ajuda para todas as atividades propostas. Eu ficava "intervindo" e "insistindo": "– Escolhe uma mesa para brincar!"; "– Vai balançar e escorregar no parque!". E ele: "– Não quero! Quero ficar aqui...". Depois da sua comparação dele comigo, deixei de insistir e preocupei-me apenas em acolhê-lo, situação que coincidiu com uma postura mais firme dos seus avós na hora da entrada. Agora, surpresa! Vejo-o entrar e escolher uma mesa, brincar com brinquedos de areia no parque (sozinho), ou, às vezes, balançar um pouco. Acho que temos, como professores mediadores, a falsa compreensão de que somos obrigados a intervir o tempo todo. E essa situação me fez compreender que, primeiro, precisamos respeitar a individualidade de cada um.

Terça-feira – Presentes: 20 / Faltas: 5

Na sexta-feira, todos concordaram que o amigo que levasse o livro *Viagem ao céu* teria que reler o capítulo 2 para explicar o título *O Visconde novo*. A Roberta sugeriu isso, e todos concordaram com ela. O Enrico trouxe o caderno de registro de leitura hoje, e, para a minha surpresa, ele fez exatamente o mesmo desenho que a Mel, e não soube explicar o porquê do título. Eu fiquei muito surpresa e decepcionada, não sabia nem o que falar. O Igor: "– Vamos ficar de novo sem saber nada sobre *O Visconde novo*...". A Roberta: "– Parece que ninguém entende o que é para fazer!".

Essa fala dela levou-me a refletir sobre essa impressão que eu tenho a respeito do grupo. Por isso, fico falando várias vezes a mesma coisa, explicando uma mesma comanda de formas diferente, chamando a atenção pelo nome dos mais desligados... Será que já se cansaram disso? Como reverter?

Por fim, tive eu mesma que explicar o capítulo e o seu título. Agora, também estou pensado em como acelerar a leitura dos capítulos, ou mudar a proposta, ou desistir dela, já que o caderno de medição está causando muito mais motivação e "ibope". O que você acha?

CP: Por que não mudar a proposta sem abandonar o livro?

Quarta-feira - Presentes 20 / Faltas 5

Na primeira parte da reunião com os pais, compartilhei a parte do *Projeto Lasar Segall* com as esculturas, principalmente, a participação da artista plástica Lina e a modelagem da argila. Nesse momento, cada criança acompanhou seu responsável até o pátio para mostrar sua escultura e explicar como foi feita, por que escolherem aquele formato e para apreciar as esculturas dos outros amigos. Foi um momento de interação entre as crianças e seus pais. Ficaram um bom tempo conversando e apreciando as obras das crianças.

Quando retornamos à sala, falei sobre o andamento do *Projeto de Fenômenos Naturais*. Expliquei o objetivo das duas sacolas, a do caderno de medição e a do livro *Viagem ao céu*, tentando despertar o interesse de envolvimento nessa parte do projeto.

Depois dos avisos e das orientações sobre o passeio ao museu Lasar Segall, passamos para a leitura dos relatórios individuais e para as dúvidas. A mãe do Hugo explicou o elevado número de faltas, a dificuldade dos seus pais (os avós do menino) em trazê-lo por causa de suas manhas. Eu reconheci uma pequena melhora, e ela se comprometeu a conscientizá-los ainda mais. A mãe da Évelin explicou as suas faltas referentes à doença e ao falecimento avó da menina, sua mãe, que a ajudava a cuidar das crianças; ela também se comprometeu a diminuir suas faltas.

A mãe do Enrico e a do Bless, em especial, elogiaram o relatório, dizendo que se trata do retrato das crianças. Conversei com a mãe do Davi sobre, nas minhas observações, notar que ele baba e, nessa idade, isso não deveria mais acontecer. Ela disse que já havia notado e comentado com o pediatra, que justificou o fato ao nascimento tardio de alguns dentes. No entanto, eu acho que, mesmo com excesso de salivação, ele deveria engolir. Ela, então, se comprometeu a falar com o pediatra novamente.

Considerei muito proveitosa a participação da maioria das mães presentes. Algumas não interagiram, apenas leram o relatório, assinaram e saíram.

Quinta-feira – Presentes: 21 / Faltas: 4

Hoje, resgatamos o nosso saquinho de folhas. Pedi para que observassem e manuseassem as folhas que colheram. Algumas crianças foram lembrando de onde acharam aquelas folhas, tocando e sentindo as texturas, observando as cores, estabelecendo comparações de tamanho, notando, também, as ranhuras das folhas e as diferenças entre elas. Depois, pedi que separassem as que mais gostaram e que guardassem outras no saquinho. Cada uma ficou com três ou quatro folhas, pedi que separassem do estojo as cores parecidas com as suas folhas. Assim, foram tirando o amarelo, o marrom, os verdes claro e escuro, o preto e o ocre.

Na folha de sulfite, desenharam o formato das folhas separadas e pintaram com as cores correspondentes. A maioria foi mesclando as cores da forma que estava mesmo na folha verdadeira; outras crianças preferiram uma cor só. Algumas poucas fizeram as ranhuras, e o Erik e alguns amigos (Mel e Raul) usaram o azul para pintar suas folhas. Quando os questionei sobre o porquê de terem usado o azul, já que as folhas escolhidas por eles não eram azuis, o Erik respondeu: "– Eu gosto de azul! Eu quero usar azul!". E o Raul e a Mel responderam: "– Também!". Fiquei pensando sobre os critérios que estabelecemos, como nesse caso de uso de cores e o que eles consideram mais importante, como o que aconteceu com o Erik e a cor azul.

CP: E qual a melhor intervenção nesse momento?

Registro da semana de 2 a 6 de setembro de 2013

Segunda-feira – Presentes: 21 / Faltas: 4

Montei o mercadinho na diversificada e, depois de recebê-los, fui brincar com as crianças que escolheram essa mesa. Dividimos o dinheiro e os cartões de crédito/débito e, hoje, fiz o papel de caixa. Enrico, Isabela, Jade Helena, Juliana e Bless foram enchendo os carrinhos e as cestinhas. No caixa, além da leitura do código de barras (como acontece no mercado), eu digitava o preço, para fazer a soma e colocava o produto na sacola. Tive o cuidado de explicar todo o processo a cada um dos alunos, para que eles assimilassem a dinâmica da brincadeira. Na hora de pagar, informava o total da compra e eles iam mostrando o dinheiro que tinham. Alguns me davam as notas aleatoriamente e, com a subtração na máquina, eu mostrava o quanto faltava, até que chegasse a um valor que eles dominassem (alguns 20, outros 10 ou 6, 5, 4), e, aí, conseguiam fechar a conta. No caso de pagarem com notas altas, como 100 e 50, explicava que tinha troco e juntava as notas com eles. Mas, como são espertos, quando descobriram a facilidade do uso do cartão, queriam só passá-lo e digitar a senha, o que ficou muito mais fácil. Tive, então, que ser mais esperta do que eles: "– Pagamento só em dinheiro. Estamos sem sistema!!!". E, assim, continuei ajudando-os.

CP: Risos!

O caderno de medição, que foi levado pela Frida, retornou com as informações básicas e necessárias: registro das temperaturas no início e fim da tarde, e relato de passeio na casa da avó e dos primos. As temperaturas, por volta das 13 horas, ficaram em cerca de 30 °C no sábado e 32 °C, no domingo, e o Enrico observou isso estabelecendo diferença com os outros dias: "– A temperatura sempre começa com 2, mas, nesses dois dias, começou com 3. É mais quente?". Perguntei se alguém lembrava se sentiu calor nos últimos dias e li novamente o relato da mãe da Frida, que dizia que estava fazendo muito calor e que até suaram... Mostrei, também, o número na reta numérica, lembrando as próprias descobertas anteriores deles que, quanto maior o número, maior a temperatura – mais calor.

Aproveitei essa informação para perguntar quais foram os dias mais frios do mês de agosto. Na reta, fui mostrando que, quanto menor o número, menor a temperatura: "– Vocês disseram que, na maioria dos dias, a temperatura começou com 2". Mostrei para eles na reta numérica e os números entre 20 e 29. "– Se a temperatura for mais baixa, o número tem que ser menor que esse." A Olívia: "– Então, ele tem que começar com 1?". Eu: "– Isso mesmo!!!". Desse modo, mostrei os números de 10 a 19. E ela: "– Achei um dia que a temperatura começa com 1!". Olívia mostrou o dia 27, no qual estava registrado 19 °C.

Incentivei-os a fazer a leitura desse dia e da temperatura, e uns foram mostrando aos outros. Alguns não conseguiram fazer a leitura das temperaturas em razão das falhas na escrita, então, mostrei na lousa como deveria estar escrita a temperatura do dia 27. Enquanto isso, o Igor: "– Achei um dia que a temperatura é 17! É o dia 14!". E todos foram procurar.

Muitas crianças perceberam a importância da escrita correta dos números e, agora, lembrá-las-ei disso nas escritas diárias. Dessa forma, fizemos o resgate das escritas de temperaturas do mês de agosto, caracterizando as grandes diferenças refletidas no clima durante um mesmo mês.

Terça-feira – Presentes: 19 / Faltas: 6

A Jade Helena trouxe a leitura do capítulo 3 do livro *Viagem ao céu*, o título do capítulo, *As Estrelas*. Ela explicou o desenho que fez com a turma do Sítio sentada na varanda, e a Dona Benta explicando sobre as estrelas. Sua mãe fez uma escrita muito bonita, relatando que, quando era pequena, gostava de ficar observando o céu e admirando as estrelas, muitas vezes, junto de seus pais, e lamentou que, hoje, as pessoas não façam mais isso. No final, incentivou as crianças a convidarem seus pais para admirar as estrelas do céu...

Achei maravilhoso o resgate da sua infância que a mãe da Jade fez e comentei com os alunos sobre isso. Pensei em eu mesma fazer a leitura do próximo capítulo e compartilhar com eles antes de sexta-feira, próxima ida da sacola, para criar modelos e adiantar a leitura. Agora, que estava escrevendo, pensei em resgatar esse capítulo com eles, falando sobre a poluição, que dificulta a visualização das estrelas (acúmulo). Lembrei-me, também, de que, quando era criança, eu gostava de subir sozinha na laje da casa onde morava e ficar deitada por horas admirando as estrelas – pensei em compartilhar isso com eles.

CP: Excelentes ideias!!!

Quarta-feira – Presentes: 20 / Faltas: 5

Estou acompanhando, na diversificada, a brincadeira do mercadinho, principalmente a criança que fica no caixa, ajudando na soma, no recebimento e no troco, e, também, a que vai comprar, auxiliando a fazer o pagamento. A maioria dos alunos identifica as notas pequenas (1, 2 e 5), e alguns, como o Igor e a Olívia, as notas de 20. Aos poucos, estou convidando crianças diferentes para brincar, mas algumas querem brincar no mercado todos os dias: Jade Helena, Enrico, Frida, Igor, Isabela.

Hoje, a Olívia e o Enrico se revezaram no caixa. Estou pensando: na próxima semana, em vez de deixar o mercadinho disponível e ir convidando as crianças para brincar, só irá brincar quem for convidado, pois, as que quiseram, já participaram nesta semana. Assim, todas as crianças poderão experimentar a brincadeira...

Tive a ideia de incluir, também, a cozinha na brincadeira. Desse modo, depois que compravam os produtos no mercado, guardavam na geladeira (o que cabia) e usavam para cozinhar... Todas as crianças adoraram, e as brincadeiras ficaram interligadas.

Assistimos novamente ao DVD *Céu e Cosmos*, da Barsa. Antes da exibição, orientei bastante os alunos sobre ficarem atentos, porque faríamos o registro do que aprenderíamos com o vídeo. Em razão da quantidade de informações, decidi registrar com eles, somente desta vez, conforme orientação da companheira Márcia J. Dessa maneira, compartilharam o seguinte:

- Sete planetas.
- O Sol é uma estrela.
- Rotação: a Terra gira em torno dela mesma, o que determina o dia e a noite.
- Translação: a Terra gira em torno do Sol, o que determina as estações (primavera, verão, outono e inverno).
- A Lua é menor do que a Terra.
- A Lua é um satélite natural. Ela sempre acompanha a Terra.
- Mercúrio, Saturno, Terra, Júpiter.

Não deu tempo de apreciarmos o livro do DVD, mas farei isso com eles para completar o nome dos planetas. Mesmo assim, achei que, com a contribuição, sobretudo do Conrado, do Levi, do Enrico e da Olívia, levantaram praticamente todo o conteúdo do DVD – muito bom!

→ **Ana:**[4] **6.9** ☺

[4] N. do E.: comentário feito por Ana Lúcia Borges, a diretora da Unidade na ocasião.

Quinta-feira – Presentes: 22 / Faltas: 3

Pesquisa sobre neve na internet por meio do Google. Acessamos algumas reportagens do Jornal Nacional no YouTube, que mostravam a neve no Sul do país. As crianças ficaram encantadas com as imagens da guerra de neve e os bonecos. Pesquisamos o conceito de neve e, pensando na proposta de um desenho, mostrei para elas, no site Climatempo, o símbolo da neve (que parece um asterisco). Assistimos a um vídeo sugerido pela Márcia J., De onde vem o dia e a noite?, para complementar as informações de ontem, pois ele explica acerca do período dos movimentos (rotação, 24 horas, e translação, 365 dias) fazendo a comparação do tempo da translação com o tempo que demora para se fazer aniversário novamente... Para a maioria, ficou clara a comparação, e as crianças vibraram como uma grande descoberta!!! Para mim: EXPLOSÃO! Além disso, assistimos a um pequeno vídeo da animação Doki que explicava sobre as fases da Lua – também amaram!!!

Quando retornamos à sala, fiz a proposta de desenho sobre a neve, e o Davi perguntou: "– Que cor é a neve?". O Enrico: "– Azul!". O Conrado: "– Não, branca!!!". E o Igor: "– Se você entregar uma folha branca, como vamos desenhar a neve branca?". Eu: "– Ah! Já sei! Entrego esta folha amarela, então!". Enquanto pegavam os estojos, descobriram que não havia lápis de cor branca. Verifiquei que, nos potes de giz de cera tinha, e sugeri que trocassem. Isso foi feito, mas, quando começaram a desenhar (a neve em forma de asterisco), perceberam que não ficava muito nítida. Alguns alunos se decepcionaram com isso e começaram a usar outras cores para neve, a maioria, azul, porém, houve aqueles que a fizeram colorida... As produções ficaram lindas: neve caindo das nuvens, bonecos de neve, montanhas com neve no topo! Muito bom!

Sexta-feira – Presentes: 22 / Faltas: 3

Fizemos uma roda de apreciação da música A primavera, da obra As quatro estações, de Vivaldi. Ouvimos duas vezes a música, sem que eu falasse nada para os alunos, além de que deveriam ouvir com atenção. Depois, perguntei: "– O que acharam?". Ninguém respondeu nada. Eu: "– Tem alguma coisa diferente nessa música das que estamos acostumados a ouvir?". O Conrado: "– Violino!". Eu: "– Muito bem!!! E você conhece um violino?". Ele: "– Sim, ele é pequeno, tem algumas cordas, e a gente encosta aqui (mostrando o ombro) para tocar com alguma varinha, assim (fazendo vaivém com a mão)...". Eu: "– Tem alguém mais que conhece um violino?".

Alguns levantaram a mão: Roberta, Igor, Isabela, Erik... Nesse momento, ouvimos a música mais uma vez. Perguntei novamente sobre a diferença dessa música para as outras e fui dando pistas: "– Tem alguém cantando?". O Conrado: "– Não, só instrumentos!". Eu: "– Então, ela pode ser chamada de instrumental. Ela é alegre ou triste?". O Igor: "– Alegre!". Eu: "– E se eu disser o nome dela para vocês? Será que ajuda a entendê-la, assim como nos capítulos do livro Viagem ao céu, que, pelo título, sabemos qual o assunto daquela parte?". Eles: "– Sim!". Falei o título da música, e eles ficaram admirados! Coloquei a música novamente para ouvirmos e chamei a atenção deles para a parte do solo de violino e flauta: "– Aqui, dois instrumentos tocam sozinhos, o violino...". Antes que eu pudesse concluir, o Conrado novamente: "– E a flauta!". Mas ele não soube explicar aos demais como era a flauta, e eu mesma expliquei: "– De sopro, transversal".

Na outra parte, a em que o som mais grave do violoncelo se sobressai, expliquei, também, sobre o instrumento para as crianças e que o conjunto desses instrumentos forma uma orquestra. Na última vez que ouvimos a música, sugeri que pensassem nas coisas e nas cores que caracterizam a primavera enquanto ouviam-na. Nesse momento, confidenciei a elas que, de todas as músicas que conheço, essa é a minha preferida e que, na parte do solo da flauta e do violino, aquele som me remete à imagem de borboletas voando num lindo jardim.

CP: LINDO AO CUBO, CRISTIANE!!!

Depois disso, sugeri um registro sobre o que tinham pensado. Todas as crianças desenharam, fizeram composições com árvores, flores, borboletas, Sol, nuvens, e a chuva também apareceu. O Paulo me surpreendeu, fazendo um desenho dos instrumentos que eu havia explicado, e, quando perguntei se ele queria desenhar algo referente ao título da música, ele virou a folha e também fez um jardim... Linda a nossa apreciação! Em seguida, o Conrado veio me contar que ele toca violino. Fiquei meio em dúvida e perguntei se ele tinha um, e o menino disse que sim. Então, sugeri que ele trouxesse para nos mostrar – vou falar com a mãe...

Registro da semana de 09 a 13 de setembro de 2013

Terça-feira – Presentes: 23 / Faltas: 2

Durante o jogo de boliche, fui fazendo um registro individual com cada aluno, associando a contagem com a quantidade (o que, fora três crianças, os outros já fazem espontaneamente) e a correspondência numérica. Acredito que são conceitos que as crianças devem construir, mas que, como parceiros experientes, devemos mostrar o caminho a elas, a cada uma, para que depois, sozinhas, prossigam nessa construção. Meu objetivo não foi verificar quantas crianças já sabem os números, porque, como o Cristiano diz, é algo muito complexo, mas apenas fazer esse caminho com elas.

Enquanto se dividiam em cantinhos (jogos, bonecas, massinhas e animais), fui chamando os alunos individualmente para jogar, contando, pintando as quantidades e ajudando-os a descobrir o número correspondente àquela quantidade na reta numérica. Em razão do trabalho de escrita de temperatura diário, todos representaram a escrita numérica e, conforme orientação do Cris, não estou cobrando a escrita correta, mas, sim, fazendo-os entender que ela é necessária para, depois, fazermos sua leitura quando preciso. Dos 12 com quem eu joguei junto, hoje, apenas o Igor fez o "percurso" sozinho; o restante, ajudei, mostrando o caminho.

Quarta-feira - Presentes: 20 / Faltas: 5

Apesar de estar conversando há algum tempo com as crianças sobre a visita ao museu (e, também, fazendo a contagem regressiva do passeio), somente hoje as orientações finais foram feitas na roda de conversa. Fiz a leitura com elas do texto que a Márcia J. imprimiu no *site* do museu, em que, primeiro, são feitas perguntas para elas e, depois, por meio de um texto são dadas as respostas, justificadas com seus porquês.

Depois de terminada a leitura, perguntei se concordavam com as regras de visitação, e, aos poucos, foram falando. O Igor: "– Não pode encostar, porque as esculturas quebram se derrubar". E o Erik: "– E sujar também". E eu: "– As telas sujam, e as esculturas também. Imaginem se todas as pessoas que visitam o museu quiserem tocar em algo que está em exposição...". Ficaram pensativas, e o Paulo Ricardo: "– Não pode passar da linha amarela!". Ele é muito tímido e, mesmo pedindo para ele explicar aos amigos onde e por que da linha amarela, ele ficou com vergonha e não quis explicar, então, eu mesma falei.

Além disso, mostrei a obra *Paisagem Brasileira*, que já havíamos apreciado, e expliquei sobre a atividade que faremos lá amanhã. Para completar, li a descrição da obra no livrinho do museu. Toda a turma está muito ansiosa e interessada no passeio. As famílias também acabam entrando no clima: até algumas mães já estão falando em Lasar Segall...

***

Cristiane,

Como sempre, é um enorme prazer ler seus relatos, perceber seus movimentos reflexivos e, acima de tudo, vislumbrar como se apropriou de diversas possibilidades de reflexão do seu fazer...

Da mesma forma que aponta para as crianças, que elas têm dificuldade em trabalhar em grupo e, por isso, não realizam o caminho adequadamente, aponto para várias de vocês (professoras) que também deveriam chegar a esse ponto. Trocar atividades não significa cooperar, afinal, as crianças devem trocar peças entre si! O que está em jogo aqui é mais complexo, não?!

Sou um defensor nato da pergunta ao grupo quando temos dúvidas acerca do próximo passo! Por isso, acredito na sua postura de perguntar às crianças o que vocês deveriam fazer com a leitura do livro *A Viagem ao céu* e a admirei. Prepare-se para escrevermos sobre essa experiência. Não podemos deixá-la sem divulgação adequada... (Risos!)

Cristiane, para diferenciarem "horta" de "jardim", vocês poderiam ter construído diversos comparativos. Sei que, por vezes, no afã de responder às crianças, acabamos nos atropelando. Na próxima vez que esse tipo de oportunidade aparecer, dê um tempo para que a construção comparativa aconteça. Creio que, até mesmo, depois, deve retomar isto: O que a horta e o jardim têm de diferente? E de parecido?

Seu encantamento no uso dos espaços escolares e as diversas situações didáticas que podem advir dessas explorações são construções bem semelhantes com as que a professora Patrícia também está construindo...

Seu ímpeto de dizer que farão mais bolos é perfeito, e, aqui, seria justificada a criação de uma lista, tanto de bolos que farão quanto de quem trará os ingredientes. Aqui, Cristiane, estaria contemplada a razão social de tal registro e a forma mais adequada de proceder... Viu como, às vezes, debruçamo-nos em criar situações não reais de uso de textos e, quando surge uma boa possiblidade, deixamos passar? (No caso, dá para resgatar, ainda, a razão de ser.)

Parabéns ao cubo por ter permitido que TODOS os alunos colocassem a mão no bolo! Esse não é um mero detalhe, Cristiane: é a razão de ser da atividade. Do ponto de vista da criança: "Tenho que me sentir envolvida e protagonista da atividade, sentimentos que vão para além de ter trazido os ingredientes e ver a professora utilizando-os...".

Acredito que todos se deleitaram... E esse é outro ponto muito importante, que comprova o êxito da atividade! O deleite é resultado de toda a atividade, e não apenas de comer um pedaço de bolo... Aqui também reside um ponto superimportante, Cristiane: as atividades podem – e devem – ter uma parte lúdica, porém, jamais será a mera ludicidade que garantirá seu êxito!

Se a atividade com a Viagem ao céu está mais lenta do que você planejava, deve fazer uma intervenção nela. Pelo que li, já criou outras estratégias. Independentemente do rumo que tome, deve fazer intervenções. Muitas vezes, boas ideias morrem na praia, porque intuímos que existem equívocos, mas não efetuamos as intervenções necessárias para diminuí-los.

Sua construção de como deve agir um professor mediador é o meu sonho de consumo de conscientização de uma professora! É verdade! Um coordenador mediador também tem que se segurar de vez em quando... (Risos!) Não é a quantidade de intervenção que torna a intervenção melhor, mas, sim, a sua qualidade e a sua profundidade!

Nunca (e isso é fácil de escrever e difícil de aceitar) conseguiremos unanimidade, Cristiane, nem em relação às crianças, nem às suas famílias, nem aos colegas de trabalho etc. Porém, as pessoas podem nos ajudar mesmo quando elas não querem... (Risos!) Como? Quais serão os motivos para algumas mães só terem assinado os relatórios? O que faltou ou foi tão claro a elas que não foi preciso nenhuma pergunta ou solicitação? De repente, o que vê como falta (interesse) foi sucesso de sua clara intervenção...

Qual o espaço para as crianças usarem a cor azul nas folhas? No limite, o céu e o limite? É necessário haver clareza na escolha da cor e no seu processo de seleção! Elas poderiam extrapolar a cor do objeto que usavam na mesa? Esse era o momento de reproduzir o que tinham em mãos ou já poderiam recriar?

É um deleite aos olhos e ao meu fazer na coordenação pedagógica ler sua condução acerca dos números no registro das temperaturas ao longo do mês! Essa aula deveria ter sido gravada e ser obrigatória à exibição em qualquer curso que pense em formar uma professora minimamente consciente de seus fazeres! Parabéns! Viu como o jogo da árvore é pobre em relação a tudo isso? Fiquei maravilhado com a sua descrição e imagino o quanto você e as crianças avançaram...

Nunca pense duas vezes em partilhar algo com as crianças, Cristiane. Creio e defendo com todas as minhas forças e ideias que este sempre é o melhor caminho: a partilha! Voltemos aos nossos pressupostos teóricos... Não acreditamos que, só na partilha, apreendemos e mediamos o conhecimento? Logo, partilhar sempre será vital!

Sua preocupação de que todas as crianças experimentem a brincadeira do mercado e, se possível, interliguem-nas é importante, e acredito que deva acontecer mesmo! Parabéns!

Gosto de ler sobre as trocas que você e a Márcia J. estão estabelecendo e como, dessas trocas, estão ocorrendo várias explosões de significação para você! E por que não às crianças e à Márcia J. também? (Risos!)

Ouvir mais música clássica será importante, para apreciarem outros solos (piano, harpa etc.). Nesses procedimentos, procure interligar com os desenhos animados a que as crianças assistem e de que gostam. Você irá ajudá-las a ressignificarem algo que já conhecem (desenho animado) com o que desconhecem (nomeação da música, a que ajuda o desenho a ter mais sentido).

Não só o Cristiano diz que construir o conceito de número é complexo... (Risos!) Ter ciência dessa complexidade é o primeiro passo para mudar a forma de proceder nas questões de significação e de contextualização dele junto com as crianças. Parabéns! E a compreensão por parte delas em relação ao registro adequado é condição primeira para futuro resgate do que foi registrado, é fundamental!

"Até algumas mães já estão falando de Lasar Segall..." Uma escola apreendedora deveria fazer o que com essa informação, Cristiane? Aqui, é mesmo um desafio a você! Por vezes, queremos o envolvimento dos pais nas atividades, pensamos em diversas estratégias, contudo, na hora de consolidar e de envolvê-los, pecamos em muitos detalhes... O que fazer com essa informação, ou melhor, como ajudá-las a avançarem para além do mero citar?

Cristiano Rogério Alcântara
12 de outubro de 2013

***

Fora da sala: contato com o real.

Registro da semana de 21 a 25 de outubro de 2013

Compilado da semana [Sem registro de presença.]

Devagarinho, continuamos falando sobre as árvores. Fiz a proposta do desenho de observação de uma árvore. Antes de levá-los, desenhei uma daquelas "árvores redondinhas" na lousa e perguntei aos alunos se uma árvore "de verdade" tinha aquela forma. Muitos responderam que não, e eu: "– Então, como é que se desenha uma árvore 'de verdade'?". O Igor: "– É só olhar lá fora! Tá cheio de árvores lá!". E eu: "– Então, tem que olhar e fazer igual àquelas?". Eles: "– Sim!". E eu: "– Então, vamos lá!".

Cada um colocou a sua folha na prancheta, pegou seu lápis grafite, e fomos, juntos, caminhando, à procura do lugar (com sombra, porque estava muito sol) com uma vista boa. Encontramos o lugar lá no fim do corredor dos parques, perto do portão, com vista para uma árvore de galhos bem divididos e folhas pequenas e bem verdinhas, cheio de flores roxas. O colorido dela estava lindo, e todos ficamos encantados...

Orientei-os a observar o formato dos galhos, das folhas e das flores e a tentar fazer igual no papel. Eu também estava com uma prancheta e fui desenhando, porque achei muito distante ainda para eles esse movimento de olhar a realidade e reproduzi-la no papel. Alguns sentiram mesmo essa dificuldade e procuravam orientação no meu desenho ou no de algum colega que estava próximo. Quando a maioria estava terminando, o Paulo disse: "– Eu queria que a gente tivesse trazido lápis colorido pra eu pintar minha árvore...!". Eu: "– É só irmos para a sala e pintar lá...". E a maioria: "– Vamos!". Nesse momento, quando alguns já estavam até se levantando, alguém gritou: "– Um beija-flor!". E, automaticamente, todos olharam para a nossa árvore, e, de fato, um beija-flor estava lá, sugando nossas flores roxas. Durante algum tempo, ficamos só olhando, e, depois, alguém propôs: "– Vamos desenhar o beija-flor?". Todos: "– Vamos!". Os que já tinham levantado se sentaram novamente enquanto o beija-flor desfilava para nós: passou por várias e várias flores de todos os cantos das árvores, pousou em vários galhos, ficando quietinho por alguns momentos enquanto desenhávamos. E eles diziam uns para os outros: "– Deixa eu ver como você desenhou o beija-flor?". Parece que foi um presente da natureza para nós!

Ana: Fotografia seria interessante!

Interessante foi observar com cuidado os desenhos depois, como alguns ficaram próximos do real: Yohan, Conrado, Olívia, Juliana e Jade Helena. Também a nítida presença do beija-flor no do Conrado e no da Olívia – são pequenos detalhes que nos impressionam.

Existem alguns comportamentos do Paulo que estão me preocupando... Desde o começo do ano, ele se mostra muito distraído todo o tempo. Achei interessante o fato de, na primeira reunião, sua mãe ter comentado isso comigo. Mesmo sem eu conhecê-lo, justificou esse comportamento ao fato de ele ficar em casa muito sozinho e só ter contato com outras crianças na escola, e, também, por ela ser muito distraída. Entretanto, com o tempo, tenho observado que essa distração está aumentando consideravelmente. Praticamente o tempo todo, fica olhando para o nada, como se estivesse "viajando". Em todos os momentos: história, conversa, brincadeiras, atividades. Depois de explicar uma proposta, tenho que conversar individualmente com ele; caso contrário, fica parado sem fazer nada, "viajando" e não se importa de as outras crianças estarem fazendo algo, e ele, não... Prefere ficar ali, no seu mundo.

Nas brincadeiras coletivas, Paulo vê as outras crianças correndo e, aí, corre também, mas, se perguntar a ele qual é a brincadeira que estamos brincando, ele não sabe responder. É sempre pego no pega-pega e para ser bobo; também perde logo a casinha no coelhinho sai da toca. Antes, só de falar o nome dele chamando sua atenção para o que estava acontecendo ele reagia, mas, agora, ele não "desperta" mais. Preciso chegar cada vez mais perto dele e falar cada vez mais alto para que ele me ouça, mesmo estando ao lado dele... Parece querer fugir da realidade! As outras crianças já estão falando para ele frases do tipo: "– Ele parece que está sempre dormindo!" e "– Não adianta falar, ele não escuta mesmo!". Ele tem dificuldade de se relacionar com as outras crianças também... Não sei se é o caso de pedir observação da psicóloga...

Ana: Vou pedir para a Suzi primeiro.

Sobre a leitura do livro *Viagem ao céu*, tenho feito por partes na sala mesmo e, como estamos no capítulo que dá nome ao livro e fala da chegada à Lua com o pó de pirlimpimpim, do encontro com dragão e com São Jorge, os alunos estão muito interessados nessa parte do livro e só querem que seja ele na hora da história... Estou tentando mesclar as leituras, mas, em razão ao interesse deles, acho que tenho que aproveitar e terminar esse capítulo, para não perder a proposta da sacola literária, pedir um desenho para eles no final e, depois, ir tentando mesclar a leitura, pensando em seguir a temática do projeto que vai partir, agora, para a sua fase final, que são as alterações climáticas provocadas pela poluição e as intervenções do homem na natureza.

Registro da semana de 28 de outubro a 1º de novembro de 2013

Compilado da semana [Sem registro de presença.]

O meu outro Paulo (Paulo Ricardo M.) era da turma da Luana e veio para a tarde no segundo semestre. Ele apresenta troca de alguns fonemas, quase não fala e é difícil entender o pouco do que ele diz. Ele é "pulante" e veio da creche. Não sei se foi feita alguma avaliação da Gisele (fonoaudióloga) com ele, mas acredito que seja necessário. Também não sei se agora (já estamos entrando em novembro)... Ela tem agenda para avaliação e ainda faz o encaminhamento se necessário? Ou é melhor deixar para o próximo ano? Nesse caso, preciso fazer alguma observação no relatório dele?

Estamos prosseguindo na leitura do livro Viagem ao céu, *e as crianças estão muito interessadas na história: ficam ansiosas para saber o que vai acontecer, relembram o que já aconteceu, e, com a contribuição da maioria, o reconto fica cheio de detalhes. Fiz a proposta do desenho "registro" da parte da história que estamos lendo, que fala da chegada da turma do Sítio à Lua, o encontro com São Jorge e com o dragão... Os alunos ficaram muito empolgados com o desafio, porque coloquei para elas desta forma, por meio de perguntas: "– Vamos ver quem lembra da Lua e consegue desenhá-la? Quem prestou atenção na descrição do dragão e consegue fazê-lo igual ao autor está dizendo que ele é?". Quanto a São Jorge, eu mostrei para eles o que era um cavaleiro com armadura.*

Os desenhos ficaram ótimos, e, em muitos, apareceu São Jorge e o dragão verde: Mel, Marcos, Yohan, Igor, Conrado e Enrico. Ouros lembraram da Lua: Lara, Juliana, Maya Luiza, Isabela, Jade, Karin, Olívia e Erik. Também em todos podemos identificar pelo menos um dos personagens do Sítio com suas características principais – a mais lembrada é a Emília, com peruca e vestido colorido.

O TOP *10 de todos foi o do Paulo: ele fez São Jorge e o seu cavalo, o Visconde com sua roupa verde e cartola, e o dragão – um desenho maravilhoso! Interessante é a técnica que ele está usando para colorir os seus desenhos: está fazendo espirais com o lápis da cor desejada e, assim, vai preenchendo todos os espaços brancos. Fazia tempo que ele não tinha vontade de desenhar. No início, fazia desenhos assim, muito elaborados, mas, ultimamente, desenhava pouca coisa e já me entregava. Sempre perguntei se não queria fazer mais nada, às vezes, chamava a atenção para o espaço que ainda tinha para desenhar, no entanto, ele se recusava a continuar. Aliás, só para contrariar a minha escrita sobre ele e a minha preocupação com o seu comportamento, nesta semana, ele está demonstrando certa diferença do relato anterior.*

Depois de algum tempo que falamos sobre os planetas e o sistema solar, hoje, Paulo descobriu na sala alguns livros (que estavam aqui há muito tempo) sobre o assunto, que pesquisamos na época, e veio me mostrar todo orgulhoso, fazendo perguntas sobre o nome dos planetas, principalmente sobre Saturno, seus anéis e algumas ilustrações de meteoros. Fez-me várias perguntas. Explosão! Fiquei muito feliz em acompanhar esses momentos, mesmo que tardios se comparados com o resto do grupo, mas o mais valioso é que aconteceu, e ele também conquistou as informações que a maior parte do grupo já tinha conquistado.

No parque, Paulo tem se juntado ao grupo de meninos que costumam brincar de heróis (Conrado, Igor, Davi e Yohan) e tem brincado de persegui-los e de assustá-los, o que antes raramente acontecia. Fiquei surpresa, porque resolvi escrever e comunicar sobre ele quando suas atitudes e reações estavam me preocupando muito. Agora, em pouco tempo, já estão acontecendo mudanças... Muito interessante a coincidência, se for correta a utilização desse termo!

***

Período de 21 de outubro a 1º de novembro

Cristiane,

De novo, tenho que dizer que a forma como você registra é brilhante! Fico imaginando a Mônica e a Suely lendo isto! E mais ainda: fico orgulhosa de ter você nesta escola!

Em vários momentos, você descreve as produções das crianças, como a da neve e a da árvore com o beija-flor. Estão expostas? As crianças apreciam? Como você tem organizado esse material? Eu gostaria muito de ver antes de você mandar para casa! Se puder, traga alguns no HTP. Eu entreguei um artigo para algumas professoras que trata sobre o desenho. Eu o dei para você também? Seria interessante você fazer uma reflexão com base nas suas observações do desenho das crianças e do que diz o texto. Caso faça isso, gostaria que compartilhasse comigo as suas descobertas.

Enquanto lia sobre a apreciação da árvore, pensei sobre esse seu movimento constante de levar as crianças para observarem o ambiente. É maravilhoso! Veja quantas oportunidades de repertório e de formação de senso crítico que você tem dado a elas. É uma formação para a vida! Já pensou se você fotografasse esses momentos? Por exemplo, fotografar a árvore e o beija-flor, expor na parede da sala... A fotografia também é uma linguagem!

Impressionante a volta que o Paulo deu! Vamos pensar: isso também aconteceu no primeiro semestre? Quando você ficou preocupada, fez algum tipo de intervenção? Seria muito importante você registrar, para levantarmos hipóteses. Esse percurso descrito no Diário não deve deixar de constar no relatório. Cada um tem um modo de aprender. O retorno do que aprendeu e observou durante esse tempo todo enquanto parecia estar divagando foi fundamental. Você só percebeu isso porque ouve e observa atentamente as suas crianças! Já pedi para a Suzi observá-lo na segunda-feira.

Quanto ao Paulo M., por favor, registre na folha as trocas que ele faz, e eu encaminharei para a fonoaudióloga verificar. Também já poderia falar com a mãe, se tem convênio e pedir para que o leve. Caso ela não tenha, faremos um encaminhamento para a Unidade Básica de Saúde (UBS). Temos como objetivo desenvolver a oralidade, então, é necessário colocar no relatório o que você observa da fala do menino.

Como você está encaminhando o fechamento dos projetos? Haverá um produto final? As crianças farão uma exposição? Apresentarão algo para alguém? Como fecharão e sistematizarão o que aprenderam?

Gostaria que você relatasse como foi a exposição do pôster. Como foi a participação das crianças, o que compreenderam dessa exposição, se houve comentários dos pais etc. Esse formato de exposição foi inédito na escola e, portanto, precisa ser avaliado. Ao fazer essa proposta, eu tinha em mente alguns objetivos, e o retorno de vocês será de muita valia.

Ana Lúcia Borges
5 de novembro de 2013

***

Registro da semana de 4 a 8 de novembro de 2013

Compilado da semana [Sem registro de presença.]

Sobre o Projeto dos Fenômenos Naturais, como iremos tratar de assuntos como o efeito estufa, o problema do lixo e a preservação da natureza, coloquei o assunto na roda de forma diferente, porque, como eu imaginava, a maioria não tinha ideia do que se tratava. Fui explicando cada um de forma meio dramática, como tragédias que um dia irão nos atingir e das quais também somos responsáveis... Todos ficaram muito interessados e aproveitei isso para incentivar a pesquisa em casa, lembrando os recursos que usamos todo esse tempo aqui a escola e que alguns têm em casa também, como a internet.

Foi uma empolgação que, sinceramente, eu tinha poucas esperanças de que se concretizasse. Porém, na quarta-feira, logo na entrada, a Roberta me entregou uma pasta com algumas folhas impressas da sua pesquisa feita em casa, na internet, sobre efeito estufa: como a camada de poluição impede o calor dos raios solares de se dissiparem na atmosfera. Ela ficava perguntando quando íamos fazer a roda para contar aos amigos e, então, explicou que sua mãe a ajudou a pesquisar e imprimiu para que trouxesse. Fiz a leitura, e todos os alunos participaram com grande interesse. No final, espontaneamente, aplaudiram a Roberta. Aproveitei para incentivá-los a pesquisar também e a trazer o que conseguissem para leitura na roda. Ninguém prometeu nada, mas o que aconteceu hoje renova as esperanças!

Pôster

Conversamos várias vezes sobre o objetivo da confecção e da exposição, tanto que, quando cheguei na parte da escolha do tema com os alunos (eu tinha certeza de que seria o projeto de fenômenos), a maioria decidiu por Lasar Segall. Fiquei surpresa, no entanto, depois da visita ao museu, todos se envolveram muito nas atividades do projeto, sobretudo as de releitura das obras. Fizemos o texto coletivo explicativo e cada criança foi lembrando de um detalhe. Quiseram falar principalmente da visita ao museu.

O texto ficou tão grande, que, na revisão, expliquei a necessidade do resumo – tive que conduzir essa parte, porque foi difícil entenderem a ideia de deixar apenas as partes principais, mas, mesmo assim, o texto ficou longo. Escolhemos os trabalhos que ilustrariam o texto, porém, na hora de montar o pôster, não couberam todos, nem todas as fotos. Então, juntos, fizemos uma nova seleção, e, apenas depois, colei. Só tiveram a real ideia do que fizeram quando visitamos a exposição e viram nosso pôster lá e os das outras turmas. Apesar de orientá-los para a divulgação, poucos pais participaram, e somente uma mãe (a da Lara) comentou ter gostado. Acho que, nessa parte, deveríamos nos dedicar mais à divulgação do "evento"; só um bilhete, acho que não foi o suficiente.

Quanto ao final do projeto, acredito que, agora, devemos mostrar algo sobre os fenômenos naturais. Desde o início do projeto, tenho guardado os desenhos sobre cada tema estudado (chuva, arco-íris, primavera) e ainda não sei se o melhor é fazer uma exposição desses trabalhos ou sugerir alguma outra produção para eles.

Na quinta-feira, fiz a proposta de releitura da obra Casa na Floresta *[de Laura Ingalls Wilder], que traz o desenho da casa em perspectivas* reais (forma de cubo), e não reta, como estão acostumados a fazer. Não chamei a atenção dos alunos nesse sentido claramente; mostrei a lâmina, pedi que observassem os detalhes daquela casa para fazer uma igual, da floresta que estava ao redor dela, dos tipos de árvores que estavam representadas ali, e disse que pintariam com giz pastel. Não se atentaram muito aos detalhes do desenho. Deliciaram-se com o uso do giz pastel, com suas cores vivas. Descobriram que, se encostasse manchava, foram comunicando isso uns aos outros, e alguns quiseram testar isso.

Comprovei que, quando as intervenções e as orientações referentes aos objetivos das atividades não são claras, as crianças acabam aproveitando e direcionando o trabalho para o que é de interesse delas. Nesse caso, o prazer de usar o giz pastel, de testar suas cores e suas combinações, sua "borra", porque todos os desenhos tiveram a casinha reta tradicional e das "árvores redondinhas".

Esse resultado me remete à repetição da atividade com as orientações de forma mais clara e o uso de um material com o qual estão mais acostumadas a pintar, como lápis de cor. Aproveitando o interesse deles pelo giz pastel (não poderia perder isso), deixei giz para sexta-feira, na proposta de desenho livre com o giz, para que continuem experimentando com prazer o novo material... Certamente, repetirei o uso dele mais vezes.

***

Período de 4 a 8 de novembro de 2013

Cristiane,

Vamos começar com o giz pastel. Muito legal você ter a percepção do que ocorreu entre seu objetivo e o das crianças. Seu encaminhamento para a questão também foi perfeito! Vale como experiência para o ano que vem. As crianças precisam vivenciar momentos de exploração dos materiais, de apreciação de obras, conhecer técnicas (com sentido, como vê-las em produções reais), fazer suas produções livres, utilizando recursos e técnicas que desejarem. Para isso, precisam ter a experiência. Oferecer vários momentos com materiais diversos, fazer escolhas, rascunhos etc. Deve ser um processo desde o Infantil 2!

Mais crianças trouxeram a pesquisa? Há um "mural" no qual você expõe o que trazem?

Espero seu Diário na quinta-feira, dia 21, ok?

Ana Lúcia Borges
14 de novembro de 2013

***

Registro da semana de 11 a 15 de novembro de 2013

Compilado de segunda-feira a quarta-feira [Sem registro de presença.]

Na segunda-feira, achei importante retomar a proposta do desenho da casa da perspectiva de Lasar Segall. Além das orientações, fui fazendo o desenho com eles na lousa, atentando para a observação de cada parte, o tamanho das linhas, como elas se unem, e os alunos foram me acompanhando. Depois da casa, havia as árvores em volta. No desenho anterior, a maioria fez as "árvores redondinhas". Por isso, chamei bastante a atenção deles para o formato das árvores da obra e fui fazendo-as. Nesse momento, o Igor: "– Ah, então, é assim que faz árvore, desse jeito?". E, dessa maneira, começaram a desenhar do jeito que eu tinha feito. Na hora de colorir, observaram as cores da obra para pintar, e não tive nenhuma novidade no uso do material – lápis de cor. As releituras ficaram ótimas desta vez, muito diferente da primeira, que pouco pareciam com a obra, porque acabaram usando o próprio repertório para desenhar.

Além disso, foi feito o trabalho de recorte das folhas, com base no desenho delas, de acordo com o formato e as cores das que foram colhidas e observadas. Hoje, fizemos uma observação das árvores nas áreas externas, a fim de notarem o que faltava para montarmos uma árvore com muitas folhas que juntamos. O Igor logo percebeu: "– Faltam os galhos!". Então, mostrei o tamanho do papel que usaríamos na colagem e perguntei: "– Como a nossa árvore vai ser menor do que aquelas, vocês acham que esses gravetos podem ser o tronco e os galhos dela?" – e fui me dirigindo com as crianças ao jardim. Todas responderam: "– Sim!" – e foram pegando todos os galhos que acharam.

Entramos na sala e, sobre o papel, fomos montando: os gravetos mais grossos na parte de baixo e, para cima, as ramificações; depois, começaram a passar cola nas folhas e a colocá-las como se estivessem saindo da árvore. Achei interessante o fato de não terem colado umas sobre as outras, escondendo as que o amigo já tinha colado, mas, sim, foram encaixando-as nos espaços disponíveis, mesmo após eu ter explicado que, naturalmente, isso acontece. Todos os alunos se envolveram e participaram da atividade. Aos que terminassem, pedia que ajudassem os outros amigos e que colassem as folhas de quem tinha faltado, recordando sempre que era um trabalho em grupo. Algumas crianças precisaram de auxílio na quantidade de cola, só isso! Depois que concluímos, colocamos em exposição no corredor interno, porque não coube na porta de vidro.

Quinta-feira [Sem registro de presença.]

Aproveitei que a Roberta trouxe novamente uma pesquisa que fez em casa sobre o desperdício de alimentos, mostrando a foto de um caminhão de lixo despejando alimentos que ainda poderiam ser aproveitados no aterro sanitário, e, também, um texto com dicas sobre o desperdício de alimentos. Depois da roda de conversa, reuni, com os alunos, as figuras que trouxeram e fizemos um painel, pendurando-as – isso deixou as outras crianças mais motivadas em participar também. Na roda, a Roberta falou por que trouxe aquela figura que demonstra o desperdício de alimentos: ela disse que vê muitas crianças jogando lanche fora e que, se o alimento não for desperdiçado, pode ajudar os pobres. O Igor: "– Os mendigos também não têm dinheiro pra comprar comida... Eles moram na rua...". Nesse momento, lembraram do Bless, que costuma jogar o lanche no lixo, e tive que fazer uma mediação, fazendo-o se comprometer a não fazer mais isso.

Terminei a roda incentivando-os a pesquisar sobre outros temas, como o efeito estufa e a preservação da natureza, já que temos bastante coisa sobre o problema do lixo e a reciclagem. Perguntei-me, então: "– Como não tinha pensado em algo tão simples e óbvio?". Porque os alunos precisam ter acesso ao que eles mesmos estão contribuindo para construir... Agora, com a exposição com as figuras, pode ser que os outros se sintam mais incentivados a participar.

Registro da semana de 18 a 22 de novembro de 2013

Compilado de segunda a quarta-feira [Sem registro de presença.]

Passei dois vídeos para o grupo, indicados pela Márcia J., sobre o que estamos discutindo nos projetos: *Natureza sabe tudo: o lixo e o desperdício* e *Os animais salvam o planeta*. Enquanto estávamos assistindo, fiz um levantamento sobre o que estava sendo ensinado, anotando tudo. Depois, fizemos uma roda para discutir os dois vídeos, e, para a minha surpresa, falaram tudo o que já tínhamos pesquisado e conversado sobre o assunto, como:

- O lixo orgânico deve ser separado do reciclável (papel, plástico, vidro e alumínio).
- Evitar o desperdício de comida diminui a quantidade de lixo orgânico produzido.
- Devemos usar a quantidade de água necessária.

Além disso, as crianças ficaram muito empolgadas com as novidades, pedindo explicação de termos novos, como "biodegradáveis" e "embalagens retornáveis".

O Enrico lembrou da parte que fala que a própria natureza recicla os restos de comida. A Jade lembrou que o papel reciclado vira papel higiênico, livros e jornais. O Conrado falou que as latinhas recicladas viram latas novas, e que a Coca-Cola usa garrafas retornáveis – pensei, então, na força que têm essas marcas que investem nesse segmento sustentável. Reforcei a informação, comentando sobre o caminhão passa às quintas-feiras e tem um monstrinho cor-de-rosa.[5] *O Raul falou que só viu o caminhão de lixo com um monstrinho azul perto da sua casa, e eu expliquei que aquele monstrinho é o do lixo orgânico. Para completar, vou levá-los lá fora, onde ficam as caixas de coleta...*

No Projeto Lasar Segall, apresentei às crianças o material: carvão vegetal – para a maioria, não era novidade. O Igor fez a comparação com o carvão usado no churrasco; eu confirmei que eram feitos do mesmo material e perguntei: "– Alguém já viu o que acontece na mão de quem está colocando o carvão na churrasqueira?". E o Conrado: "– Fica suja!". Eu expliquei que era isso que ia acontecer com a mão deles também, que, depois, era só lavar. Avisei-lhes que poderiam manchar o desenho se ficassem colocando a mão onde já tivesse o carvão.

Após as orientações acerca do material, passamos para a observação da obra com título Casal do Mangue, e fui direcionando a interpretação dos alunos. Como havia um vulto de costas, parecendo um homem, mas o rosto visto de frente parecia o de uma mulher, a Roberta: "– Se é um casal, de costas é o homem, e esse rosto é da mulher". Todos concordaram. Enfatizei os traços do rosto feminino, como o formato dos olhos, meio puxados, diferentes dos redondos que estão acostumados a fazer, os riscos que o contornam formavam os cabelos, o nariz meio triangular. Entreguei a folha com a interferência do contorno da silhueta escura e pedi que se dedicassem ao rosto feminino. Todos os desenhos ficaram muito parecidos com a obra. Valeu todo o processo de orientação.

***

[5] N. do E.: na cidade de São Bernardo do Campo (SP), a coleta seletiva era, na época, identificada pelas cores dos monstros no caminhão de lixo. Cada cor correspondia a um tipo de coleta: o cor-de-rosa recebia os materiais que podem ser reciclados, já o azul, rejeitos e resíduos úmidos.

Dezembro de 2013

Nós não somos o que gostaríamos de ser.
Nós não somos o que ainda iremos ser. Mas, graças
a Deus, não somos mais quem nós éramos.
Martin Luther King

Cristiane,

Já ouço os sinos tocarem... É tempo de concluir, arrumar, refletir e esperar que o ano que vem seja ainda melhor. Este ano, seu trabalho foi um presente para mim! A forma como você se dedicou à sua turma, à sua disciplina e à sua concentração são exemplares. Posso dizer que foi um presente, pois sinto orgulho quando proporcionamos um trabalho de qualidade para as crianças. Parabéns!

Neste momento de "fechar" tudo o que abrimos, peço a última tarefa para dar ainda mais sentido a este instrumento. Sugiro que você volte no tempo, releia alguns pontos do seu Diário e dê um "Grand Finale" do ano para ele. Por exemplo, você poderia falar sobre como foi sua experiência deste ano com os projetos, o uso dos espaços, as sequências de atividades, o desenvolvimento das crianças diante das suas propostas, o que você valida como experiência positiva, o que você já faria diferente no ano que vem. Vamos pensar: entre todos os desafios, qual foi, para você, o mais significativo? Qual foi a grande descoberta? Qual foi a sua maior mudança? O que mais você gostaria de colocar neste balanço?

Para concluir, gostaria que você deixasse registrado em destaque uma boa prática, ou seja, escolha uma entre as várias que você desenvolveu, a que considera e indica para você mesma e para as colegas.

Parabéns pelo seu trabalho, e bom 2014!

Ana, Marisa e Lídia[6]
9 dezembro de 2013

***

Grand Finale

Fico feliz que o "trio" esteja satisfeito com o meu trabalho! É uma sensação de obrigação cumprida nesta etapa.

Não podemos negar que este foi um ano de grandes mudanças para nós, sobretudo em relação ao planejamento e à prática pedagógica. Nesse sentido, procurei seguir todas as orientações e os

[6] N. do E.: texto assinado pelo trio gestor da escola na época.

investimentos para a garantia de resultados positivos às crianças e, por conseguinte, no meu crescimento profissional por meio de experiências significativas.

No início, confesso que me senti insegura em trabalhar focada nos projetos. A proposta de seguir o interesse das crianças e de ter que dar conta de vários objetivos em todas as áreas não parecia eficaz sem ter tudo previamente decidido e minuciosamente planejado.

O primeiro desafio foi aprender a ouvir as crianças, porque, conforme o Cristiano, ouvir é diferente de escutar. Esse processo inicial levou algumas semanas e, felizmente, continua até hoje – como é difícil ouvir significativamente, e, às vezes, ter que interpretar o que subjaz às falas de algumas crianças.

Um grande momento foi o nascimento do *Projeto Fenômenos Naturais*. Naquela tarde, logo que começou a chuva forte, todas as crianças disputando um lugar no vidro observando a chuva, o vento e os raios, assustando-se como barulho dos trovões e perguntando: "Por que chove?", "Por que as árvores estão balançando tanto?", entre outras indagações.

A partir daí, com a orientação da coordenação, pensamos na utilização dos espaços para o cumprimento dos objetivos determinados nos projetos, valorizando a interdisciplinaridade, buscando sempre respostas para dúvidas que surgiam durante o percurso com levantamento de hipóteses, pesquisa e comparação. O uso dos espaços pelas crianças, segundo as intervenções, contribuiu para a construção de várias aprendizagens.

Outro aspecto muito importante foi a flexibilidade do planejamento. As mudanças realizadas depois de ouvir as crianças, seguindo seus interesses, fez todo o percurso tornar-se mais significativo para elas. A flexibilidade, antes, estava, para mim, um pouco ligada ao improviso, mas, com o processo construído neste ano, com o interesse voltado para a criança, esse conceito foi desconstruído. Porém, trata-se de duas linhas muito próximas, sem muito cuidado, sem uma escuta atenta, rapidamente, de uma, passa-se para outra imperceptivelmente.

A própria flexibilidade de um projeto, possibilitando ser alterado em função e para servir a outro que despertou mais interesse das crianças me surpreendeu muito também. Isso, no caso do *Projeto Lasar Segall*, trouxe outra significação a ele. Ficou parecendo, a partir daí, que os dois tornaram-se um só, o que foi muito importante para que aspectos relevantes do projeto de Artes não se perdesse. Nesse caso, outro fator muito importante foi a visita ao museu, porque, então, o trabalho tornou-se real para os alunos, criou vida, parecia estarem tratando de algo que realmente existia.

Fiquei bastante tempo pensando sobre o que faria diferente, mas está sendo difícil, diante dos grandes avanços deste ano. É lógico que não foram conquistados sozinhos: houve grande parceria entre as orientações e as sugestões da coordenação, respaldadas em bases teóricas consistentes, aliadas à prática pedagógica em sala. O grupo de crianças tem parte muito importante no processo. A participação e as respostas às intervenções e aos encaminhamentos é o que concretiza os resultados. Nesse sentido, peço auxílio por meio do olhar de vocês para que haja sugestões e apontamentos do que poderia ser mudado da minha parte.

A grande descoberta foi o sucesso do trabalho com projetos, quando bem realizado e orientado e, também, bem fundamentado.

O processo da escrita reflexiva ainda tem sido trabalhoso. Eu tenho buscado não perder o foco reflexivo, o que ainda é um pouco difícil para mim, porque acredito que a escrita tem que ser significativa para seu autor, caso contrário, apenas cumpre obrigação.

Tudo foi muito diferente e significativo neste ano para mim! Acredito que o segredo do sucesso foi a parceria entre orientação e prática pedagógica, por meio de registros, devolutivas e encontros (HTPs). Além disso, posso citar a formação coletiva, que direciona o caminho que o grupo, como um todo, deve seguir. Acho que, com a exposição no HTPC, pude compartilhar um pouco da minha prática com todos.

Espero que, para 2014, com a continuidade da nossa parceria, possamos fazer um trabalho ainda melhor! Contem comigo!

Abraços, Cristiane.

Parte II

[Textos coletivos]

Desafios de ser didático sem ser prescritivo

Preciso iniciar a segunda parte deste livro ajudando a montar um contexto. Se é tão complexo montar um contexto significativo para os bebês e as crianças, garanto que, aos adultos que participam de momentos formativos contínuos, também o é! E, não só por não saber das técnicas e do que pode ou não vir a interessar o outro, mas, sim, porque este diálogo formativo sempre parte do outro...

No primeiro volume desta coleção, tivemos o privilégio de ler os escritos da professora Patrícia; neste, são os escritos da professora Cristiane. O curso que ministrei e deu origem aos textos que compõem esta segunda parte estava acontecendo no momento de preparação do livro que contém o Diário de Bordo da professora Patrícia, por isso, haverá muitas menções aos escritos dela nos textos a seguir.

Quanto ao terceiro volume desta coleção, nele, os leitores poderão entrar em contato com o meu Diário de Bordo de coordenador pedagógico e com a incrível interlocução que efetivei com a querida Solange, na época, minha orientadora pedagógica.

No quarto volume, e o mais aguardado por mim, apresentaremos práticas de escrita de Diários de Bordo de diferentes Unidades, de distintas regiões, que não foram mediadas diretamente por mim. Acredito que muitas podem ter se inspirado nos meus escritos, ou, até mesmo, na experiência de terem sido professoras que escreveram Diários quando eu era seu coordenador pedagógico, porém, não efetivaram as práticas que serão apresentadas, por terem sido acompanhadas sistematicamente por mim. Creio ser este o sonho de todo pesquisador/acadêmico: ver suas proposições ganharem vida autônoma para além de suas realizações e de suas ações diretas.

Meu maior desafio, ao propor a escrita de um livro sobre o Diário de Bordo, era evitar parecer prescritivo para um instrumento que é impossível de sê-lo. A riqueza de se escrever o Diário de Bordo reside, antes de qualquer coisa, na beleza que cada autora imprimirá aos seus escritos. Por isso, volto a agradecer a disponibilidade e a generosidade das professoras Patrícia e Cristiane por cederem seus Diários para a publicação.

Nestes mais de 12 anos que estudo, de forma sistematizada e aprofundada a respeito do Diário de Bordo, já ouvi muitas coisas que, no início, classificava de "barbaridades". Com o tempo, com a maturidade e com a diminuição de minha presunção, fui percebendo que as pessoas partem de suas vivências, de suas perspectivas e tentam, algumas de forma muito genuína e preciosa, oferecer o melhor de si. Contudo, há o ditado: "de boas intenções, o inferno está cheio"! Uns dirão que não precisaria escrever isso! Já está implícito que existem pessoas, que, por mais bem intencionadas que estejam, equivocam-se. Por que provocar com esse ditado? A mim, cada vez mais, fica a compreensão de que não podemos acreditar no implícito; precisamos deixar e tornar o mais explícito possível o que desejamos comunicar, para diminuir a margem dos equívocos.

E questões quase de cunho ético começaram a me perseguir: Como ajudar mais pessoas a trilharem o caminho de escrita dos Diários de Bordo, sem muitas margens para o "tudo pode"? Como poder auxiliar pessoas que se colocavam dispostas a um diálogo para melhor compreenderem a importância da escrita diária, que parecia tão distante de suas práticas cotidianas?

Este percurso, de buscar quais as melhores estratégias para poder explicar acerca do Diário de Bordo, foi uma oportunidade ímpar de avançar no meu autorreconhecimento. Tanto porque, para explicar ao outro o que havia feito, precisava avançar significativamente na compreensão do que fiz quanto por estar realizando uma pesquisa de pós-doutoramento a respeito do papel do formador de formadores de coordenadores pedagógicos! Seguramente, ter a professora doutora Vera Placco como interlocutora para minhas dúvidas foi daqueles presentes acadêmicos que precisamos segurar, e muito bem, para, então, compreender tudo o que estava em jogo.

Vera sempre foi um ponto de equilíbrio, sempre segura, por já ter percorrido muitas das trilhas que eu sinalizava; eu, errático, pelo deslumbramento de nelas estar pela primeira vez; e ela, sempre pronta a convocar que eu olhasse de novo, que me colocasse numa postura de diálogo! Nunca num tom: "Não é assim!" ou "Veja assim!". Sempre com uma generosidade ímpar para a conversa: "Quando aí estive, assim eu vi!". E o que sempre me encantou: nunca sem rigorosidade e assertividade. Vera nunca se esquivou de me comunicar: "Por aqui, não!". Pronta para provocar: "Esta sua afirmativa, Cristiano, além de suas impressões, embasa-se em quem? O que deseja com esta proposição?". E outras tantas, que nunca saí de uma reunião de supervisão sem saber o que e como deveria seguir no caminho da minha pesquisa! Quem já passou por processos de orientação sabe o quanto isso é raro.

Mas, e sempre creio que exista um "mas" no meio de todos os caminhos, se estava avançando em proposições e compreensões teórico-metodológicas a respeito do meu fazer como formador de formadores de coordenadores pedagógicos; se, cada vez mais, tinha convicção e compreensão do caminho escolhido e trilhado no meu fazer profissional junto com os grupos que coordenava e pesquisava, como chegar ao tal chão da escola?

É impossível não lembrar da expressão "do pó viemos e ao pó voltaremos". Tive o privilégio de conhecer Évora, cidade portuguesa onde está a igreja de ossos. Estive em Portugal como parte do no meu estágio de pós-doutoramento e fui recebido pela querida professora doutora Sara Barros. Quanto investimento de tempo e de dinheiro na busca de uma formação qualificada, e há pessoas que creem que, ao cobrar por uma palestra ou curso, estou a me portar como um mercenário... Acontece que nenhum conhecimento que construí veio-me de graça... Mas, retornando à questão de se voltar ao chão, à minha metáfora sobre o "pó": Como chegar às escolas?

O Grupo Colaborativo de Estudo e Pesquisa da Formação Continuada Docente (GCOL) me permitiu a oportunidade de propor um curso, intitulado Diário de Bordo I, e muitas pessoas se dispuseram a participar. Foi um misto de alegria, saber que não estava sozinho; de senso de responsabilidade, muitas pessoas estavam acreditando na proposta; e do maior dos receios: Como vou ajudar as pessoas que me procuraram a avançarem, sem ser prescritivo?

Gosto muito, muito mesmo, desta parte do livro, por mostrar como foi o percurso formativo dos participantes do curso, a comparação entre os textos, permite-me fazer um exame crítico: inicialmente, de como desempenhei o papel de formador; depois, de como os grupos, por serem diferentes, apresentaram perspectivas diversas e trouxeram olhares complementares. Ao ver a diversidade e a qualidade da escrita entre os textos, vejo claramente o quanto avancei como formador. De nada adiantaria estar estudando sobre formador de formadores e não me implicar com o meu fazer formador.

Ser um estudioso e entusiasta da escrita do Diário de Bordo não significa que eu seja um bom formador a respeito de como se tornar um escritor deste instrumento. O receio de não conseguir mostrar e abarcar toda a complexidade do que seja se tornar um escritor de Diários de Bordo me mobilizou ao longo da formação desses cinco grupos aqui retratados pelos seus textos.

Antes de comentar os textos, acredito que valha a pena explicar e contextualizar como chegamos a eles. No primeiro texto, vemos muitos depoimentos, o que me toca, afinal, constituímo-nos na capacidade que temos de nos narrar, e ver o grupo tão disposto a se narrar e a partilhar aquilo que estavam começando a entender me deu a segurança de perceber que estava no caminho. Porém, como ajudar a irem mais longe? E lá me fui, ministrar o mesmo curso para um segundo grupo, e qual a minha surpresa ao descobrir que consegui fazer melhor do que da primeira vez? Foi muito gratificante perceber que poderia, e conseguia, ir para paragens que não tinha tocado na primeira vez!

O primeiro grupo acreditou na proposta e se aventurou comigo a realizar o curso Diário de Bordo II, para mim, a maior manifestação de que foi exitosa a minha primeira intervenção, afinal, quem desejaria continuar um curso que nada tivesse acrescentado? Nesse pormenor, reside um "pormaior", pois essas mulheres vieram comigo pensar: "Como fazemos para dar uma devolutiva?".

E, vejam, eu, o "especialista", o escritor de devolutivas, não sabia (ainda não sei bem) explicar como se faz uma devolutiva, eu diria, sem medo de ser reducionista: sei fazer uma devolutiva, mas, agora, como explicar como se faz uma? Ter que explicar e partilhar o "Como?" não é um detalhe; ao contrário, mobilizou-me muito ter que pensar em estratégias que, a mim, estavam quase que no plano do natural.

E, lá fomos nós, desnaturalizar o que não era e nunca foi natural! Os textos que se seguem partem dessa premissa. Eles são partilhas generosas dessas mulheres que, em maioria, investiram seu tempo (meio sábado, pela manhã) e seus recursos financeiros para entenderem melhor o que estavam fazendo e por que estavam escrevendo Diários de Bordo.

A dinâmica de escrita, em geral, deu-se assim: de início, as pessoas foram convidadas a escrever um texto, depois, em dupla, construíram uma junção e foram realizando as junções em quartetos, grupos de oito, até chegarem a uma produção única e coletiva. Isso, obviamente, dificultou um pouco a escrita e, ao mesmo tempo, ajudou ao máximo a sua complexificação. Tentei intervir o mínimo possível nos textos finais; os leitores perceberão com clareza a diferença entre as produções, o que é sinal inequívoco de autoria.

Fiquei muito tentado em mexer, alterar, explicar, complementar, porém, essas produções, de 2020 e de 2021, foram realizadas conforme o momento permitia. Da mesma forma, se eu pudesse voltar no tempo, alteraria alguns apontamentos e algumas sugestões que fiz no Diário de Bordo, tanto no da Cristiane, que compõe este livro, como no da Patrícia, que foi objeto de análise destes textos que se seguem.

Então, por que deixar assim? Para que nossos leitores saibam e compreendam que o processo autoral escrito é assim mesmo: o melhor de hoje será o que mudaríamos amanhã! Por isso, é fundamental iniciar hoje a escrita, para que, amanhã, haja o que olhar e sugerir melhorias. Se não houver um começo, nunca haverá algo em que sugerir melhoras, e, assim, nunca terá melhora.

Assumo total responsabilidade por lacunas que os textos a seguir possam apresentar, contudo, também quero assumir a felicidade que é ler essas produções, saber que o caminho percorrido fez sentido a todas as participantes!

Excelente leitura!

[2]

Em busca do conhecimento sobre o processo de escrita do Diário de Bordo

Angélica Brandão, Cinzia Galan Vendramini, Edna Lucia de Lima, Elizete Gomes, Fabiana Paulino Lameirinha, Giseli Fermino Augusto, Ildevone Andrade Almeida, Kátia Cristina Menino Silva, Letícia da Silva Zambon, Márcia Aparecida de Lima Simanovicius, Maria Helena Vito, Renata de Araújo Silva, Sara Regina Leite de Paula Langanke, Teresa Cristina Vaz Castro, Zenilda Rodrigues da Silva

> O importante é que cada um assuma este seu jeito, momento de hipótese em que se encontra dentro do seu processo. Num primeiro momento, a reflexão passa por um movimento de desintoxicação da visão autoritária que cada um viveu em relação à linguagem.
>
> *Madalena Freire*

Este texto é, na verdade, um ensaio que nasce com a marca da ousadia. Afinal, inscrevemo-nos no curso de Diário de Bordo para aprender como nos tornarmos escritoras de Diários, quando não, para podermos incentivar a outras pessoas a escreverem esse instrumento. E, vejam, o Cristiano Alcântara nos veio com o desafio: "Vamos escrever um texto coletivo que ajude a quem está com as mesmas dúvidas que vocês a verem possibilidades?". E cá estamos, nós, a escrever um texto para um livro que versa sobre o Diário de Bordo!

Em busca de conhecimentos sobre o processo de escrita de um Diário de Bordo, nós, professoras e gestoras das Unidades diretas e parceiras da Educação Infantil do município de São Paulo, encontramo-nos no curso realizado pelo Grupo Colaborativo de Estudo e Pesquisa da Formação Continuada Docente (GCOL), sobre o Diário de Bordo, e, durante o curso, tivemos a vivência da escrita desse instrumento pedagógico. No entanto, não fomos apenas desafiadas a escrever; tínhamos que refletir sobre a experiência de fazer e receber devolutivas acerca do que revelávamos nos registros sobre nossas ações educativas, e quais dúvidas ainda estão presentes com a realização cotidiana do Diário de Bordo.

Antes de qualquer coisa, há uma pergunta que nos motiva: Por que registrar é tão importante? Porque a escrita proporciona a visibilidade das nossas ações, oportuniza revisitarmos nossas experiências, fazermos revisões, reajustes e replanejamentos, permite-nos sermos autoras e pesquisadoras de nossa prática.

Acreditando nesse caminho, mas sabendo ser uma dificuldade a produção de uma escrita diária e reflexiva, iniciamos o curso sobre o Diário de Bordo, visando obter conhecimentos que possibilitassem nos reconhecermos em nossa ação educativa.

Fomos entendendo que, somente ao vivenciar a experiência da escrita diária, teríamos elementos para compreender como escrevemos e para que escrevemos, conseguindo, dessa forma, a materialização do planejamento e da nossa intencionalidade. Porém, conforme realizávamos esse movimento, surgiram alguns questionamentos: O que nos constitui no momento da escrita? Quais são os critérios de escolha? Quais situações estão em jogo nesse momento? Consideramos que a reflexão sobre esses pontos é fundamental para desvendarmos e avançarmos na constituição de um profissional protagonista que produza registros com significado e identidade.

Escrever para registrar e refletir a prática, os nossos fazeres, compreender o cotidiano nos ajuda a pensar em novas possibilidades, projetar caminhos, a enxergar as nossas concepções sobre criança, infância, mundo,

Educação e Educação Infantil, e como nos aproximar das teorias que nos embasam com a prática, e vice-versa.

Com essa convicção, sabendo que esse percurso não é fácil, que não se consolida de uma hora para a outra, fomos avançando no curso e na escrita dos nossos Diários de Bordo. Nesse caminhar, foi-nos exigido compromisso e uma postura aberta para aprender, escutar, conversar entre os pares, com a coordenação pedagógica e, até mesmo, com quem não é da área, mas que pode contribuir na construção dos pensamentos.

Presumimos ser ainda mais instigante o lugar da gestão escolar nesse processo, pois tem o papel de acompanhar de perto o fazer dos docentes, ler regularmente os registros e produzir devolutivas provocativas, com embasamento teórico, de maneira a mobilizar o professor a sair do lugar comum, avaliando suas intenções pedagógicas, reconstruindo sua prática e seus pensamentos. E o Diário de Bordo se torna um instrumento fundamental, porque potencializa essa interlocução entre docentes e gestão.

Para tanto, é necessário apreendermos alguns pontos: Quais critérios devemos seguir? Como reconhecer o outro no momento da escrita? Como identificar as lacunas do não escrito, aquilo que fica nas entrelinhas, subliminarmente, no texto? Tais problematizações e questionamentos são permitidos nesse movimento de troca, entre escritor e leitor, ampliando o olhar para além da "simples" descrição dos acontecimentos, para um ato mais consciente e reflexivo sobre as situações cotidianas da sala de aula.

Não temos dúvida de que o olhar do outro, como um par avançado, que vislumbra nossos fazeres e não fazeres, leva-nos a pensar em caminhos ainda não conhecidos, com a indicação de autores que podem contribuir para a reflexão, colocando algumas "pulgas atrás da orelha", provoca-nos com boas perguntas, contribui e impacta positivamente nossa relação e nosso empoderamento com a escrita, bem como nossa conexão ao comunicar nossa prática de forma consciente e com sustentação teórica.

Quando pensamos à luz de uma boa devolutiva, dessa perspectiva de *feedback*, que dá apoio, orientação e instiga a autorreflexão, lembramos facilmente de um conceito tão famoso descrito por Vygotsky (1984), a zona de desenvolvimento proximal, que nos revela o quanto um par avançado pode ajudar a ir além. Ele também nos afirma que a linguagem exerce um papel muito importante sobre o comportamento humano. Linguagem, essa, que se revela na comunicação, na expressão e na interação com o outro, e funciona como ferramenta que nos instrumenta e nos constrói e/ou reconstrói. Linguagem falada e escrita, devolutiva que se comunica conosco em meio aos nossos registros.

Mesmo antes de estarmos nesse curso, sabíamos dizer teoricamente da importância e da adequação de receber uma devolutiva, entretanto, não tínhamos recebido nenhuma devolutiva como professoras, e nós, que éramos gestoras, estávamos escrevendo devolutivas, mas sempre com uma grande dúvida: "Será que é assim mesmo?".

Logo, a experiência de receber um parecer de nossos escritos nos fez sair da nossa "casinha" confortável e tranquila, desafiou-nos e despertou-nos sentimentos que, certamente, trouxeram mudanças na nossa prática cotidiana. Sentimentos de autorregulação, de afirmação, de confronto, de troca, de ajuda mútua. Foi uma experiência diferenciada, na qual escrever os fazeres como mero cumprimento profissional na Unidade Educacional desapareceu. Entrou em cena um compromisso consigo mesmo e com o outro. Algo voluntário, feito por quem tem objetivos em comum: aprimorar olhares, avançar, crescer, ir além do que apenas definir conceitos. Mais do que a definição do Diário de Bordo, buscamos mergulhar e aprender a nadar "nadando". Experimentamos empatia, compreensão, partilha, respeito, verdade, pertencimento.

Estamos fazendo parte desta história, mas cada uma tem seu processo histórico relacionado à construção e à elaboração de registros. Descobrimos que nossas vivências revelam as diferentes experiências que existem nas Unidades Educacionais, mas se igualam na incompletude dos saberes e nas ausências das devolutivas de pares avançados, sendo estas essenciais no diálogo que a construção do Diário de Bordo permite.

Nesse contexto de compartilhar fazeres e experiências, resolvemos trazer alguns relatos sobre os nossos percursos profissionais vivenciados até iniciarmos a escrita oficial do Diário de Bordo e recebermos as esperadas devolutivas.

Iniciamos com o relato da professora Cinzia, que, atualmente, trabalha em um Centro de Educação Infantil (CEI), com o agrupamento Berçário II.

Receber uma devolutiva é encontrar um olhar que analisa e se volta para as reflexões do meu fazer docente. É a espera em saber se eu serei compreendida diante do que revelo nas linhas do meu texto ou se cada palavra escrita demonstrará a minha incompletude docente.

E, aqui, revelo que iniciei o processo de escrita de registros desde que ingressei na Educação Pública Infantil da cidade de São Bernardo do Campo, em São Paulo. Nessa experiência, realizava meus planejamentos e meus registros semanais no instrumento intitulado "semanário", e recebia, periodicamente, devolutivas da coordenação pedagógica, que muito me auxiliavam nas reflexões e nas mudanças da minha prática com as crianças. Em cada compartilhar, com a coordenadora pedagógica, dos meus registros escritos em detalhes, de uma proposta escolhida, entre as diversas realizadas com as crianças, ficava a esperar o que o olhar do par mais avançado revelaria sobre o meu fazer docente. E, assim, segui por três anos nessa rede de ensino, com grupos diferentes de educadores, em escolas diferentes, mas que utilizavam o mesmo instrumento de registro, e as coordenadoras pedagógicas alinhadas na ação de realizarem devolutivas.

A vivência desse processo de trocas de saberes, de olhares, de diálogos, que acrescentou e auxiliou as reflexões cotidianas relacionadas à minha prática e que se fez presente no início da minha carreira pública na Educação Infantil tornou-se distante ao ingressar na Rede Municipal de Ensino de São Paulo, especificamente nos CEIs.

Inserida nessa nova realidade, comecei a vivenciar um trabalho diferente daquele que estava acostumada, em especial, no recebimento das devolutivas pela

Continua

Continuação

coordenação pedagógica. Passei pelo processo de conhecer como o instrumento de planejamento e de registros era realizado na Unidade em que estava, e quais os sentidos atribuídos a ele. A descoberta foi que iria fazê-lo como estava acostumada; o diferencial era a planilha semanal a ser preenchida e, infelizmente, a ausência das devolutivas pela coordenação pedagógica. Impossível não afirmar que, diante do cotidiano docente vivido com esse instrumento, as escritas dos registros reflexivos se tornaram burocráticas. As devolutivas aconteciam em um espaçamento longo, que não revelavam acompanhamento nem entendimento da sequência do meu fazer, e, aqui, não desqualifico nem ignoro o que me era devolvido textualmente. A mesma expectativa, a mesma espera ansiosa ressurgia em mim quando entregava à coordenadora meu instrumento de registro, mas, ao recebê-lo, novamente, sabia que, se houvesse a tentativa de responder o que lia ansiosamente, talvez o retorno demorasse a acontecer ou sequer viria. Esse processo se perpetua até hoje.

O diferencial aconteceu no ano de 2019, quando a coordenadora pedagógica revelou ao grupo de professoras que passaríamos a fazer um Diário de Bordo. Mas o que seria esse novo instrumento? O que ele acrescentaria no meu fazer docente? As inquietações substituíram um fazer de anos, mas me impulsionaram a buscar conhecimentos e formações sobre esse novo instrumento, que, agora, fazia parte do meu cotidiano. A ausência das devolutivas permaneceram, mas as escritas dos registros foram realizadas com frequência quase que diária.

Nesse caminho, conheci o GCOL e ingressei em um curso específico sobre Diário de Bordo. O curso auxiliou-me na compreensão da importância do registrar reflexivo diário sobre minha prática com as crianças e a reconhecer minhas concepções, meu processo de formação e o que preciso aperfeiçoar na minha docência.

Nesse percurso, uma das tarefas esteve relacionada ao recebimento de uma devolutiva dos registros do meu Diário de Bordo e foi escrita por uma parceira do curso. Confesso que fiquei curiosa em saber qual o olhar dela sobre minhas escritas, quais considerações ela faria diante das minhas reflexões, sobretudo as relacionadas ao trabalho remoto do momento atípico de pandemia.

Continua

Continuação

Ao receber a devolutiva, fiz uma rápida leitura para conhecer inicialmente o que me revelaria e, assim, acalmar minha curiosidade. Depois, realizando uma leitura detalhada, pude perceber afirmações sobre minhas reflexões, reconhecimentos dos meus diferentes fazeres, concluindo que minha escrita foi reveladora. Como foi o primeiro contato dela com meus registros, com a minha escrita, sabia que as indagações poderiam não estar presentes na devolutiva. E são estas que me provocam a refletir e a buscar possibilidades para respondê-las, ampliando minhas ações pedagógicas.

Gostaria muito que esse processo de receber devolutivas fosse presente na minha rotina profissional, pois, no período em que experienciei essa troca, observei evoluções e conquistas no meu fazer docente, sentia a necessidade da mudança na prática, para vivenciar o que era sugerido, e interessava-me pelo novo que o olhar do outro revelava. Sigo acreditando que os diferentes olhares complementam o meu.

Na sequência, temos o relato da Professora Kátia, que trabalha em uma Escola Municipal de Educação Infantil (Emei), com turmas do Infantil I.

Receber devolutiva, particularmente a princípio, tem sido frustrante, uma vez que, na Unidade em que trabalho, as devolutivas não acontecem com frequência. O registro reflexivo é algo que apareceu nesse tempo de pandemia, com o teletrabalho; no presencial, temos o registro semanal, que é feito, todas as semanas, numa página do semanário, no qual se elenca uma atividade ali presente, fazendo a escuta da criança e colocando algumas falas.

Desse modo, não há um estudo sobre o Diário de Bordo nem uma "abordagem" sobre o assunto na Unidade. A leitura da Instrução Normativa SME nº 02, de 06 de fevereiro de 2019, que dispõe sobre os registros na Educação Infantil, foi realizada muito superficialmente no Projeto Especial de Ação (PEA) 2020, no início do ano. Cheguei a fazer várias perguntas sobre como seria fazer o Diário de Bordo, e, várias vezes, não houve uma escuta. Assim, percebi que era melhor tentar descobrir sozinha, pois o grupo já estava achando que eu estava querendo inventar "moda", inventar mais registros.

Continua

Continuação

Logo em seguida, entramos em teletrabalho, e eu queria muito saber sobre como fazer o Diário de Bordo. Num tutorial de como utilizar o Google Classroom dado pela Secretaria Municipal de Educação (SME) a todos os educadores da Rede, conheci o Cristiano Alcântara e fui pesquisar sobre ele. Ao descobrir sua tese de doutorado sobre o Diário de Bordo, imediatamente pedi solicitação de amizade em seu Facebook e no grupo do GCOL. Não esperava que ele fosse me aceitar, mas tentei. (Risos!) Fiquei feliz com o aceite dele.

Para minha surpresa, o GCOL publicou que realizaria um curso sobre Diário de Bordo! Na mesma hora, fiz a inscrição e pensei: "Agora, aprendo a fazer esse Diário de Bordo!". Fiz o primeiro, que gerou este texto coletivo, e me inscrevi para o segundo, que será um aprofundamento, pois, além de escrever o Diário de Bordo como professora, aprenderei a dar devolutivas, afinal, quando escrevemos o Diário de Bordo, esperamos uma devolutiva do coordenador pedagógico, que deverá ter uma ligação direta com a professora acompanhando, orientando e auxiliando os registros pedagógicos.

No entanto, meu processo de escritora de Diário de Bordo iniciou-se no curso. Tentei aproveitar essa escrita do curso e enviar para a coordenadora da Unidade na qual trabalho, para, assim, ter uma devolutiva para os meus registros diários do meu fazer pedagógico durante a pandemia. Todavia, não deu certo, pois recebi a seguinte devolutiva: "Foi um tanto difícil selecionar alguns trechos de sua escrita, pois enxerguei um Diário de Bordo, e não registros reflexivos. Separei um pouco do que, para mim, resume sua trajetória de teletrabalho".

Fiquei feliz, afinal, estou no caminho certo, porque até quem não sabe o que seja um Diário de Bordo enxerga um nas minhas escritas. Porém, tive que fazer o que ela estava me solicitando, e escrever um texto reflexivo semanal, por isso, parei um tempo de escrever todos os dias, como é o fazer do Diário de Bordo, o que foi um balde de água fria na minha escrita diária.

No curso, foi-nos pedido que escrevêssemos dez dias de registros diários sobre o nosso fazer pedagógico e, depois, fizéssemos a troca no grupo de estudo, para que as colegas dessem uma devolutiva entre si. Fiz uma devolutiva e recebi uma devolutiva.

Continua

Continuação

Na devolutiva que recebi da colega do grupo, não vieram muitas considerações acerca do meu fazer pedagógico. Entendo a parceira. Talvez fosse receio, por não me conhecer... É difícil mesmo dar uma devolutiva quando não acompanhamos diretamente o profissional. Ademais, a devolutiva dela ficou muito na sugestão de atividades que podemos propor para as famílias em distanciamento social.

Entetanto, na devolutiva que fiz para outra colega, ao ler sua escrita e tentar entender, diante de suas colocações, o contexto em que ela está (claro, dentro do possível), procurei ser empática e sincera. A devolutiva que dei foi para uma colega que se encontra num cargo de direção. Pedi a ela que me apontasse as suas considerações depois que ela lesse, para que eu pudesse me avaliar como alguém que fornece uma devolutiva. Afinal, estou aprendendo a fazer o Diário de Bordo, a receber uma devolutiva que venha a dialogar com o meu fazer pedagógico, e, agora, lançando-me ao desafio de oferecer devolutivas.

Já percebo que, quando escrevo, desenvolvo a capacidade de reflexão sobre o que sei e o que ainda não sei. Tenho consciência de que estou no início de um longo caminho a percorrer...

O próximo relato é da professora Angélica, que trabalha com o agrupamento Berçário II em um CEI, e, na Emei, está como módulo.[1]

Tudo começou quando fui comunicada pela coordenadora, que nos disse que teríamos de escrever o Diário de Bordo. Causou-me angústia, insegurança, um certo medo. Eu sempre gostei de escrever, porém, somente eu tinha acesso ao que escrevia. Fiquei muito preocupada, e até assustada, em escrever para outra pessoa ler, analisar e julgar. Foi um momento muito difícil; várias dúvidas surgiram. Qual a maneira certa de escrever? O que escrever? O que a coordenadora vai dizer sobre o que escrevo?

Apesar de toda a insegurança, depois de ouvir da coordenação o que seria a escrita do Diário de Bordo, iniciei. Estava toda empolgada! Fiz um caderno todo

Continua

[1] N. do E.: como são chamados os professores eventuais/substitutos nas escolas da Prefeitura de São Paulo.

Continuação

bonito. Na capa, a foto da minha turminha. Enfim, dei início. Relatava as falas dos bebês, que, na verdade, ainda não se expressam oralmente, mas se comunicavam com suas expressões corporais. Coloquei fotos, tudo relacionado ao fazer dos bebês, porque foi essa a orientação que recebi. No entanto, fui ficando desanimada, pois nunca recebia devolutiva daquilo que escrevia. Minhas incertezas só cresciam, pois não sabia se o que eu estava desenvolvendo seria o ideal ou se precisaria mudar o meu jeito de registrar.

No ano seguinte, fui para outra Unidade, na qual o processo de escrita do Diário de Bordo estava se iniciando. Ainda estava insegura quanto ao meu processo de escrita, porque não havia recebido devolutivas. Tive boas expectativas na nova Unidade, mas tivemos vários problemas. A coordenadora entrou de licença, e a substituição foi um processo demorado. Continuei com a escrita dos meus Diários. Contudo, no final do ano, mais uma vez, não obtive nenhuma devolutiva.

No ano seguinte, continuei na Unidade. Início de ano, organização, cartas de intenções, período de adaptação… Dei início à escrita dos meus Diários, porém, veio a pandemia, o que causou uma pausa no trabalho presencial. Apesar disso, continuei com a escrita dos Diários, mesmo trabalhando de maneira remota. A coordenadora iniciou o processo de formação da escrita do Diário, enviou-nos textos para serem lidos e refletidos, e, também, promoveu discussões durante as reuniões. Além disso, ela estava realizando a sua própria escrita e análise. Como ela mesma disse: "Estamos aprendendo juntas!". Fiquei muito feliz e satisfeita ao receber minha primeira devolutiva, pois sentia uma grande necessidade em receber algum tipo de retorno sobre minhas escritas. Recebi elogios! Foi bom, não vou negar, mas senti que faltava algo no meu fazer… Só não sabia o quê.

Todavia, não demorou muito para que eu descobrisse. Foi logo no primeiro curso que fiz sobre Diário de Bordo pelo GCOL. Na verdade, meu Diário de Bordo estava mais para um portfólio, porque faltava a reflexão sobre o meu fazer; eu apenas narrava o percurso dos bebês. Ainda estou em processo de aperfeiçoamento; falta-me muito para chegar ao ponto que desejo. Estou procurando avançar, pesquisando, lendo livros que tratam do assunto, realizando a segunda etapa do curso, e estou aprendendo muito.

Continua

Continuação

No início do curso, fiquei com medo. Quando o Cristiano falou que deveríamos escrever sobre o nosso fazer, a insegurança bateu outra vez. Como assim escrever num processo de curso? Nunca me pediram isso num curso! O pior foi quando ele nos deu como tarefa compartilhar com uma pessoa do grupo dez escritas do nosso Diário. Dar e receber devolutiva? Como assim? Mal aprendi a escrever e, agora, tenho de dar devolutiva. Foi assustador, desafiador e difícil. Mais uma vez, outra pessoa iria ler o que escrevi, e o medo de receber uma devolutiva com várias críticas tomou conta de mim. No entanto, depois de conversar com o meu grupo, percebi que não era a única com esse sentimento. Conversamos sobre nossos sentimentos e nossas inseguranças, e me senti acolhida. Senti-me parte da construção do processo. Fiquei mais aliviada...

Chegou o dia em que recebi a devolutiva da minha colega. As colocações que ela fez me ajudaram muito. Refleti sobre a minha escrita. Ela me fez ver coisas que não havia me dado conta. Estou grata por ter a oportunidade de fazer parte desse grupo de estudo tão comprometido com a formação docente.

No dia 26 de setembro, ocorreu nosso terceiro encontro, no qual discutimos sobre as devolutivas. Foi um momento muito rico, houve muitos compartilhamentos e muitas dúvidas foram esclarecidas. No momento em que o Cristiano sistematizou toda a discussão, ficou bem claro para mim a importância da devolutiva do coordenador, o par mais avançado no processo. O coordenador nos aponta o caminho a ser seguido, indicando o ponto em que precisamos melhorar. Nesse momento, o medo, a incerteza e a insegurança deram espaço à gratidão e à vontade de seguir avançando.

Hoje, decidida a fazer parte desse desafio de colaborar com a escrita deste capítulo, confesso que não foi fácil. Tive uma insegurança enorme, medo de escrever algo inconveniente, mas, enfim, aqui estou. Esse medo não foi só meu. Pelas falas no grupo de WhatsApp, todas demonstraram essa insegurança. Foi possível perceber que, mesmo com toda a insegurança, todas são bastante comprometidas, têm vontade de aprender e de avançar em suas escritas.

Nas nossas conversas, ficou bem claro que o curso que estávamos realizando pelo GCOL estava nos ajudando a progredir, e muito. Porém, temos consciência de

Continua

Continuação

que ainda há muito espaço para melhorar. O primeiro passo nós já estamos dando, que é ter aceitado fazer parte da escrita deste capítulo. Para mim, é uma conquista muito grande e significativa. Fica a certeza de que podemos fazer o melhor, basta nos esforçarmos e querermos. Vários sentimentos me invadem neste momento, mas o maior deles é a gratidão, por ter o privilégio de fazer parte de um grupo tão comprometido com a formação docente.

Obrigada! Não me canso de agradecer!

Com o relato da professora Edna, que assumiu o cargo de coordenadora pedagógica em um CEI, é revelada a importância das devolutivas para aqueles que assumem a responsabilidade desse cargo.

Ao ler o relato sobre o Diário de Bordo das colegas, senti-me fortemente estimulada a escrever.

No início de 2000, quando ingressei na prefeitura municipal de Santo André, apresentaram-me um formulário em que deveria acrescentar as observações das crianças e dos bebês, realizando, no final, um registro reflexivo. Isso ocorria a cada final de trimestre. Na mesma época, ingressei na prefeitura municipal de São Paulo. E, mais tarde, chegou o semanário instituído pela Unidade que, até então, ficava a critério de cada professor. Quando instituído, fazíamos considerações diárias sobre as crianças. Penso que também seria um registro reflexivo do fazer do professor, juntamente com a devolutiva da coordenadora pedagógica, na qual pude reconhecer a necessidade de aportes teóricos para estabelecer a comunicação entre coordenação pedagógica e equipe docente.

É aí que me vejo, no momento, perguntando-me: "Agora que estou designada para esse cargo, estou instrumentalizada com tais aportes para fazer crescer o fazer pedagógico da equipe?". Penso que não. Há muito o que ler e investigar!

No final da década de 2000, assisti, na Universidade Cruzeiro do Sul, a uma palestra de Marie-Christine Josso, antropóloga francesa. Quando a ouvi,

Continua

Continuação

parecia-me que confessava ter sido impactada pelos preceitos de Paulo Freire acerca do Diário de Bordo e passou a utilizar em seu trabalho. Dizia, ela:

> Foi o seu método de análise dos discursos e dos silêncios, como fonte das realidades essenciais, que inspiraram o desenvolvimento da minha maneira de analisar e interpretar as narrativas escritas, no diálogo com autores das narrativas de formação de si, ao longo da vida. (Josso, 2009)

Desde então, gostaria de ampliar meu olhar sobre a possibilidade da escrita autoral. E, nessa busca, vejo-me rodeada de pessoas que, certamente, tornarão esse processo valioso pelos múltiplos saberes e pela amplitude teórica de Cristiano Alcântara.

Fiquei surpresa com a devolutiva recebida no grupo de estudos! Nela, continha evidências de alguém que conhecia o trabalho do coordenador pedagógico quando imaginei ser o meu diário indecifrável! Ficou claro que a comunicação que procuro entre os pares está perto do possível.

Vejo como é importante procurar por instrumentos que nos capacitem em compreender o trabalho do outro e contribuir para a ressignificação de seu fazer pedagógico, com vistas aos ganhos que terão crianças e bebês.

As revelações presentes nessas escritas, além de evidenciarem o estilo autoral de cada professora, mostram as peculiaridades de processos formativos.

E o que há em comum entre elas?

Começaríamos pela certeza da incompletude, e isso traz uma sequência de aprendizados: a busca por uma relação dialógica; a abertura ao novo mediado pelo olhar do outro; a oportunidade de se conhecer como profissional; o aprendizado que se conquista com a realidade questionada; as experiências que revelam que nem tudo é simples; e um querer realizar com qualidade e potência as ações educativas.

Sendo a educação uma construção coletiva, esse diálogo entre os pares é de suma importância, pois nos mobiliza a repensar o que escrevemos, a confrontarmos as ideias. Podemos dizer que, em um primeiro momento, choca, mas é bom, pois cria um movimento interno de querer mudar, de se perguntar sobre as escolhas feitas, de pensar em como escutar as crianças, de estar atento a seus olhares, seus gestos, suas expressões, seus movimentos e como perceber tudo isso no nosso cotidiano. Isso se dá nessas escritas e no diálogo entre o grupo de professores junto com a coordenação pedagógica.

Usaremos de uma metáfora para ilustrar o nosso sentimento: é como ter encontrado uma boa terra, solo fértil, onde as sementes ainda estão tímidas, não sabemos como acontecerá o crescimento, mas, se receberem alimento de diversas fontes, como o Sol, a brisa, a água, e continuarem sendo regadas diariamente, contemplarão o crescimento e o transbordar dos frutos.

Quando falamos de Diário de Bordo, não estamos falando de um documento qualquer ou num instrumento formal demais, mas, sim, de uma possibilidade de registro que permita aparecer toda a nossa intensidade e todo o nosso ser. Afinal, é um registro do nosso pensar; são as nossas reflexões, angústias, dúvidas. E, na maioria das vezes, quando escrevemos, nem nos damos conta dos porquês daqueles registros e da nossa escolha em relatar determinado assunto ou ponto de vista.

É nesse momento que o papel de uma boa devolutiva transparece em toda a sua potência, porque ela nos impulsiona a pegarmos a "lupa" e auxilia-nos a ampliarmos a nossa visão (a devolutiva que revela o saber fazer). Algumas vezes, há coisas tão pequenas, quase imperceptíveis "a olho nu", vindas de quem escreve que somente um leitor atento, munido de um "microscópio pedagógico", ajuda-nos a descortinar. E há uma outra categoria de devolutiva, que, com sinalizações cirúrgicas, faz-nos alcançar um crescimento: a devolutiva que capta o não saber fazer docente.

É muito complexo, por meio de um texto, mesmo que coletivo, explicitar como é a escrita dos nossos Diários de Bordo. E o fato de termos que produzir devolutivas foi permitindo uma riqueza de aprendizados, como os processos formativos deixaram em nós marcas e modificações. Porém, gostaríamos que não restasse a menor dúvida da compreensão que alcançamos acerca da importância do outro para o crescimento profissional e, aqui, destacamos o processo vivenciado por nós, de compartilharmos devolutivas.

Trata-se, assim, de um querer conviver com a certeza de que sempre há aprendizado no caminho. Desejamos que os relatos aqui descritos se tornem incentivos ao entendimento de que a originalidade e a veracidade nas escritas, além do diálogo que elas possibilitam, são conquistas que alimentam individualmente as ações educativas de cada professora.

Permanecemos neste processo de construção e conquistas de aprendizagens com a certeza de que precisamos estudar, pesquisar, buscar embasamentos teóricos que possam enriquecer nossos saberes.

Sabemos que algumas dúvidas persistirão, outras surgirão: umas pequenas, outras grandes, algumas fáceis, outras difíceis. Contudo, a profissional que assumiu o desafio e a prática da escrita diária sempre estará preparada para lidar com elas, mesmo que provisoriamente não tenha a resposta correta, se é que existe a resposta correta. Algumas questões podem exigir muitas pesquisas e outras podem ser sanadas com uma boa conversa, e, nesse momento, poderemos nos perceber, além de profissionais da Educação, também pesquisadoras. Reside na dúvida e na busca por repostas a beleza da vida, pois, quem acredita que já tem todas as respostas, está morto.

Como profissionais da Educação, reconhecemos a importância do registro, porque é nele que vamos nos apoiar para a elaboração dos relatórios de aprendizagens, para as conversas com famílias, para nos amparar em questões administrativas e planejar ações pedagógicas relacionadas às práticas com bebês e crianças.

Sabemos, também, que, após um tempo, muitos de nossos registros passam a ser feitos de forma automática, apenas como instrumentos burocráticos que precisamos preencher, entregar e passarmos para o próximo. Esse tipo de trabalho se torna frustrante e desencorajador, uma mera formalidade.

Com o início da construção do Diário de Bordo, muitas dúvidas surgiram, como: Que tipo de registro é esse? Como realizar um registro documental utilizando a linguagem de um diário? Para quem eu vou escrever? Como fazer um Diário de Bordo de uma perspectiva autoral, sem ter modelos ou referências a seguir? Quais elementos devem compor esse diário? Quais estratégias iremos utilizar para que essa escrita seja diária? E, aqui estamos nós, buscando compreender todo esse processo e as implicações de mudanças que a realização desse instrumento pedagógico traz consigo. Contudo, não estávamos sozinhas. Ao nosso lado, havia pares para caminharmos, e, assim, fomos nos construindo como grupo: nas realizações das tarefas, nas discussões, nas trocas de experiências, nas relações que foram estabelecidas e nos vínculos criados. Nossos registros começaram a fazer sentido e nosso caminhar foi ganhando um novo rumo.

Ao longo do curso, fomos descontruindo e reconstruindo saberes, com foco na escrita reflexiva dos nossos fazeres de profissionais da infância. Nesse processo de construção, os desafios são constantes e muitas dúvidas de ordem teórica e prática continuam a surgir. São as incertezas que acabam alimentando muitos fantasmas internos, como o medo do fracasso, a hesitação em expor (mesmo que apenas no papel), o desânimo, as nossas supostas "incapacidades" e a procrastinação (a famosa desculpa do "não tenho tempo").

No decorrer do curso, dúvidas iniciais foram esclarecidas como: quais elementos devem estar presentes no Diário de Bordo, a sua natureza autoral (que nos deu mais leveza e tranquilidade quanto a estarmos certas ou erradas, já que sabemos que o importante é garantir a reflexão da nossa prática), a construção da escrita do Diário de Bordo em parceria com a coordenação ou com outro colega que se torne um par mais avançado para evolução dos registros e, principalmente, o porquê de se registrar. Acreditamos termos alcançado muitos avanços, mas ainda persistem inúmeras indagações, complexas e de ordem teórica e prática, que nos levam a refletir e a buscar mais, para, assim, ampliarmos a qualificação de nossas práticas, reverberando na qualidade da Educação.

Precisamos vivenciar mais a experiência de escritoras de Diários de Bordo, a fim de aprofundarmos os conhecimentos necessários que contemplem essa forma de registro pedagógico. Sabemos que não há um modelo, que sua escrita é, muitas vezes, a materialização da subjetividade (construção individual), e, quanto mais subsídios tivermos, melhor será nossa escrita e, por conseguinte, nossa prática (sendo esses os ideais que perseguimos como profissionais da Educação).

O que nos emerge, neste momento, é que o Diário de Bordo é algo para além do desejo pessoal; a necessidade de sua execução consta em legislação municipal da Prefeitura de São Paulo. Porém, estar na lei não significa estar na prática. O leitor poderia nos perguntar: Quais dúvidas ainda temos? Responderíamos: Somente no processo de escrita e de reflexão elas surgirão e nos permitirão encontrar respostas, que serão provisórias.

Então, o que levamos deste percurso? Sabemos que ainda há muito o que estudar, aprender, ajustar, reorganizar, desestruturar, acomodar, mas acreditamos que o mais importante já temos: disposição para aprender e aprender, cada vez mais! Logo, se um conselho pudermos deixar: para se aventurar no mundo do Diário de Bordo, escreva, escreva e escreva!

Referências

FREIRE, M. O registro e a reflexão do educador. *In*: FREIRE, M. (org.). *Observação, registro, reflexão*: instrumentos metodológicos I. São Paulo: Espaço Pedagógico, 2003. p. 22.

JOSSO, M. C. O caminhar para si: uma perspectiva de formação de adultos e de professores. [Entrevista cedida a] Margaréte May Berkenbrock-Rosito. *Revista @mbienteeducação*, São Paulo, v. 2, n. 2, p. 136-9, ago./dez. 2009.

SÃO PAULO (Município). Secretaria Municipal de Educação. Orientação normativa SME nº 2 de 06 de fevereiro de 2019. *Diário Oficial da Cidade de São Paulo: São Paulo*, SP, ano 64, n. 25, p. 15-18, 07 fev. 2019. Disponível em: http://www.docidadesp.imprensaoficial.com.br/NavegaEdicao.aspx?ClipID=298cba0fb95f5cffd416a8bb731fe7c9&PalavraChave=instru%ufffd%ufffdo+normativa. Acesso em: 18 nov. 2022.

VYGOTSKY, L. S. *A formação social da mente*. São Paulo: Martins Fontes, 1984.

[3]

O exercício de escrita de Diários de Bordo e a troca de devolutivas durante a formação

Adma Faria Marques de Oliveira, Cristiane Abrahão Zaleschi Arcanjo, Cristiane Lemes Barbosa, Daniela Decurcio Santos, Daniela Figueiredo, Daniella Isabel Castilho, Débora de Lima, Debora Soares Calvo de Andrade, Elisabete de Moura, Fatima Bonifácio, Gislayne de Carla Ferro, Glaucia Fernandes Alves, Greice Araújo Oliveira, Janaina Baladez Cava Sanches, Janaína Roberta de Campos Arruda e Souza, Jucineide Barbosa, Juliana Nunes da Assunção Forato, Karina Cadette, Katia Cilene Paulino Pereira, Lilian de Oliveira Alves Ribeiro, Maria do Carmo Franco Vita, Patricia da Rocha Oliveira Ribeiro, Rita de Cassia Aparecida da Silva Santos, Rosana Pereira Reis da Silva, Thays de Oliveira Lima

Este capítulo nasce de uma provocação, diríamos que, movidas pelo desejo e pela necessidade de melhor compreender e orientar nossos saberes e fazeres profissionais, buscamos, por meio de uma formação colaborativa, qualificar nossos registros reflexivos sobre a nossa prática pedagógica, refletir acerca dos nossos escritos e nos tornar conhecedoras do nosso agir.

Nosso grupo, composto por professoras e gestoras, reconhece que as inquietações pedagógicas ecoam além de diferentes pontos de vista, enriquecidos pelo fato de estarmos em diferentes pontos do país, vantagens do *online*. Apesar dessas diferentes realidades e vivências regionais, institucionais e tantas outras que foram sendo identificadas após ser dada a partida, potencializando o processo no qual todas se predispuseram a percorrer, a interação com esses diferentes pares enriqueceu nossas trocas e nosso processo formativo.

Todas engajadas na busca de respostas para tantas inquietações que acontecem no cenário da Educação Infantil, sobretudo referentes ao Diário de Bordo, já na primeira aula do curso, percebemos o quanto não sabíamos. Com isso, surgiram mais dúvidas e com elas mais perguntas: O que registrar? Eu preciso documentar o meu fazer? Por quê? Para quê? Como?

Muitas de nós esperávamos encontrar uma "receita pronta", um guia de orientações da forma de como escrever um Diário de Bordo, preferencialmente reflexivo sobre o nosso cotidiano escolar. No entanto, deparamo-nos com um verdadeiro e potente processo formativo para construirmos o sentido e a compreensão de tudo o que envolve o ato de escrever um Diário de Bordo para instrumentalizar o professor a ressignificar a sua prática, revelando-nos ser impossível encontrar uma receita pronta!

Afinal, o *Diário* nos chama a "bordo", todos os dias, para um ciclo renovador ao nos possibilitar conhecer o extraordinário da "rotina", do cotidiano de nossas práticas. E que *rotina* é essa? Ela está lá, todos os dias, mas não aquela rotina que nos aprisiona, que nos aliena, que nos condiciona seguir de forma automática, estática, imutável em um rol de afazeres por vezes inflexíveis em uma tabela, seguindo um cronograma de meras ações a serem contempladas sem uma análise mais profunda.

O Diário de Bordo abarca a *rotina* a ser revelada, vivida, sentida, percebida, analisada, ressignificada à luz das teorias, da escuta infantil e de reflexões sobre o nosso fazer docente dia a dia. Quando concebemos o cotidiano escolar na Educação Infantil como rotinas mecânicas de planejamentos, tabelas, linhas do tempo e documentos a preencher desprovidos de processos de reflexão, análise, pesquisa, ação e interlocução, estamos precarizando o nosso fazer, renunciando a uma intelectualidade. Quando se tem intencionalidade, há manifestação de um professor crítico, reflexivo, pesquisador e protagonista de sua prática. É legítimo e salutar reconhecer que teremos incertezas e não saberes. Quanto mais rapidamente reconhecermos que esperar receitas prontas não é produtivo na busca de se tornar um profissional dinâmico e complexo, melhor.

Os encontros não eram apenas momentos de discussão acerca da escrita dos Diários de Bordo, fomos permeadas por momentos de leitura de textos, canções, vídeos, atividades, discussões, entre outros que possibilitaram que vivenciássemos um processo intencional de quebra de conceitos, de princípios e a reflexão do grupo nessa formação. Experimentamos a vivência da fruição estética como uma possibilidade formativa.

Mal chegamos ao curso, logo no primeiro dia, fomos convidadas a escrever o nosso Diário de Bordo. Sabíamos que trocaríamos em pares, com pequenos grupos, e teríamos que ler e escrever devolutivas para as colegas.

Iniciando esse processo de escrita do Diário, descobrimos que um elemento importante para sua escrita é *a necessidade de organização e disciplina para esse registro*, visto que é uma atividade diária. Configurando-se como um novo fazer, uma ação nova, não é um hábito que se adquire de repente, tornando-se desafiador. É preciso foco, a fim de priorizar o exercício que potencializa as ações e práticas docentes, pois, deixar de escrever um dia, retira a relação de toda uma dinâmica de reflexão e colocamos a perder de vista o sentido que o próprio nome estabelece.

Ficávamos apreensivas se o que escrevíamos estava correto, se era de tal maneira que se fazia um Diário de Bordo. Mas como superar o registro descritivo ao qual nos habituamos em nossa prática? Afinal, eis aí mais um desafio, pois

> Os registros docentes não podem ser apenas descritivos ao relatar o que aconteceu no dia a dia, mas também ser analíticos, tentando compreender as experiências ocorridas/vividas para buscar relações com a continuidade do trabalho a ser desenvolvido. Nesse cenário, a(o) professora(or) que observa, escuta, registra e interpreta o cotidiano de sua turma de bebês/crianças produz a possibilidade da documentação pedagógica, tomando consciência de seus potenciais como aprendiz e se desenvolve profissionalmente. (São Paulo, 2020, p. 21)

Descobrimos que não há uma receita a ser seguida. Trata-se de um processo, e é no exercício diário desse ato de escrever que vamos descortinando, revelando o cenário e, então, tomando consciência sobre a nossa prática; sobre as nossas intencionalidades, atentando-nos aos motivos pelos quais optamos em fazer as coisas de um jeito e não de outro; sobre o que precisamos mudar e nos aprofundar. Somente com base no refletir sobre esse cotidiano, atingindo essa escrita analítica, é que podemos avaliar a dimensão do nosso fazer pedagógico, reorganizando, e nos desenvolvermos como profissionais.

Há, ainda, aspectos relevantes nesse desafio de escrita: a disponibilidade para o ato de escrever e a entrega para os processos disparados por esse movimento, que, por vezes, desafia-nos, desestrutura-nos e coloca-nos frente a frente não apenas com os nossos acertos, mas também com os pontos frágeis, com os não saberes, e somos convocados a mudar nossa relação com tais sentimentos, provocações e percepções. Manter-se focado nesse propósito de escrita do Diário de Bordo vai para além do âmbito do compromisso, implica no hábito e na disciplina da escrita diária, entre tantos outros aspectos que vamos conseguindo nos apropriar e nos aprofundar.

É fato que uns se identificam e/ou estão mais habituados com a escrita em Diários de Bordo; outros, nem tanto, pois não praticavam com a frequência que tal documento requer ou nem mesmo faziam uso desse tipo de registro. Contudo, para além da relação que temos com o ato de escrever, ao nos mantermos *abertos* para esse processo de estudo e pesquisa da própria prática e do instrumento utilizado (Diário de Bordo), refletindo sobre nossa própria escrita, vamos avançando, percebendo pontos importantes e incorporando elementos essenciais que nos conduzam à materialização de uma escrita mais analítica e reflexiva.

Também fomos compreendendo que discutir a produção do Diário de Bordo, como instrumento de reflexão crítica dos professores, é conceber a centralidade da *reflexão* no fazer docente do professor. A *reflexão*, inerente ao ser humano, qualidade fundamental do pensamento, deve constituir a natureza de nossa profissão, pois, de acordo com Larrosa Bondía (2004, p. 59):

> Reflexão (ou "reflectere") significa virar ou "dar a volta", "voltar para trás" e, também, "jogar ou lançar para trás". O autoconhecimento, pois, aparece como algo análogo à percepção que a pessoa tem de sua própria imagem na medida em que pode receber a luz que foi lançada para trás de um espelho. Para que o autoconhecimento seja possível, então, se requer uma certa exteriorização e objetivação da própria imagem, um algo exterior, convertido em objeto, na qual a pessoa possa se ver a si mesma.

Nesse sentido, percebemos que a construção do hábito da escrita diária forneceu condições para desenvolvermos uma reflexão mais qualificada. Uma vez que fomos incorporando análises mais profundas e, sobretudo, compreendendo a complexidade dos atos de escrever e refletir. Pensando em um registro que supere o teor meramente descritivo e burocrático, mas que é permeado de uma escrita analítica, refletindo sobre a nossa prática, pensando sobre o nosso fazer, é que atingimos a dimensão da metacognição.

Vimos, no decorrer da escrita do Diário de Bordo, que nesse processo a presença do "outro" é tão relevante quanto fundamental para o desenvolvimento da nossa escrita e para o nosso desenvolvimento profissional.

> [...] o outro é essencial na nossa constituição, precisamos do outro para saber quem somos. [...] Precisamos criar as comunidades de aprendizagem preconizadas e defendidas por Imbernón (2009, 2010, 2011) e, o mais significativo, saber que o outro vê o fenômeno educativo de uma óptica diferente da nossa. E não estamos afirmando ser melhor ou pior, mas, sim, diferente!
>
> Em segundo lugar, estar à frente de um grupo de bebês e crianças conduzindo uma proposta de cuidado ou de educação é totalmente diferente de estar assistindo à proposta. Quando nos colocamos como espectadores, ganhamos um ponto de vista distinto daquele que aplica condução didática. Enxergamos o ganha-ganha pedagógico quando há a soma desses pontos de vista. E, nesse ponto, a beleza da frase se materializa, precisamos do Outro e do que ele observou do local que ocupava para entender o que estava em ação. (Alcântara, 2020, p. 79-80)

Sendo assim, as trocas dos Diários realizadas durante o curso foram enriquecedoras por nos possibilitar experienciarmos os dois lados dessa interlocução. Nessa tarefa, partilhamos um receio inicial: o de dar uma devolutiva ao outro. Acreditamos que essa foi uma das tarefas mais complexas! Como dar devolutiva a respeito do registro do outro? O que escrever? Como problematizar um pensamento descrito? Como fazer boas perguntas? Essas foram algumas inquietações que nos fizeram pensar sobre como ajudar o outro emprestando nossos olhos, os olhares externos, que contribuem no fazer cotidiano do professor.

A princípio, essas trocas dos Diários para as devolutivas soaram como um desejo de ter respostas, mas na verdade pudemos nos dar conta que nem sempre elas vêm de imediato ou da forma como gostaríamos, já que é um movimento que envolve um processo de nos fazer pensar e/ou poder tocar em nossas feridas, as nossas fragilidades no fazer docente. Será que estou no caminho certo? Será que preciso ir além? Ou será que preciso ir mais lentamente? E ainda, como lidamos com esses sentimentos que emergem?

Vivenciamos na prática a aprendizagem sobre a importância de se ter bem claro as questões profissionais que norteiam esses fazeres (escrever o Diário de Bordo e dar devolutivas), de encararmos o desafio de não levarmos para o lado pessoal e nos disponibilizarmos a conversar, a dialogar sobre o que foi escrito e interpretado. Afinal, ao lermos devolutivas, opiniões e colocações, geram-nos sentimentos que podem nos causar *a priori* um desequilíbrio, porém, ao longo de um processo de equilibração, novos sentidos e novas construções, em meio às experiências do cotidiano, vão se tornando significativos.

A espera pela devolutiva também foi um fator de ansiedade em saber o que o outro vai dizer, porque fica aquela sensação – infelizmente adquirida pela maioria de nós nos anos de experiência docente – de que algum censor lerá e reprovará, ou irá ler e apontar somente erros, mas não foi assim. As devolutivas nos desafiam a nos colocar no lugar de quem escreve, a tomar distância para responder, pontuar ou indagar em um diálogo ético (Habermas, 2011 *apud* Lubenow, 2011), de forma que agregue valor, relevância àquele que recebe, e assim se configurarem produtivas.

Devolver ao outro contribuições sob suas reflexões nos coloca na condição de educar a nós mesmos, afinal é um processo metacognitivo ao extremo, pois isso exige escutar a perspectiva e os saberes do outro, o que requer capacidade não só de escrever, mas de ler o "não dito". O outro nessa relação é aquele que pode nos ler nas entrelinhas, ou seja, ajudar-nos a identificar concepções, revelar crenças, problematizar as ações e questionar os motivos de nossas escolhas.

Nesse sentido, apoiamo-nos sobre o conceito de *exotopia* apresentado em Bakhtin (1997 *apud* Mammana e Borges, 2020). Etimologicamente, a palavra *exotopia* é formada pelo prefixo grego "*exo*", que significa *fora,* e "*topos*" que significa *lugar*, ou seja, *olhar externo*, visão que o outro tem de mim e que não posso ter, como esclarecido pelas autoras:

> Neste ponto, podemos recorrer a Bakhtin (1997) para uma compreensão da importância do outro no trabalho colaborativo e reflexivo. Segundo o autor, é o outro quem lhe oferece seu *excedente de visão*. A posição de distanciamento daquele que faz a leitura do diário de bordo do professor, por exemplo, fornece esse excedente de visão, ou seja, permite enxergar aquilo que não está ao alcance dos olhos de quem o escreveu e dar o *acabamento*, a que Bakhtin (1997) chamou de *exotopia*. Nessa relação recíproca, tanto quem escreve o diário de bordo quanto quem o lê constroem sentido. (Mammana e Borges, 2020, p. 98-9)

Diante da importância desse *olhar externo,* fomos entendendo que escrever o Diário de Bordo e as devolutivas também exige empatia, cuidado e objetividade na escrita, além de confiança no interlocutor, tendo claro o seu papel de contribuição no processo de pensar e construir o Diário de Bordo. Ser assertivo e colaborador é fundamental para estabelecer essa relação com quem vai ler ou receber o retorno e para estabelecer uma relação de troca entre profissionais pesquisadores que perseguem avanços em suas práticas. Afinal, estamos a bordo, a bordo de uma experiência, a bordo de uma viagem, a bordo de uma história.

Além disso, o responsável pelas devolutivas precisa estar nutrido de conhecimento acerca do que está sendo lido e do que intervirá, para garantir a qualidade das referências que traz, pois trata-se de um processo que nos desafia sempre na busca pelas melhores mediações, exercita-nos em nossas cognições e nos transparece o que temos de melhor a oferecer, sempre nos orientando pelos princípios contidos nos documentos e nas teorias que norteiam as nossas ações e práticas, e que estão contidas nos documentos e nas legislações oficiais.

Podemos dizer que não trocamos somente os nossos registros, mas também um pouco de nós, de nossas incertezas, nossas inseguranças, nossos medos e nossas limitações, e, na parceria com o outro, compartilhamos nossos olhares, nossas vivências, nossos saberes que nos constituem pessoas e profissionais. Nessas devolutivas que realizamos ao logo do curso, ficou evidente a importância dessas trocas para seguirmos crescendo!

O exercício de troca dos Diários e das devolutivas nos proporcionou também o contato com outras formas de registrar e até mesmo de dar devolutivas, possibilitou-nos olhar como registramos, o porquê das escolhas e do estilo que vai constituindo a nossa escrita e aprender com isso!

Pudemos compreender que essas reflexões coletivas, por meio do Diário de Bordo, auxiliam-nos a investigar nossas ações vivenciadas no cotidiano escolar com as crianças, desnaturalizando práticas e favorecendo a tomada de consciência sobre o nosso fazer.

Esse foi o exercício de escrever o Diário de Bordo e dar devolutivas durante a formação com o Cristiano. Algumas de nós, mais avançadas nesse fazer, outras, iniciando, mas no percurso fomos percebendo o quanto vamos nos encontrando, seja em nossos saberes, seja em nossas fragilidades. Nesse processo, muitas vezes precisamos de um olhar estrangeiro para *crescermos*!

Mas e se a espera por uma devolutiva for envolvida por um silêncio? E se não houver um interlocutor? Devo desistir?

Nem sempre é fácil encontrar alguém para estabelecer essa relação de parceria, fazer que o outro veja a importância em algo que, para você, é primordial não é uma tarefa fácil. Além disso, nem sempre o coordenador pedagógico se constitui um par avançado para o grupo. Ainda assim, não se deve desistir. O silêncio também tem muito a nos dizer, tem muito a nos fazer refletir sobre qual caminho devemos percorrer.

Sabemos que cabe à equipe gestora, como sugere a Orientação Normativa de Registro (São Paulo, 2020), dar as devolutivas aos professores sobre seus registros de forma periódica. No entanto, quando essa devolutiva não acontece da maneira como deveria ocorrer, ou quando não é possível construir uma relação de parceria e confiança nessas trocas, ou ainda quando o coordenador pedagógico não se constitui como um par avançado para trazer apontamentos e problematizações significativas, devemos considerar outras estratégias e não desistir!

A persistência também faz parte do processo formativo individual, coletivo e/ou pessoal de todo ser humano. Logo, podemos construir parcerias com outros colegas para lerem nossos Diários de Bordo e contribuírem com suas devolutivas ou reler nossos registros em outros momentos.

Enfim, crescemos e aprendemos no exercício diário dessa escrita, constatando não só a inexistência de uma "receita pronta" como a impossibilidade de percorrer um único caminho. Quando abraçamos esse processo de escrita e reflexão, com uma entrega plena, que supere a visão do Diário de Bordo como um fim burocrático, temos a possibilidade de vislumbrar o autoconhecimento profissional e até pessoal.

Cremos que isso é possível por meio da escrita diária, refletindo e dialogando com nossos interlocutores que vamos tomando consciência de nossas escolhas, das concepções que as sustentam e nos conscientizamos do que não sabemos, desconstruindo certezas e construindo novos saberes. Saímos então da nossa zona de conforto e, em um movimento autêntico de olhar para dentro de si (como pessoa e profissional) e para as profundezas de nossa prática, vamos progressivamente adquirindo uma habilidade para olhar e reorganizar conscientemente os nossos fazeres. E, assim, consequentemente, nossa prática docente vai se aprimorando, independentemente do lugar em que esteja, seja escrevendo ou dando devolutivas.

Referências

ALCÂNTARA, C. *Coordenação pedagógica na infância*: a gestão dialogada com os registros. São Paulo: Phorte, 2020.

LARROSA BONDÍA, J. Notas sobre a experiência e o saber da experiência. *In*: GERALDI, C. M. G.; RIOLFI, C. R.; GARCIA, M. DE F. *Escola viva*: elementos para a construção de uma educação de qualidade. Campinas: Mercado de Letras, 2004. p. 113-32.

LUBENOW, J. A. Sobre o método do discurso prático na fundamentação da ética do discurso de Jürgen Habermas. *Cadernos do Pet Filosofia*, Teresina, v. 2, n. 3, p. 57-70, jan. 2011. Disponível em: https://philpapers.org/rec/LUBSOM. Acesso em: 16 out. 2022.

MAMMANA, E. A. S.; BORGES, A. L. Registro, vinho e comida boa: o compartilhar do jantar e do fazer reflexivo entre empadas e vinhos com Mônica Matie Fujikawa. *In*: BORGES, A. L.; ALCÂNTARA, C. R. (org.). *Entre sabores e saberes*. São Paulo: Phorte, 2020.

SÃO PAULO (Município). Secretaria Municipal de Educação. Coordenadoria Pedagógica. *Orientação normativa de registros na educação infantil*. São Paulo: SME/Coped, 2020.

[4]

Sistematizações de ideias e possibilidades com base na participação no curso de aprofundamento sobre Diários de Bordo

Elizete Gomes, Elisangela Ferreira Costa Americano,
Fabiana Paulino Lameirinha, Gislayne de Carla Ferro,
Ildevone Andrade Almeida, Jakeline Ramos, Marina Miranda de Moraes,
Márcia Aparecida de Lima Simanovicius, Vera Lúcia de Lima

Este capítulo é fruto do curso Diário de Bordo II, promovido pelo Grupo Colaborativo de Estudo e Pesquisa da Formação Continuada Docente (GCOL), desenvolvido de março até setembro do ano de 2021, tendo como formador o professor doutor Cristiano Rogério Alcântara em colaboração com Camila Lambstain, sendo as participantes professoras e coordenadoras pedagógicas das Unidades diretas, indiretas e parceiras de Educação Infantil da Prefeitura Municipal São Paulo. Foram seis meses de pesquisas, reflexões e discussões, com encontros mensais e estudos em pequenos e grandes grupos.

O estudo tinha como intuito continuar a formação iniciada no curso Diário de Bordo I. Neste, teríamos como ênfase a escrita de devolutivas, visto que, em meados do ano de 2020, as professoras sentiram a necessidade de compreender melhor, aprimorar e empoderar suas escritas em relação ao Diário de Bordo; e as coordenadoras desejavam apropriar-se desses Diários e elaborar devolutivas que instigassem os docentes a avançarem em seus registros e ampliar seus saberes com base neles, bem como de suas práticas, realizando processos metacognitivos.

Iniciamos a nossa jornada por excelência. Para tal, o módulo I não foi suficiente, percebemos que precisávamos nos aprofundar mais, saber mais e buscar mais, pois o "raso" já não fazia mais sentido para nós, e, assim, partimos para o módulo II, que resultou na escrita deste capítulo. Ao desenharmos este estudo, a intenção era de abordarmos alguns pontos para nortear o escritor e o leitor na compreensão dos processos que contribuem para escrita e devolutiva do Diário de Bordo. Sendo assim, apresentaremos algumas temáticas, as quais foram elencadas como primordiais e de expressivo impacto para a escrita do Diário de Bordo, com ênfase nas devolutivas:

- contrato pedagógico;
- empatia cognitiva;
- potencialização da continuidade do percurso do registro docente;
- indicação dos avanços ao longo do processo de escrita;
- identificação dos conhecimentos prévios dos professores;
- trabalhar o não dito e o não saber nos escritos de Diários de Bordo dos professores;
- apontamentos objetivos e assertivos.

Dessa maneira, convidamos todos(as) a embarcarem nesta leitura e que não se esgote os estudos para ampliação dos seus fazeres pedagógicos, mas, sim, que busquem cada vez mais e reverberem nas práticas, contribuindo para uma educação de qualidade.

4.1 Contrato pedagógico

> Todo início contém um evento mágico, um encontro de amor, um deslumbramento no olhar... É aí que nascem as grandes paixões, a dedicação às causas, a disciplina que põe asas na imaginação e faz os corpos voarem.
>
> *Rubem Alves* (2014, p. 26)

Partimos da premissa que a escola é permeada de relações entre as pessoas que a frequentam e fazem parte do processo educacional, como a relação que se estabelece entre os sujeitos e o conhecimento. Precisamos estabelecer vínculos educacionais e profissionais para a conquista das metas e dos desejos almejados, bem como a harmonização do grupo. Os vínculos precisam ser constituídos, para isso, temos que ter os primeiros momentos na perspectiva das palavras de Rubem Alves, acolhedor, sensível, com a explicação dos objetivos propostos e os combinados iniciais. Para termos esse encantamento no grupo, precisamos, ao constituí-lo, estabelecer regras e dividir tarefas, para que, assim, os corpos possam voar, e o olhar pedagógico, deslumbrar.

Entre os vários tipos de grupos que permeiam a escola, abordaremos o de docentes, em relação à formação contínua em contexto de trabalho, com foco no contrato pedagógico. Ao analisarmos o momento formativo dos docentes, como propulsor da ampliação de suas práticas, com reverberação na qualidade da educação, bem como da importância da constituição do grupo e o desenvolvimento dos papéis[1] dos participantes, trouxemos para o cerne desta discussão o contrato pedagógico. Desse modo, levantamos pontos norteadores: O que é o contrato pedagógico? Como ocorre sua construção? O contrato pedagógico pode ser considerado colaborativo? É uma estratégia formativa? Discorreremos a seguir acerca dessas questões.

4.1.1 O que é o contrato pedagógico?

Para este texto, usaremos a terminologia *contrato pedagógico* em vez de *contrato didático*, por considerarmos pertinente para a formação dos professores. Pautamo-nos na perspectiva do Ministério da Educação, que traz o contrato na formação de professores. Embasamo-nos na tríade formador-professor-saberes. Com isso, o contrato pedagógico se constituirá na relação e na interação entre formador-coordenador pedagógico, professor e saberes.

[1] "Há cinco papéis que podemos observar num grupo: o silencioso, o líder de mudança, o líder de resistência, o bode expiatório e o porta-voz" (Freire, 1993 *apud* Souza, 2001, p. 32).

Seguimos pela busca no Dicionário Priberam (2008-2021) do significado das palavras *contrato* e *pedagógico*. *Contrato* apareceu:

> (latim *contractus*, -us, contração, aperto, pacto); substantivo masculino; 1. Acordo ou convenção para a execução de algo sob determinadas condições; 2. Combinação, ajuste e 3. Promessa aceite.

Usaremos o contrato como um acordo para realização da formação. Já a palavra *pedagógico* (Dicionário Priberam, 2008-2021):

> (grego *paidagogikós, -ê, -ón*, adequado a um professor); adjetivo: 1. Relativo à pedagogia (ex.: método pedagógico). 2. Que procura educar ou ensinar (ex.: discurso pedagógico). = DIDÁTICO, EDUCATIVO.

Utilizaremos a palavra no sentido educativo, na construção de saberes.

Após a apresentação dos significados das palavras *contrato* e *pedagógico*, pesquisamos autores que abordaram o assunto para dialogar com nossas indagações iniciais, fundamentar e ampliar nosso estudo. Brousseau (1998 *apud* Pinto, 2003) aborda o contrato didático, e, apesar de não nomear como contrato pedagógico, sua escrita contribui com nossas proposições, pois o autor começou a difundir o conceito, na área de Matemática, com a intenção de entender a relação entre alunos-professores e alunos-conteúdo, a fim de estabelecer regras e/ou comportamentos dos alunos em relação à aprendizagem, como prevenção à indisciplina. Trata das relações dos professores, dos conhecimentos e dos alunos. O contrato descreve a intenção do professor em relação aos alunos e destes em relação ao professor, evidenciando a relação do saber e as formas como esse saber é tratado por ambas as partes.

Para Aquino (2003, p. 68 *apud* Oliveira, 2015, p. 174) o contrato didático refere-se ao "estabelecimento de parâmetros de conduta para ambas as partes (professores e alunos) até, e principalmente, a explicação contínua dos objetivos, limites e horizontes da relação", ou seja, o contrato didático é a construção de combinados entre alunos e professores, para o bom andamento da aula.

Segundo Oliveira (2015), existe uma inquietação da comunidade educativa a respeito do estabelecimento de boa relação para garantir o desenvolvimento das atividades, tanto entre professores e alunos, como também entre pares. A educação do país foi constituída em um sistema de ensino autoritário, em que o professor era portador do saber e passava o que era necessário para os discentes.

4.1.2 Historicização e construção do contrato pedagógico

O contrato didático germinou no contexto de uma educação tradicional, a qual, com o passar do tempo, evidenciou a necessidade de criar, desde o início do ano letivo, parâmetros para garantir o desenvolvimento da transmissão de saberes dos professores para os alunos. Nesse sentido, começou a ser difundida a ideia de fazer um contrato didático para documentar os acordos de uma sala de aula. Para Vinha (1999) e Aquino (2003), o contrato didático pode ser construído

> [...] por diferentes meios, como em rodas de conversa, diálogos coletivos, elaboração de cartazes, placas ilustradas, dramatizações, com desenhos dos próprios alunos, painel temático, enfim, por múltiplos modos. (Aquino, 2003 *apud* Oliveira, 2015, p. 175)

Para os autores, podemos utilizar diferentes ferramentas para a construção do contrato didático, sempre com a participação dos estudantes. Inicialmente, os primeiros modelos centravam-se no professor. No entanto, os autores argumentam que há necessidade de se elaborar o contrato em coletividade, para garantir o direito de expressão de todos os envolvidos.

Em relação ao contrato didático e à formação dos docentes, o Ministério da Educação, em 2001, elaborou o Programa de Formação de Professores Alfabetizadores, e nele consta, como uma das estratégias metodológicas de formação de educadores, o contrato didático, como segue:

> O contrato didático representa o conjunto de regras que regulam, entre outros aspectos, as relações que os professores e o formador mantêm com o conhecimento e com as atividades propostas; estabelecem direitos e deveres

> em relação às situações de ensino e de aprendizagem que têm lugar no grupo e modelam os papéis dos diferentes atores envolvidos no processo de formação, bem como suas relações interpessoais. [...] condutas que regulam o funcionamento do trabalho do grupo e as relações formador/professor/conhecimento. (Brasil, 2001, p. 18)

O contrato didático no Programa de Formação de Professores Alfabetizadores é tratado como uma ferramenta de grande valia para o percurso formativo. Por meio dele, podemos trabalhar a questão dos papéis do grupo, a construção de combinados, as intenções pedagógicas do formador e do formando, e assuntos que organizam o trabalho na formação. Ele constitui os acordos construídos pelo grupo, para as relações entre os docentes, e a relação deles com o formador, que, na maioria das redes de ensino, é o coordenador pedagógico. Também favorece as relações com o conhecimento (estudo e pesquisa de suas práticas) e com as tarefas propostas.

No município de São Paulo, o coordenador pedagógico é considerado o principal formador das escolas, de acordo com suas atribuições legais, com destaque para:

> [...] elaborar o plano de trabalho da coordenação pedagógica, articulado com o plano da direção da escola, indicando metas, estratégias de formação, cronogramas de formação continuada e de encontros para o planejamento do acompanhamento e avaliação com os demais membros da Equipe Gestora. (São Paulo, 2013)

E reafirmado na Instrução Normativa da Secretaria Municipal de Educação nº 29, de 21 de julho de 2021, que dispõe sobre a reorganização e replanejamento do trabalho educacional no segundo semestre letivo de 2021 nas Unidades Educacionais da rede municipal de ensino, da qual, em seu Artigo 47, entre as oito atribuições que compete ao coordenador pedagógico, destacamos duas, que trazem os registros escritos dos docentes e as devolutivas:

> V - acompanhar, na Educação Infantil, os registros escritos produzidos pelos professores e elaborar a devolutiva por escrito de modo a garantir a reflexão crítica sobre a prática;
> VI - destacar ou reconhecer os registros docentes, no sentido de qualificá-los, contribuindo para a construção da documentação pedagógica, de acordo com a IN SME nº 02, de 2019. (São Paulo, 2021)

Podemos observar, pela legislação vigente, o papel formativo que o coordenador pedagógico tem que realizar, bem como acompanhar os registros elaborados pelos docentes e a produção de devolutivas, a fim de contribuir para o fazer pedagógico.

Em relação ao contrato pedagógico, utilizaremos conceitos basilares em Filoux (1974 *apud* Pinto, 2003), nos quais o autor aborda a reciprocidade no consentimento entre estudante e docente, em relação aos combinados acordados na relação didática, e o compromisso estabelecido pelo estudante na realização da tarefa escolhida. Ao fazer uso do contrato pedagógico, pretende-se considerar que existem trocas entre o coordenador e o docente, em um percurso determinado que enseja direitos e deveres mútuos.

4.1.3 Contrato pedagógico com viés colaborativo

O contrato pedagógico é uma estratégia que vem ganhando espaço nos grupos de formadores da equipe docente, pois visa estabelecer os acordos. O formador apresenta, para o grupo de docentes, o contrato pedagógico, contendo os pontos indispensáveis para a trajetória formativa, e assim será dialogado e articulado entre os participantes da formação. Uma vez apresentado, é importante ser discutido de maneira colaborativa, já que se trata dos acordos para o bom andamento dos trabalhos.

É importante ressaltarmos que o coordenador pedagógico tem que se ver como formador, constituir-se com pertença, para além da atribuição legal. Podemos colocar o contrato pedagógico como um dos alicerces para o desenvolvimento do processo formativo, com estabelecimento de direitos e deveres. Nesse modelo de contrato, deve ficar evidente o caminho que será trilhado durante o processo formativo, as intenções formativas e o compartilhamento da responsabilidade formativa.

O contrato pedagógico pode ser refletido e revisto conforme a necessidade do grupo, por meio do diálogo. Para tanto, há aspectos a serem considerados e outros observados, assim, podemos saber se continuam relevantes ou não. Ele tem que ter a característica do grupo, uma vez definido, tem que ser sustentado pelo formador, principalmente no início de sua implantação, e, no decorrer do ano letivo, os docentes se autorregulam. É importante os envolvidos respeitarem o contrato pedagógico, para que não ocorra a sua ruptura, bem como o documento físico ficar disponível para todos os envolvidos, assim, ele poderá ser revisitado pelos participantes ao surgir alguma questão.

Apresentaremos a seguir um contrato pedagógico, que foi elaborado por uma coordenadora, de acordo com o contexto educacional em que atuava, num determinado ano e que, após a sua análise no curso do Diário de Bordo II, será revisitado.

Caros professores e professoras participantes dos momentos formativos da Escola Municipal de Educação Infantil (Emei),

É com prazer que, mais uma vez, iniciamos um ano de trabalho que terá muitos desafios, mas esperamos muitas alegrias. Estamos vivendo um ano atípico, não apenas por conta da pandemia e de atendermos de forma híbrida as nossas crianças (de forma presencial e de forma remota). Ele também será marcado pela desconstrução de saberes cristalizados com base na nossa escrita, visto que juntos decidimos caminhar rumo à escrita dos Diários de Bordo, por isso, nossos estudos terão, mais do que nunca, a função de nos apoiar e dar sentido ao que estudamos, de forma que esse estudo reverbere, sobretudo, em nossas reflexões sobre o que fazemos e por que fazemos. Teremos 4 horas-aula de estudos voltadas a pensar as escritas do Diário de Bordo, os nossos planejamentos e como a escuta da criança vai nele se materializando e se revelando em nossas escritas.

Os encontros serão pautados nas trocas de experiência de nossos fazeres revelados na escrita do Diário de Bordo, o qual estamos iniciando este ano e que sabemos que todo início carrega uma fragilidade. Por isso, não estaremos aqui para apontar sobre o que está faltando, mas, sim, como poderemos avançar e preencher essas lacunas. Para isso, precisamos estabelecer um diálogo sensível, sem esquecer, contudo, que deve ser, acima de tudo, profissional, afinal, como nos diz Paulo Freire (1991), "não nascemos professores às 4 horas da tarde...", fazemo-nos professores todos os dias.

O registro dos nossos encontros será, de todos, uma corresponsabilidade. Cada semana terá um responsável por ele, será entregue uma tabela no segundo encontro de nossos estudos, com as datas e os nomes dos responsáveis. Precisaremos ler, estudar, para que nossos encontros sejam produtivos e baseados numa teoria de apoio (fontes bibliográficas).

Sabemos que este ano não seremos pontuados por esse estudo, mas acredito que, para além disso, quem escolhe a jornada que garante um tempo remunerado para estudos quer de fato ampliar seus conhecimentos e se debruçar sobre o seu fazer e, com base nele, refletir e rever esse fazer, o que chamamos de ação-reflexão-ação.

Como coordenadora pedagógica, faço parte do grupo, sou membro, estou junto. Construiremos juntos nosso percurso este ano, e para isso me ponho a ser estudiosa do tema "Diário de Bordo", para que possa auxiliá-los a avançar nesta escrita. Nossos encontros serão às terças e quintas-feiras. Sendo, às terças-feiras, para discutir/refletir nossos planejamentos de nossos estudos, e, às quintas-feiras, as nossas escritas dos Diários de Bordo. Isso não significa que às vezes não poderemos trazer o novo para esses encontros, como uma boa live *que assistimos e queremos discutir/refletir mais ou ainda um texto que converse com nossa bibliografia e que não tenha sido catalogado na época da escrita do plano de formação.*

Somos responsáveis por nossa formação, por meio da participação efetiva, da pontualidade nos encontros e da frequência. Estabeleceremos que, se o grupo tiver regência depois do horário de formação, sempre terminaremos 10 minutos antes, para que os professores possam tomar um café antes de sua regência, se o grupo vier para formação após a regência, será dado o mesmo tempo para uma pausa antes de iniciarmos nossos encontros.

Espero que tenhamos muitas coisas positivas para compartilhar e para ressignificar ao longo deste ano. E que ele se inicie...

4.1.4 O contrato pedagógico como estratégia formativa

Entre as diversificadas estratégias formativas em que o coordenador pedagógico pode e deve trabalhar com o seu grupo de professores no percurso formativo, podemos considerar a escrita do contrato pedagógico sendo uma delas. Por meio dele, articulamos as relações entre formador-professores-saberes e as relações interpessoais.

Partindo do contrato pedagógico como estratégia formativa, apresentaremos, a seguir, alguns tópicos a serem considerados em sua construção:

- participação na apresentação do percurso formativo, nas discussões e reflexões;
- contribuições e sugestões na seleção das referências a serem estudadas;
- engajamento nas propostas formativas;
- cumprimento dos prazos para entrega das propostas;
- envolvimento na avaliação do percurso formativo;
- periodicidade dos registros e das devolutivas;
- clareza em como ocorrerão as devolutivas;
- frequência e pontualidade;
- negociação do que é aceitável, do que não é aceitável e do que é negociável no momento formativo;
- entre outros de acordo com cada contexto.

Em relação à escrita do Diário de Bordo, é importante, no contrato pedagógico, que ele seja pontuado: como ocorrerá o processo das devolutivas, sua periodicidade, o que constará, o que será em grupo e o que será individual, para se terem claras a produção e as considerações realizadas.

Para Oliveira (2015), o contrato pedagógico vai além da normatização de comportamentos, busca ampliar nossa consciência acerca das relações que ocorrem no grupo formativo, tanto entre os sujeitos envolvidos quanto aos conhecimentos abordados, visando a uma relação saudável e harmoniosa.

Como citado anteriormente, o intuito do contrato pedagógico não é ser normatizador de comportamentos no processo formativo, por meio dele, o grupo construirá os combinados para o bom andamento da formação. Como estamos falando de relações profissionais no âmbito das Unidades Educacionais, é importante tratarmos da empatia cognitiva.

4.2 Empatia cognitiva

Empatia é uma habilidade extremamente importante para o convívio social e profissional, e deve ser desenvolvida por todos os profissionais da educação. De modo geral, é a capacidade de se colocar no lugar do outro. Na educação, ela se torna fundamental para que o ambiente de trabalho seja humanizado, ético e respeitoso.

Abordaremos a questão da empatia cognitiva por duas perspectivas: do ponto de vista da *Ética do discurso em Jürgen Habermas* (Teixeira, 2016) e de seu significado nos estudos sobre *inteligência emocional.*

Podemos entender o exercício de leitura e devolutiva do Diário de Bordo e o diálogo que se estabelece entre docente e coordenador como o agir comunicativo, expresso na Teoria do Discurso do filósofo alemão Jürgen Habermas. Segundo Teixeira (2016, p. 307),

> [...] a ideia fundamental do agir comunicativo é norteada pela interação entre os interlocutores dando oportunidades para que a ação seja exercida por todos sem que haja repreensão.

Desse ponto de vista, o coordenador precisa entender que seu papel, ao escrever uma devolutiva, não é de "corrigir" o fazer do docente, e sim de dialogar com as escolhas dele e o que levou a fazê-las, para que, assim, o professor reflita. Ao indicar caminhos procedimentais, o coordenador auxilia o docente a fortalecer suas reflexões, enriquecer seu repertório pedagógico e cultural, levando a uma prática cada vez mais potente e ao surgimento de uma escrita verdadeiramente autoral.

Para Habermas (1990, 1996 *apud* Teixeira, 2016), é por meio do diálogo que se constroem, em espaços multiculturais, consensos, como podemos ver nessa citação de Peres Filho ao falar de Habermas: "entende o 'Discurso' como sendo a ação social, comunicativa e consensual, que se dá por meio da linguagem e é orientada para o entendimento de participantes" (Peres Filho, 2001, p. 306 *apud* Teixeira, 2016, p. 3). Poucos espaços podem ser mais multiculturais que a escola, e todas as ações que nela acontecem deveriam se dar por meio do consenso. Dessa maneira, o diálogo estabelecido entre coordenadores e docentes, com a leitura do Diário de Bordo, é um excelente começo para a construção dessa ferramenta.

O interesse pela inteligência humana começa a aparecer mais fortemente no começo do século XIX, e desde então se busca quantificar e entender que critérios podemos usar para definir o que é inteligência. Na década de 1980, o psicólogo Howard Gardner, em sua teoria das inteligências múltiplas, lança a ideia de que apenas o QI não é suficiente para explicar a capacidade cognitiva do ser humano, e que suas capacidades de relacionamento inter e intrapessoal devem ser levadas em conta (Ferrari, 2008). Mas foi somente na década de 1990, mais especificamente em 1996, com o lançamento do livro *Inteligência Emocional*, do jornalista científico e psicólogo Daniel Goleman, que o termo se popularizou.

Uma das características da inteligência emocional é a empatia, destrinchada por Goleman como "*empatia cognitiva*: a capacidade de compreender a perspectiva da outra pessoa; *empatia emocional*: a capacidade de sentir o que a outra pessoa sente; *preocupação empática:* a capacidade de sentir o que a outra pessoa precisa de você" (Goleman, 2018, p. 1).

Entre os critérios[2] apresentados para a escrita de devolutivas do Diário de Bordo, está a empatia cognitiva. Por que ela seria importante nesse processo? Ao exercitarmos a empatia cognitiva, deixamos os julgamentos de lado para enxergarmos de verdade o mundo pelos olhos de outra pessoa

[2] Critérios para escrita de devolutivas para o Diário de Bordo: contrato pedagógico; empatia cognitiva; identificação dos conhecimentos prévios do(a) docente; boas perguntas; apontamentos objetivos e assertivos; trabalhar para identificar o não dito/o não saber; indicação dos avanços; potencializar/motivar a continuidade do percurso de registro docente; sugestões e indicações de leitura.

e podemos compreender seus processos mentais, suas dúvidas e angústias, que caminhos (emocionais e educacionais) ela percorreu e que fazem dela a pessoa e profissional que é hoje.

No processo de interlocução, o trabalho com a empatia cognitiva (que precisa ser de mão dupla) vai permitir que o coordenador entenda o que o docente sente e pensa, que contribui para uma melhor comunicação, e, por sua vez, o professor é convidado a ver pelos olhos e pontos de vista do coordenador.

Essa relação de respeito e compreensão entre os interlocutores ajudará a elevar a sensação de segurança do docente durante sua escrita do Diário de Bordo e permitirá que se estabeleça o desenvolvimento de uma escrita autoral.

A empatia cognitiva também pode ser aplicada a nossa própria aprendizagem, quando voltamos para os nossos registros e refletimos acerca do que lemos, do que escrevemos, do que ouvimos e do que fizemos. O movimento de rever tudo isso nos leva a nos "*colocar no lugar do outro*" (Goleman, 2018, p. 1). Voltamo-nos aos sentimentos e pensamentos da pessoa que éramos ao ler, escrever, ouvir e fazer, e que certamente já não são os mesmos, pois, entre um ponto e outro, novos conteúdos se adicionaram ao nosso conhecimento e nos modificaram.

Portanto, o desenvolvimento dessa habilidade auxilia a dialogicidade entre professor e coordenador, além do diálogo interno dentro do processo de reflexão sobre a escrita do Diário de Bordo. Assim, podemos considerar que, por meio da empatia cognitiva, é possível potencializar a continuidade do percurso do registro docente.

4.3 Potencialização da continuidade do percurso do registro docente

Este não é um tema tranquilo de ser tratado, são poucos os estudos que trazem esta temática. Registrar não é tarefa fácil para o professor, por isso, é necessário inserir no percurso formativo docente que ocorre no contexto educacional. Nas Unidades Educacionais da rede municipal de São Paulo, o principal momento formativo é o Projeto Especial de Ação (PEA).[3] São esses momentos que os professores têm para trocar experiências e saberes, acerca da construção dos registros pedagógicos que vão se consolidar e se potencializar com a prática.

O coordenador pedagógico, considerado o principal formador de seus professores, tem esse espaço formativo para aproveitar e articular os estudos com a prática dos registros, em um processo de transformação sobre o olhar para as crianças e as infâncias, de reflexões sobre concepções pedagógicas educacionais enraizadas na educação, além de trocar experiências no sentido de Larrosa Bondía (2002) que nos toca, que nos marca, que nos afeta, além de apresentar ferramentas ao grupo docente. Mostrar na ação que é preciso avançar, promover a construção de autonomia, reflexão, autoavaliação e pesquisa de novos conhecimentos para trabalhar com os desafios do cotidiano.

É importante destacar que o coordenador pedagógico é o profissional que está diretamente ligado ao acompanhamento, à orientação, ao auxílio da elaboração dos registros pedagógicos dos professores e constrói com o grupo um percurso formativo, além de inserir ferramentas que servirão de base para o registro docente.

Professores motivados a aprender, pesquisar e elaborar propostas tendem a potencializar suas práticas educativas cotidianas e, ao mesmo tempo, conseguem elaborar melhor os seus registros, com reverberação na qualidade da educação. Nesse sentido, surgem indagações: Como potencializar, instigar e significar a continuidade do percurso do registro docente?

[3] Portaria Nº 901, de 24/01/2014, dispõe em seu "Art. 1º – Os Projetos Especiais de Ação – PEAs são instrumentos de trabalho elaborados pelas Unidades Educacionais, que expressam as prioridades estabelecidas no 'Programa de Reorganização Curricular e Administrativa, Ampliação e Fortalecimento da Rede Municipal de Ensino de São Paulo - Mais Educação São Paulo' e no Projeto Político-Pedagógico, voltadas essencialmente às necessidades das crianças, jovens e adultos, definindo as ações a serem desencadeadas, as responsabilidades na sua execução e avaliação, visando ao aprimoramento das práticas educativas e consequente melhoria da qualidade social da educação [...]" (São Paulo, 2014).

Como o docente se constitui um profissional pesquisador? Como ele elabora os seus registros embasados na literatura científica?

Essas questões vão ao encontro da Orientação Normativa de Registros na Educação Infantil, que dispõe acerca da produção diária e constante dos registros docentes:

> A produção diária e permanente de registros deve superar o mero cumprimento burocrático para avançar no sentido da potencialidade formativa que possui. Por isso, os registros devem ser considerados como instrumentos reveladores das práticas cotidianas e como recursos pedagógicos para a ressignificação dessas práticas. Os registros do cotidiano da UE são elaborados pelo docente a partir da observação e da escuta de bebês e crianças, bem como da sua prática pedagógica, sendo também subsidiado pelas informações obtidas nas reuniões e nos encontros formativos, coordenados pela equipe gestora. Pertinente também observar a possibilidade de utilizar o diálogo com as famílias/responsáveis por meio de agenda, das redes sociais e/ou da documentação pedagógica. Além do registro da(o) professora(or), os bebês, as crianças e as famílias/responsáveis podem ser incentivados a produzir registros. (São Paulo, 2020, p. 2)

A normativa dos registros para a Educação Infantil nos fala que não existe certo ou errado quando abordamos uma construção coletiva de registros, pontua que precisa existir o engajamento de todos para alcançarmos as melhores estratégias. A normativa deixa claro que essa escrita precisa ser significativa para o corpo docente, para os gestores, para as famílias e para a comunidade escolar, que, quanto mais sistematizado e coletivamente forem construídos os registros, maiores serão as possibilidades de haver uma transformação intencional do fazer docente.

Para Borges (2015), é necessário que o trio gestor juntamente com os professores viabilizem o resgate das memórias dos momentos formativos contidos nos Projetos Políticos Pedagógicos (PPPs) e nos registros escritos e fotográficos da escola. Também é de suma importância que a direção articule entre as equipes da escola para que aconteça a revitalização da escola e que haja uma mudança de postura nas relações entre coordenador e professores, entre as famílias dos bebês e das crianças e os profissionais educacionais.

A autora declara que as mudanças são necessárias na escola para formação contínua dos docentes no contexto educacional, assim sendo, "Para promover as mudanças na prática pedagógica, foi necessário a elaboração de um Plano de Ação para a formação continuada da gestão e das professoras" (Borges, 2015, p. 18). Podemos destacar que a gestão precisa estar engajada no processo formativo, bem como na construção do plano formativo.

Segundo Borges (2015), é preciso mobilizar e envolver todos da equipe no processo de ressignificação das práticas pedagógicas e de gestão, tendo como ponto de partida a formação em serviço, motivados pelo desejo de refletir sobre a concepção de Educação, ou seja, uma escola mais afinada com suas necessidades.

Para que os docentes saiam da escrita automática, é necessário incentivá-los e encorajá-los a serem pesquisadores de suas práticas e refletirem acerca delas. Construírem conhecimento no coletivo, na parceria com a gestão, pois a gestão implica no processo pedagógico, mobilizando cada docente para a mudança e para poder romper com práticas repetitivas e mecânicas.

De acordo com Borges e Alcântara (2020), é possível que a escrita docente possa se tornar reflexiva e fonte de crescimento intelectual, com base na reflexão do assunto escrito e de seu objetivo. Os autores também evidenciam a potência dos registros com a mediação do coordenador pedagógico por meio de devolutivas.

> [...] temos nos aprofundado na potência dos registros reflexivos diários como instrumento de mobilização de saberes docentes. Dessa perspectiva, colocar em ação a realização do registro reflexivo diário da atuação docente com a mediação do coordenador pedagógico, por meio de devolutivas. (Borges e Alcântara, 2020, p. 122)

A motivação dos professores encontra-se no reconhecimento de seu trabalho junto à sociedade, aos gestores, às famílias e aos estudantes, todos os envolvidos no processo de aprendizagem. Outra problematização pertinente e necessária são as devolutivas do coordenador pedagógico nos registros produzidos pelos docentes, mas que não sejam: "Está ótimo!", "Parabéns!" ou um visto. Precisam ser propulsoras de reflexões e indagações, que provoquem o professor a pensar acerca de sua prática pedagógica.

Podemos potencializar a continuidade da escrita do Diário de Bordo, por meio da indicação dos avanços da escrita, no diálogo escrito entre o coordenador e o professor.

4.4 Indicação dos avanços ao longo do processo de escrita

Para analisarmos o avanço da escrita do Diário de Bordo, consideramos o que vai sendo revelado: a mudança no planejamento semanal. No percurso, há mais perguntas que respostas, e essas são respondidas na escuta e na observação como parte maior da escrita. Para Pinker (1997 *apud* Sfreddo, 2013), somos capazes de transformar nosso pensamento em escritos, levá-los à oralidade de forma intencional e podemos evoluir e avançar por meio dessa escrita.

É necessário dedicar-se regularmente ao exercício da escrita, a constância desse ato leva ao avanço e ao aprimoramento, assim como a compreensão de que a dificuldade inicial de escrita pode tornar-se um ato prazeroso no momento que a compreendemos como forma de apresentar nossa intencionalidade profissional.

Para elucidar a ideia do avanço da escrita, vamos analisar um dos primeiros registros do Diário de Bordo da docente Patrícia e elencar pontos que podem ser destaques no trajeto de escrita como: o registro do fazer docente; a interlocução; e a metacognição.

4.4.1 Registro do fazer docente

Primeiro registro da docente Patrícia (Borges e Alcântara, 2022, p. 29)

Dia 14 de fevereiro de 2013

Primeiro dia de aula. Adaptação: das 15 h às 17 h   17 alunos presentes

A maioria das crianças da sala nunca frequentou a escola.

Arrumei a sala com atividades diversificadas para o acolhimento. Conforme foram chegando, fui direcionando para uma brincadeira. Tive a ajuda da Ana, da Fátima, da Rafa,[4] que foram acolhendo e acalmando as crianças. Luca B. chegou gritando; já tinha vindo à escola em 2012, mas a mãe desistiu da vaga, pois ele chorava muito. Ana deu umas voltas com ele pela escola, e o menino parou de chorar. Raul chorou um pouco e logo se acalmou. Fui sentando com as crianças, conversando, falando meu nome e brincando, iniciando, assim, a construção da confiança.

Fomos ao parque, e as crianças adoraram! Começaram a interagir com os novos amigos.

Tomaram lanche com animação.

Fiz a leitura de uma história. (CP: Qual história você leu?) *Cantamos. Deixei que falassem um pouco.*

A frase do dia: "A mamãe está chegando?". → CP: Risos!

Para analisarmos os avanços ao longo do processo de escrita do Diário de Bordo, precisamos olhar desde o ponto de partida, ou seja, o início da escrita da docente, bem como contrapor elementos que naquele momento ela ainda desconhecia ou que precisava ser provocada a apresentar em seus registros. É importante termos noção do caminho percorrido para discorrermos sobre os avanços alcançados e entender que, nesse caminho, pedras que eram obstáculos foram lançadas à margem.

Adquirir novos hábitos é sempre um desafio, sobretudo quando temos que nos abrir a uma experiência de exposição como na escrita. A proposta de escrita de um Diário de Bordo é um exercício diário que necessita aceitação, não podendo ser visto como uma burocracia, mas, sim, como o registro do fazer docente explicitando a intencionalidade do autor.

[4] N. do E.: os nomes das crianças e dos funcionários são fictícios, exceto os nomes do Cristiano, da Camila e da professora Patrícia.

Os primeiros registros do Diário de Bordo são, normalmente, relatos descritivos, demonstrando as ações das crianças, dando ao leitor uma visão do cenário e dos "personagens" envolvidos nessas ações. Sair da escrita descritiva não é fácil, porém, é possível quando se tem regularidade no registro diário. A transição entre a descrição e a reflexão ocorrerá por meio da interlocução entre o leitor e o escritor.

4.4.2 Interlocução

O Diário de Bordo convoca o professor a saber de suas escolhas profissionais, ao registrar os seus fazeres diariamente, entra em contato com suas intencionalidades, suas concepções e seus valores que até então nem sempre estavam claros. Admitir a provisoriedade do conhecimento e a busca por uma interlocução que nos provoque a atingir a metacognição se faz necessário. A interlocução que ocorre entre o escritor docente e o leitor (coordenador) contribui para o avanço na escrita.

O diálogo está no plano do inegociável, é preciso compreender que as intervenções do coordenador (ou de quem lê o Diário de Bordo) são imprescindíveis e reconhecer que o outro me leva a refletir sobre as ações apresentadas. Sem a interlocução, não há mudanças.

Melhores serão as possibilidades de intervenção e interlocução quanto maior for a preocupação do escritor em fornecer o maior número possível de indícios a quem lê. Quem lê, ao não encontrar esses indícios, precisa indicar essas ausências. E, aqui, nesse indicativo, pode estar o começo de uma transformação mútua. Afinal, para que ambos façam essa transposição, tanto da indicação da ausência como da compreensão do que faltou escrever, usaram da metacognição.

4.4.3 Metacognição

A palavra *metacognição* é um neologismo. De acordo com o dicionário Aurélio (Ferreira, 2003), é composta do prefixo grego "*meta*", que significa "câmbio", "projeção", "transformação" e "fim a que tende uma ação". Já a palavra *cognição* refere-se ao mecanismo que envolve o processo intelectivo de um indivíduo. Assim, o termo *metacognição* refere-se tanto à consciência que se tem dos processos e dos produtos cognitivos quanto à monitoração, à regulação e à ordenação dos fazeres.

Trazendo essa ideia ao contexto pedagógico, compreendemos a escrita diária como um ato metacognitivo. Deixando claro os fazeres docente e a reflexão sobre eles. Se, no nosso cotidiano dizemos com certa despreocupação "Falei sem querer!", nunca ouvirmos alguém dizer, "Escrevi sem querer!". Podemos (e isso acontece) dizer e pensar, "Eu me arrependi de escrever!", o que denota não ser possível argumentar termos escrito sem querer.

Como neste subcapítulo estamos analisando o avanço da escrita da docente Patrícia, por meio do seu *Diário de Bordo*, usaremos uma escrita que aconteceu dois meses após a que utilizamos anteriormente (Borges e Alcântara, 2022, p. 74):

Dia 18 de abril de 2013 *18 alunos presentes*

Na biblioteca, li o livro Dorminhoco, sobre um cachorro que está dormindo, roncando e atrapalhando o sono dos bichos da fazenda (vaca, porco, carneiro, gato). Para tentar acordar o cão, eles fazem ruídos das suas vozes. Depois da leitura, as crianças falaram dos bichos, e chamei a atenção para as imagens do ambiente do sítio ou da fazenda.

Depois da história, coloquei o DVD Bebê mais bichos, na parte dos bichos da fazenda. Aparecem imagens reais dos animais e do ambiente onde vivem. Foram comentando durante o DVD, falando que o cavalo é bonito, e a vaca, grande.

Quando terminou o DVD, Theo falou: "Patrícia, eu adorei ver esse DVD". Agora, preciso organizar uma pesquisa sobre cada bicho, suas características e imagens diversas para perceberem e construírem repertório.

Para completar nossa aula, brincamos de "seu mestre mandou", e dei comandas para imitarem os bichos da fazenda, com o movimento e o som que emitem.

Adoraram a brincadeira e foram relembrando o que aprenderam nas aulas, nos DVD, nos livros. Lembrei da aula do Jairo sobre pesquisa dos movimentos e fazer papel de bicho ser mais fácil para as crianças.

CP: SIM, SIM!

Considerando o curto período de início da realização do Diário de Bordo e as poucas trocas com seu interlocutor, mesmo assim, é possível notar mudanças na escrita.

Nem todas as ações estão centradas na criança, mas já é possível perceber a primeira pessoa (a professora) se colocando no relato como parte do contexto e refletindo sobre bagagens anteriores, bem como percebemos a regularidade das ações de forma intencional (livro-DVD-sons-fala).

A reflexão sobre o trabalho, por meio do registro diário, aponta caminhos, *"Agora, preciso organizar uma pesquisa"* (Borges e Alcântara, 2022, p. 74), levando a professora a apresentar o próximo passo. Os avanços no processo de escrita são perceptíveis, e isso se deve à regularidade da sua escrita diária; ao fato de ter um interlocutor; e ao aprofundamento da reflexão do seu pensamento.

De forma ilustrativa (Figura 4.1), apresentamos uma linha no avanço desse processo:

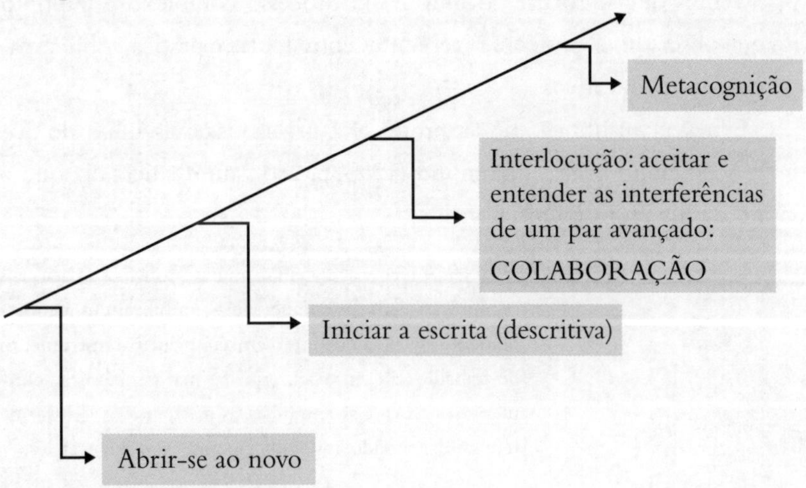

FIGURA 4.1 – Avanço do processo.

O processo de escrita nos dá a possibilidade de irmos além da descrição, do fazer por fazer, é possível observar, registrar e refletir sobre nossas ações. A escrita é essencial para a divulgação e para o registro do conhecimento adquirido nas mais variadas atividades humanas e tem sido fundamental para a formação da memória coletiva.

4.5 Identificação dos conhecimentos prévios dos professores

Não saímos de um curso, seja o antigo Magistério, seja a atual Pedagogia, com nossa identidade profissional pronta; ela vai sendo construída e reconstruída com base em duas ações: a da atuação em si e a de formação continuada.

Como nos diz Nóvoa (2001, p. 13):

> Sabemos também que mais importante do que formar, é formar-se; que todo o conhecimento é autoconhecimento e que cada formação é autoformação. Por isso, a prática pedagógica inclui o indivíduo, com suas singularidades e afetos.

Vemos que se tornar docente é um processo complexo e múltiplo, em que observamos posições divergentes entre teoria e prática, sobre espaços e tempos educativos.

E, nessa constituição de ser professor, é preciso fazer escolhas: do que se faz e de como se faz. Perrenoud (1993, p. 180), autor suíço, diz que o ensino é uma profissão relacional:

> Será preciso acrescentar que as profissões relacionais complexas, além das competências, mobilizam fundamentalmente a pessoa que intervém: é o principal instrumento de trabalho. É com o seu espírito, mas também os sentimentos, o corpo, as entranhas, as palavras e os gestos que tentam dar sentido aos conhecimentos e influenciá-los.

Dessa forma, os docentes precisam ser curiosos e pesquisadores, assim como as crianças, para que atuem nas mais diferentes relações que estabelecem na escola, com seus pares, na sociedade, com as crianças, com as famílias, nos mais diferentes contextos, reconhecendo-se como protagonista de uma comunidade aprendente.

Assim, os docentes precisam se constituir no potente universo que é a escola, entendendo que a realidade é reelaborada pela sua própria atuação. "Os saberes e conhecimentos prévios do professor, na sua formação científica, tecnológica, ambiental, cultural, lhe possibilitam enriquecer ou ampliar o currículo vivido pelas crianças no cotidiano" (Mello, Barbosa e Faria, 2015, p. 195).

Ao lermos trechos do *Diário de Bordo* da docente Patrícia (a seguir descritos), podemos perceber o que ela já sabe (o que denominaremos aqui de conhecimentos prévios): planeja suas atividades; é uma professora mediadora; fortalece as relações de interação entre suas crianças; otimiza e utiliza os recursos de tempo, o espaço e os materiais; conhece suas crianças e as estimula a realizar as atividades propostas, incentivando suas conquistas; tem um propósito de continuidade do que é ofertado às crianças, ampliando seus processos de aprendizagem. Preocupa-se e dedica um tempo significativo para o acolhimento das crianças, considerando ser aspecto central, sobretudo no início do ano (Borges e Alcântara, 2022, p. 63-6):

Acredito, como escrevi ontem, que as crianças avançaram dos seus conhecimentos prévios, já conseguindo fazer relações com ideias de filhos, de mães, de pais, de bichos, de nascimento. Agora, é só continuar a focalizar os bichos do sítio e da cidade e a aprofundar nas características etc. CP: SHOW!

[...] Miguel, que sempre rabisca toda a folha com garatujas e explora o material, preocupou-se em fazer a Emília, continuando da cabeça, e ficou todo feliz com os elogios que ganhou.

Depois da atividade, propus a brincadeira com a música Boneca de lata. Dançamos duas vezes, foram desamassando corpo e todos participaram com muita animação e risos. Pedi que escolhessem um amigo, formando duplas, e, sem a música, só com a minha comanda, foram "desamassando" o amigo (fazendo massagem). Peguei o Miguel para "desamassar", e ele também me "desamassou". Foi muito divertido! Permitiu que um tocasse o outro com a massagem, interagindo entre si. Amaram!!! Terminei a brincadeira com grande abraço. Uns mais recatados, outros nem tanto, mas todos participaram com vontade.

E como, nós, interlocutores do Diário de Bordo vamos identificando o conhecimento prévio?

a) Aprendendo a ver o que embasa as escolhas: observando/lendo quais as concepções de infância e de criança embasam as escolhas do que se planeja e se propõe. Com isso, vamos percebendo por que se escolhe essas, e não outras atividades. Escolhe-se as propostas com base na escuta das crianças ou em razão de alguém indicar uma atividade que acha interessante? Ou, ainda, escolhe-se porque a proposta amplia o repertório cultural da turma? A proposta escolhida está dentro de qual concepção de criança e de infância?
b) O que elenca como prioridades: ao conhecer sua turma, o docente tem base nos conhecimentos que as crianças já têm e propõe desafios que as façam avançar, com base nas propostas ofertadas, se, assim, poderá priorizar: ampliar o repertório; confrontar as hipóteses das crianças sobre algum assunto; organizar contextos de investigação; priorizar a brincadeira como principal linguagem; incentivar a curiosidade; a exploração dos objetos. Usar das "cem linguagens" (Edwards, Gandini e Forman, 2016) e fazer a criança protagonista de suas aprendizagens.
c) Observando as rotinas (para que estas não sejam apenas tarefeiras): as rotinas aparecem como modelos ou como sugestões para a organização do trabalho pedagógico do docente? Defendemos que há fatores que fundamentam e apoiam a operacionalização da estruturação interna das rotinas pedagógicas; são eles: a organização do ambiente; o uso do tempo; a seleção e as propostas de atividades; a seleção e a oferta de materiais; e, mais recentemente, a organização dos grupos (ora grandes grupos, ora pequenos grupos). Podemos cumprir apenas a linha do tempo e fazermos as mesmas coisas todos os dias (sermos tarefeiros) ou construir nossa rotina, pautada na participação das crianças, com suas

opiniões. Isso significa que a rotina não é fazer a mesma coisa todos os dias, mas, sim, organizar os fazeres.

Ao escrevermos o Diário de Bordo, vamos dando pistas de nossas rotinas, porém, será por meio das devolutivas aos nossos escritos que vamos nos conscientizando de nossas práticas, por isso, a devolutiva é importante, pois ela nos impulsiona a irmos registrando, planejando, avaliando, para, novamente, planejar, registrar e reavaliar os percursos.

Nesse processo, de escrever sobre o que fazemos, de pensar sobre esses fazeres, vamos nos constituindo como docentes reflexivos, e não conseguimos fazer isso sozinhos. Precisamos de interlocutores que olhem para nossos registros/nossas reflexões e possam contribuir sobre o que sabemos e o que precisamos buscar, pois, ao ampliar o modo de olhar, experimentar, conhecer, apropriar-se e fruir a produção humana, material e simbólica, consequentemente, ampliam-se as possibilidades de escolha dos aprendizes.

O trecho a seguir da docente Patrícia materializa o que foi dito anteriormente (Borges e Alcântara, 2022, p. 72):

Dia 15 de abril de 2013 *18 alunos presentes*

[...]

Após a roda, pedi um registro por meio de desenho de algum bicho do sítio e falei que precisamos escrever, outro dia, para não esquecermos mais. Durante o desenho, fui conversando com eles. Poucas crianças não desenharam com relação ao pedido, e fui questionando o porquê. Felipe fica mudo ou fala "Não sei". Mesmo assim, percebo muita evolução do traçado do desenho e na organização das ideias, ainda que seja perceptível só oralmente.

Brincamos com a música Seu Lobato e imitamos os bichos do sítio com o corpo e a voz. Adoraram! Vou repetir a brincadeira mais vezes.

No papel de interlocutores, identificamos que a docente planeja suas atividades, observa o desenvolvimento das crianças em seus fazeres e pensa sobre a continuidade (destacamos, aqui, que esses são os seus conhecimentos prévios). Nesse caso, o coordenador pedagógico, como interlocutor, elencará os saberes da docente e a instigará a novas reflexões, por meio do processo metacognitivo (com uma boa intervenção), realizadas com base na devolutiva sobre o que leu (planejamento e Diário de Bordo) e observou (com o acompanhamento das propostas da docente nas salas de referência ou nos espaços externos da Unidade). Para Fujikawa (2012, p. 128):

> Ao promover a socialização desses registros nas diversas situações formativas, o coordenador pedagógico torna possíveis a partilha dos conhecimentos construídos e o confronto de ideias e posicionamentos, o que constitui um momento privilegiado de reflexão conjunta sobre o trabalho realizado.

E isso não se trata de impor ao docente maneiras de planejar ou de atuar com seu grupo, mas, sim, de auxiliá-lo a entender as suas escolhas e o porquê delas, de propor sugestões, de quais ele poderá fazer uso e, caso não queira, justificar as suas novas escolhas. Por exemplo, nesse caso do trecho do Diário da professora Patrícia, poderia ter sido sugerido à docente: outras possibilidades de brincadeiras com o corpo e a voz; uma forma de registro para além do desenho, como um recorte de revistas e de folhetos que tivessem os animais trabalhados; usar a pesquisa em livros informativos (achar, nos livros, as fotografias dos animais), não perdendo o protagonismo articulado ao das crianças, que lhe cabe.

Todo esse processo poderá acontecer ou ser despertado, também, com boas perguntas. Os relatos da professora Patrícia permitiram que o coordenador lhe fizesse indagações, que iam para além do "sim" ou do "não", como:

- Qual será o motivo pelo qual as crianças gostaram tanto da proposta que você desenvolveu com a música *Boneca de lata*?
- Quais os critérios na escolha dos artistas que você trabalha e pretende trabalhar com as crianças?

Vale ressaltar que, principalmente no início do processo de escrita de Diário de Bordo, é fundamental que o interlocutor tenha a sensibilidade de não apresentar uma verdadeira inquisição de perguntas. Pode ser apenas uma, inicialmente, que seja sobre um aspecto que compreenda ser mais importante; as demais podem ser guardadas para serem feitas durante o percurso.

A pesquisadora Laurinda Ramalho de Almeida deixa bem claro, em suas escritas e pesquisas, a importância do coordenador pedagógico no processo formativo dos docentes e faz uma metáfora do cuidar: "cuidar da outra pessoa é estar atento ao seu bem-estar, ajudá-la a crescer e atualizar-se, e para isso o outro é essencial" (Almeida e Souza, 2012, p. 41), e trazemos essa metáfora para as devolutivas dadas aos Diários de Bordo.

Portanto, a ação do interlocutor deve ser tão sensível quanto a das docentes em relação às suas crianças. É preciso saber fazer boas perguntas, respeitando o que a profissional já sabe (zona de desenvolvimento real) e, ao mesmo tempo, garantindo uma complexidade gradativa, possibilitando, assim, o deslocamento da zona de desenvolvimento real para a potencial.

Como bem explica Paulo Freire, precisamos levar em consideração que:

> Carregamos conosco a memória de muitas tramas, o corpo molhado de nossa história, de nossa cultura; a memória, às vezes difusa, às vezes nítida, clara, de ruas da infância, da adolescência; a lembrança de algo distante que, de repente, se destaca límpido diante de nós, em nós, um gesto tímido, a mão que se apertou, o sorriso que se perdeu num tempo de incompreensões, uma frase, uma pura frase possivelmente já olvidada por quem disse. Uma palavra por tanto tempo ensaiada e jamais dita, afogada sempre na inibição, no medo de ser recusado que, implicando a falta de confiança em nós mesmos, significa também a negação ao risco. (Freire, 1992, p. 33)

Assim, há história em todos os docentes. Mesmo os mais distantes das práticas atuais carregam conhecimentos prévios que podem agregar ao grupo, bem como contribuir para o seu próprio desenvolvimento.

O fundamental é olhar cuidadosamente para essa "bagagem", refletir sobre ela e ampliá-la. E, para isso acontecer, o coordenador pedagógico/interlocutor, como já discutido, será peça fundamental nesse processo, como provocador de reflexões. Contudo, quais seriam os próximos passos? Ler nas entrelinhas da escrita. Isso, porém, requer uma escrita à parte. Então, vamos a ela.

4.6 Trabalhar o não dito e o não saber nos escritos de Diários de Bordo dos professores

Redigir um Diário de Bordo é um desafio que implica uma série de escutas, de observações atentas do fazer docente, das suas narrativas, das suas questões, das suas hipóteses, dos seus desenvolvimentos e das suas reflexões.

A escrita de Diário de Bordo, para trazer as práticas e o trabalho docente à tona, não é um exercício fácil entre os professores. Esse novo movimento, que traz reflexão e torna o docente escritor do seu trabalho, a cada ano letivo, ganha destaque, por ser um movimento reflexivo e cheio de aprendizagens.

Escrever sobre a nossa atuação é de uma complexidade imensa, uma vez que se desvelam concepções, princípios, formas de organizar o planejamento e as ações pedagógicas. Contudo, esse desvelar nem sempre é explícito. As questões que podem ser prementes de serem analisadas, refletidas e redimensionadas no processo pedagógico, por vezes, estão no não dito.

São nas devolutivas que o docente terá a possibilidade de ver o seu trabalho refletido pelo outro. Para tal, faz-se necessário ampliar o olhar para *o não dito* e *o não saber* no escrito desses docentes, de modo a identificar possíveis necessidades de intervenção e de mediação, em favor do processo educacional potente para todas as crianças.

Nesse percurso, o coordenador pedagógico é o parceiro do professor para essa caminhada de escrita e de reflexão, pois é dele a função formadora e tem papel importante na orientação do docente nesse momento de reflexão e até mesmo na produção do Diário de Bordo. Mais que um leitor, o coordenador pedagógico é quem vai desvelar e trazer o não dito, o não saber do docente, ou, ao menos, instigar para que isso aconteça.

Segundo Foucault (1987), não há nada atrás das cortinas, e é preciso analisar o discurso com base em aspectos históricos em que eles foram construídos, assim como das relações de poder que se estabelecem com base nesse escrito. É de extrema importância que façamos um exercício de distanciamento do fenômeno, ou seja, do registro docente, para que possamos fazer uma análise aprofundada dos aspectos que se desvelem (ou que precisam ser revelados).

Que conhecimentos esse registro traz à tona? Que conhecimentos devem ser mobilizados na/para a prática docente, de modo a ampliar possibilidades pedagógicas para nossas crianças? O que e como escrever? Quais concepções e intenções cada palavra, frase, parágrafo dos escritos do Diário de Bordo docente carregam? Como oferecer devolutiva aos docentes, de forma respeitosa, porém, propulsora de novas reflexões e de reestruturação do fazer pedagógico naquilo que se fizer necessário? Como trazer ao escritor do Diário de Bordo a reflexão necessária para os avanços nessa escrita? E o não dito, o não saber dentro das produções? Como ajudar o docente a pensar sobre isso?

Foucault coloca-nos que o discurso apresenta regularidades intrínsecas em si mesmo, por meio das quais é possível definir uma rede conceitual que lhe é própria, fazendo-se necessário acolher cada momento do discurso, analisando o contexto em que está inserido, em busca de transformação de nós mesmos, buscando sentidos (Fischer, 2001).

Vamos fazer um exercício do "olhar para o não dito" e, para essa tarefa, trazemos um trecho do Diário de Bordo da docente Patrícia (Borges e Alcântara, 2022, p. 66):

CP: MUITO BEM!

CP: EXCELENTE TER ISSO CLARO.

Dia 08 de abril de 2013 17 alunos presentes

Fiz, com as crianças, a leitura de um trecho da história da Emília, mostrei as ilustrações que estão no livro. Não sei se sou eu ou se são os alunos, mas não senti interesse deles pelo Sítio do Picapau Amarelo *e não acho que, para o projeto, esse deva ser o tema principal, mas, sim, fazer parte como repertório para o tema rural e urbano. Quando o projeto estiver escrito, vou ver o que eu posso modificar para a minha turma. Estão gostando muito é dos bichos, do sítio e da fazenda de forma geral.*

Depois que li, conversamos sobre a Emília, fiz a proposta de um registro da boneca e coloquei como interferência a cabeça com os olhos. Apenas a Alice e o Heitor L. ignoraram a interferência e fizeram um desenho ao lado, mas foi da Emília. As outras crianças completaram a cabeça com a boca, o nariz, o cabelo e o esquema do corpo. Miguel, que sempre rabisca toda a folha com garatujas e explora o material, preocupou-se em fazer a Emília, continuando da cabeça, e ficou todo feliz com os elogios que ganhou.

Depois da atividade, propus a brincadeira com a música Boneca de lata*. Dançamos duas vezes, foram desamassando corpo e todos participaram com muita animação e risos. Pedi que escolhessem um amigo, formando duplas, e, sem a música, só com a minha comanda, foram "desamassando" o amigo (fazendo massagem). Peguei o Miguel para "desamassar", e ele também me "desamassou". Foi muito divertido! Permitiu que um tocasse o outro com a massagem, interagindo entre si. Amaram!!! Terminei a brincadeira com grande abraço. Uns mais recatados, outros nem tanto, mas todos participaram com vontade.*

Hoje, foi o aniversário da Raquel. Ela fez 4 anos e é a mais velha da sala. Cantamos Parabéns*, ela apagou as velas imaginárias do bolo desenhado na lousa. Ganhou um ímã de geladeira em formato de bolinho para levar para a casa. Que felicidade ela ficou! E foi difícil explicar que só leva o bolinho no dia do aniversário. Todos queriam! Esses pequenos!*

CP: Pode ímã? (Risos!)

Do trecho citado anteriormente, destacamos o que chamaremos do não dito: a professora Patrícia, em sua escrita, discorre sobre a falta de interesse das crianças pela leitura de um trecho da história da Emília; o que ela não revela é que, desde o começo, ela é contra o projeto *Sítio do Picapau Amarelo*. No entanto, isso não aparece em seu relato. Ela diz que verá como adequá-lo para sua turma, mas ela não deseja de fato fazê-lo, pois não vê sentido. O que mais aparece neste texto que não "está dito"?

O cuidado da professora Patrícia no planejamento das atividades, na forma que observa e acompanha as crianças em seus fazeres, e o fato de ser uma professora brincante.

Que escolhas essa docente faz para documentar seu fazer? O que está registrado realmente trata de todo o contexto do fazer pedagógico com a turma de crianças matriculadas na Unidade Educacional? Que elementos poderiam compor essa escrita e que não aparecem?

Para compor essa conversa, trazemos uma reflexão de Placco (2006, p. 55):

> Um exercício importante no cotidiano do coordenador é o do olhar. Seu olhar precisa aprender a identificar as tendências de tempo e movimento do outro, as necessidades de confronto e interlocução, num movimento da prática que se dá num *continuum*. E, esse olhar atento e cuidadoso o ajudará a melhor organizar suas ações formadoras.

E acrescentaríamos, ao que nos traz a autora, mais algumas questões, para serem pensadas constantemente pelo interlocutor do Diário de Bordo:

a) Que sentido tem o registro documentado no Diário de Bordo?
b) Quais as construções ideológicas estão presentes nele?
c) O professor consegue revelar o que, de fato, faz em seu trabalho por meio dessa escrita?
d) A escrita docente alcança o objetivo de documentar o fazer pedagógico e de historicizar o seu percurso profissional, com reflexões aprofundadas sobre os passos que se dá e se pretende dar nesse processo?

Vale destacar que os envolvidos no processo precisam aprofundar estudos sobre o objeto de conhecimento em que atuam (o docente, no seu trabalho com as crianças e as variáveis implicadas; e o coordenador, no seu trabalho com os docentes), e os registros docentes podem revelar desconhecimento de aspectos que compõem seu fazer, à medida que o docente potencializa essa escrita, e esta passa a ser confrontada pelos apontamentos do coordenador pedagógico.

Trata-se de um processo de corresponsabilidade, de partilha, de escuta, de acolhimento, de observação, de qualificação do trabalho docente, a fim de que as nossas crianças tenham acesso ao currículo, garantindo permanência, participação plena e aprendizagem, potencializando o desenvolvimento integral, com registros potentes e impulsionadores de qualidade pedagógica.

E, para isso acontecer, o coordenador pedagógico (que entendemos como principal interlocutor das leituras do Diário de Bordo), tal qual foi discutido, será peça fundamental nesse processo, pois, como nos diz Ostetto (2015 *apud* Osteto, 2017, p. 31):

> Para que professoras e professores vejam e ouçam a criança – suas brincadeiras, suas perguntas e descobertas sobre o mundo, suas aprendizagens e expressões que dizem do mundo descoberto e apropriado –, é imprescindível que vejam e ouçam a si mesmos. É fundamental que estejam alimentados por uma estética cotidiana que provoque a imaginação, que mobilize razão e sensibilidade, pensamento e intuição, no convite à criação.

Conforme podemos observar, o caminho do interlocutor do Diário de Bordo não é nada simples, portanto, a escrita da devolutiva não poderá ser realizada de qualquer jeito. Ao mesmo tempo, precisa ser objetiva e assertiva, e isso nos leva a um pouco mais de conversa: Como fazer apontamentos objetivos e assertivos?

4.7 Apontamentos objetivos e assertivos

Pensar em ser assertivo nada tem a ver com estar certo ou errado. Ser assertivo é ser ouvido e abrir espaço para o diálogo. Evitar o julgamento da ação, reforçar o apontamento de maneira construtiva. O apontamento assertivo e crítico serve para o crescimento do outro. A sinceridade não é algo para se temer, mas existem maneiras de abordar que fazem toda a diferença, e, assim, vai-se construindo a empatia cognitiva.

A prática da escrita do Diário de Bordo será composta por um escritor (nesse caso, o professor) e um leitor (o coordenador pedagógico). Cabe ao leitor assumir um papel importante de parceria, de empatia e de valorização das conquistas realizadas, e esse papel reverberará nas devolutivas dessas leituras.

Então, se nosso objetivo é dar uma devolutiva para os registros do Diário de Bordo, acreditamos que, durante a leitura dos relatos, seja importante fazer anotações. Uma boa possibilidade é ter um caderno à parte para isso. Nele, serão registradas as fragilidades do relato, os equívocos, as inquietações e as curiosidades de saber mais sobre as práticas, as ações e as reflexões que o professor revela em sua escrita, o seu papel como educador da infância, as suas inferências diante das narrativas das crianças, as suas observações sobre conquistas e os desafios na prática, e as suas intenções com *o fazer pedagógico*.

Observemos um exemplo do que estamos apontando por meio do relato docente professora Sônia G., de uma Escola Municipal de Educação Infantil (Emei):

> Na semana passada, dediquei-me mais às atividades individuais. Juntamente com as crianças, fiz a escrita dos seus nomes com letras móveis. No turno da manhã, tive bastante dificuldade. As crianças não conseguiam identificar quais eram as letras dos seus nomes, nem a letra inicial, nem a final. Escrevi na lousa o nome de cada criança, fizemos a leitura em conjunto, depois, pedi que olhassem o crachá, para auxiliar na montagem do nome e, mesmo assim, muitas ainda tiveram dificuldades. Quem conseguiu concluir a atividade foi a Beatriz e a Lana; em todos os outros casos, precisei intervir, montar junto, levar os alunos à lousa para comparar a letra móvel com o que estava escrito. Continuo trabalhando com as letras móveis. A professora do outro turno está trabalhando o "Projeto Identidade", que conversa com o reconhecimento do nome.

Podemos perceber, nesse relato, que a professora traz consigo concepções equivocadas sobre a proposta de trabalho com nome próprio na Educação Infantil, ou melhor, como a cultura escrita na Educação Infantil pode ser abordada. Ela não nos relata as hipóteses que as crianças revelam sobre o "reconhecimento do seu nome". Para ela, o mais importante é o resultado, o pareamento entre as filipetas e as letras móveis.

Nem tudo o que será escrito nesse caderno (do coordenador) será apontado para o docente logo de início. O interlocutor deverá saber o que o escritor do Diário de Bordo está em condições de receber naquele momento da devolutiva, senão, a devolutiva, além de demorar muito para ser escrita e ficar longa, poderá afastar o escritor do Diário de Bordo da interlocução. Com o passar do tempo, o interlocutor vai retornando às suas anotações no caderno, verificando se estas se repetem e esperando o momento certo para apontá-las. Por isso a importância de registrar, passo a passo, as impressões como leitor dos registros docentes num caderno à parte.

Portanto, quando elaboramos uma devolutiva escrita, devemos procurar fornecer provocações acerca dos fazeres docentes que foram narrados. Entretanto, temos que proceder com cuidado nesse momento e ter clareza no que queremos ajudar o docente a refletir crítica e conjuntamente sobre os seus fazeres explicitados em sua rotina e em suas atitudes.

De nada adiantará elencarmos e apontarmos todos os equívocos de uma vez, em uma devolutiva, pois, ao ler, o professor se sentirá imobilizado e/ou desconfortável para a construção de novas escritas, acreditando que está fazendo tudo errado, e não é esse o propósito de uma devolutiva. Recomendamos que se selecione o que parece ser mais urgente para o momento, que precise de uma reflexão, e que se faça apontamentos objetivos e assertivos, a fim de mobilizar o professor a buscar a reflexão sobre suas ações e práticas diárias.

Segundo David Altimir, em seu livro *Documentação pedagógica*, "O melhor treinamento para fazer boas perguntas é tentar fazer perguntas que não contenham a resposta" (Mello, Barbosa e Faria, 2020, p. 69).

Desse modo, fazer perguntas que comportem respostas monossilábicas, como "sim" ou "não", não contribuem para as descobertas e para os desdobramentos de novas aprendizagens ou de consciência do seu conhecimento (com isso, o professor não avançará em suas reflexões e em suas práticas pedagógicas). Habermas (2013, p. 10 *apud* Lubenow, 2011, p.108-9)

> [...] enfatiza que é na qualidade de participantes de um diálogo abrangente e voltado para o consenso que as pessoas são chamadas a exercer a virtude cognitiva da empatia em relação às suas diferenças recíprocas na percepção de uma mesma situação.

Ao lermos um trecho do *Diário de Bordo* da professora Patrícia, a seguir, podemos perceber o que a docente considerava, naquele momento, importante de ser registrado durante a rotina com as crianças e seu fazer (Borges e Alcântara, 2022, p. 31-2):

Dia 21 de fevereiro de 2013

Adaptação: das 15 h às 17 h *14 alunos presentes*

Hoje, veio, pela primeira vez, a aluna Catarina. Ficou bem.

Luca B. chorou por uns dois minutos. Logo parou e começou a desenhar.

Carlos voltou e gritou. Ana já o levou para se acalmar, e o menino voltou para sala muito bem e feliz. Ele começou a brincar com o Pedro, e, quem sabe agora, com um amigo, ele pare de chorar.

Kevin voltou hoje, gritou, atirou-se no chão, e a Ana o levou para se acalmar (já havia escrito isso).

Fomos ao parque, onde todos ficam bem e brincam com seus novos amigos. Estamos ajudando as crianças a subirem nos brinquedos e vemos como são inseguras com seus movimentos de subir, de escorregar, de equilibrar. <u>Acho que ficam muito dentro de casa.</u>

Hoje, foi possível perceber como já estão se acostumando com a escola. As crianças estão aprendendo a usar o espaço, a seguir a professora na rotina. Por enquanto, todos pedem para ir ao banheiro.

Tomamos lanche e voltamos para a sala. Conversamos, cantamos. Coloquei no chão um brinquedo de montar. Gostam de mostrar o que fizeram: "Olha minha cobra, que grande!", "Prô, fiz, olha, olha!".

Começar seus apontamentos, inicialmente, pelos aspectos positivos se torna essencial. Para tanto, é preciso que o coordenador tenha a empatia e realize uma observação sem prejulgamentos, caso contrário, terá dificuldade em encontrar pontos positivos que, certamente, existem no registro de todo docente.

Trazemos um exemplo de devolutiva que considera os saberes da docente e seu movimento de escrita:

Patrícia!

Parabéns pelos registros diários! Consegui acompanhar bem a rotina desenvolvida! Aconselho colocar o nome das leituras que foram e serão realizadas (preparar com antecedência o que será lido facilita muito o nosso trabalho!).

O parque foi central na sua semana de adaptação. Consegue levantar hipóteses do porquê?

Grifei no seu relato do dia 21/02 uma possível causa. Vale a pena aprofundar a questão, confirmando-se sua hipótese. Acho que um projeto com brincadeiras de rua seria maravilhoso para essas crianças.

Como a semana foi de adaptação, compreendo que o foco da descrição ficou no comportamento das crianças. Consegui até saber que o Luca B. saiu de um choro de horas para um minuto... (Risos!)

Agora, se for possível, gostaria que descrevesse um pouco mais sobre o seu fazer com elas.

A comanda que foi dada para a realização da atividade em si.

É importante verificar a reação da maioria da sala, se houve dificuldade de parcela significativa da turma (como você bem observou na hora do uso do parque etc.).

Por fim, o medo da chuva também seria um bom desencadeador de atividades (se não de um projeto, quem sabe, de uma sequência didática!).

Cristiano Rogério Alcântara
25 de fevereiro de 2013

Fazer um apontamento assertivo não é uma tarefa fácil, pois a coordenação precisa deixar claro quais são suas intenções/intervenções para que o docente possa refletir sobre suas ações, aprimorando o seu fazer. É importante ter um olhar para o contexto descrito pelo educador, ter a empatia cognitiva, compreender o contexto da escrita e realizar uma boa pergunta, para que o escritor reflita sobre o seu fazer como docente, acerca da sua atuação com as crianças.

Ao apontarmos aspectos a serem revistos ou aprimorados, é necessário ter cuidado, para não expor as fragilidades do docente, a fim de que este não se sinta constrangido de nenhuma maneira. Transmitir confiança e parceria para o docente, orientar e dialogar nas devolutivas com apontamentos assertivos, fundamentos teóricos e documentos de orientações do fazer pedagógico são ações facilitadoras, sendo interessante propor indicações de leituras de livros, artigos, textos ou *sites*, de maneira gradativa, que favoreçam a reflexão sobre a prática. Mônica Fujikawa (2012, p. 131) diz:

> Na parceria com coordenadores e com outros docentes, buscam juntos as melhores formas de delinear escolhas e encaminhar as propostas debatidas e o aprofundamento de referenciais sustentadores de suas práticas. Utilizam as orientações realizadas como instrumentos para ampliar as perspectivas de ação em sala de aula.

Dessa forma, o coordenador deve estabelecer um conjunto de oportunidades que auxiliem o professor em suas investigações, em suas pesquisas e em seus estudos, contribuindo para os aprofundamentos de suas práticas, identificando aspectos na sua escrita que merecem reflexões mais apuradas.

Considerações finais

Como pudemos perceber durante a leitura, escrever Diários de Bordo ou ser interlocutores dos Diários não é tarefa para os fracos, entendidos aqui como aqueles que não se dispõem a se arriscar ao novo e preferem, como já dizia a música *Cotidiano* (1971), de Chico Buarque, "fazer todo dia tudo sempre igual".

Ao escrevermos os Diários de Bordo ou a nos dispormos a sermos interlocutores, buscamos uma reflexão aprofundada sobre nossos fazeres e saberes (mais uma vez, falamos dos conhecimentos prévios), mas, sobretudo, arriscamo-nos ao novo, movemo-nos, fugimos do senso comum e contamos que a escrita-leitura-escrita nos faça refletir e nos movimente em busca do novo.

Bakhtin já dizia que nossas falas carregam as falas de outros que vieram antes (Fiorin, 2008), e escolhemos o que falamos, assim, a escrita e a devolutiva do interlocutor do Diário de Bordo deve ser, antes de mais nada, um diálogo ético com o seu fazer. Como usamos a teoria da discursividade de Bakhtin, poderíamos nos apoiar na escrita de de João Guimarães Rosa (1984 , p. 86): "o real não está na saída e nem na chegada: ele se dispõe para a gente é no meio da travessia". E esta travessia é feita pela escrita que vai se constituindo à medida que se torna um hábito, e que vai mobilizando internamente o escritor para dizer o que está pensando por meio de sua escrita. Afinal, a escrita vai revelando que vamos parando de pensar na falta, no que não aconteceu e vamos nos apoiando na busca.

É nessa busca que a devolutiva ganha um papel de importância, afinal, é uma partilha de sentidos, o interlocutor será a pessoa que pontuará questões que ainda não estão claras para o escritor, por isso a importância de estar nutrido teoricamente, de ser sensível ao que pode ser dito a cada momento, ser um bom leitor do "não dito". Fácil? Nunca!

Precisamos sempre lembrar que a escrita nos desvela e nos revela, sejamos escritores, sejamos interlocutores de Diários de Bordo, contudo, se queremos refletir sobre o nosso fazer, seja no papel de quem escreve o Diário, seja no de quem lê, precisamos começar. Pode parecer difícil no início (e confessamos, aqui, que, para nós, também foi), pois precisamos, primeiro, despirmo-nos das certezas, de que dominamos saberes... E que bom que não dominamos, porque podemos sempre avançar.

Terminamos todas essas reflexões dadas no curso realizado por nós sobre o Diário de Bordo com um trecho da música de Arnaldo Antunes (O seu..., 1995): "o seu olhar melhora o meu!" – seja ele o escritor, seja ele o leitor do Diário de Bordo.

Referências

ALCÂNTARA, C. R. *Coordenação pedagógica na infância*: a gestão dialogada com os registros. São Paulo: Phorte, 2020.

ALMEIDA, L. R. DE; PLACCO, V. M. N. DE S. (org.). *O coordenador pedagógico e questões da contemporaneidade*. 6. ed. São Paulo: Loyola, 2012.

Alves, R. Amor ao saber. *Revista Iátrico*, n. 33, 2014. Disponível em: http://www.crmpr.org.br/publicacoes/cientificas/index.php/iatrico/article/view/482/471. Acesso em: 30 set. 2021.

Aquino, J. G. *O contraponto das escolas democráticas*. São Paulo: Moderna, 2003.

Borges, A. L. *Gestão na escola de educação infantil*: ressignificação das práticas e mudança na cultura escolar. 2015. 147 f. Dissertação (Mestrado em Educação) – Universidade Nove de Julho, São Paulo, 2015.

Borges, A. L.; Alcântara, C. R. (org.). *Diário de bordo*: instrumento de transformação de professores e gestores da educação básica. São Paulo: Phorte, 2022. v. 1.

Borges, A. L.; Alcântara, C. R. *Entre sabores e saberes*: experiência e reflexões sobre gestão escolar e formação docente. São Paulo: Phorte, 2020.

Brasil. Ministério da Educação. Secretaria de Educação. *Programa de formação de professores alfabetizadores*: guia do formador. Brasília: MEC, 2001.

Contrato. *In*: Dicionário Priberam da Língua Portuguesa [*online*], 2008-2021. Disponível em: https://dicionario.priberam.org/contrato. Acesso em: 17 nov. 2022.

Cotidiano. Intérprete: Chico Buarque. Compositor: Chico Buarque. *In*: Construção. Intérprete: Chico Buarque. Rio de Janeiro: Phonogram/Philips, 1971. 1 disco vinil, lado A, faixa 2 (2min49s).

Edwards, C. P.; Gandini, L.; Forman, G. *As cem linguagens da criança*: a abordagem de Reggio Emilia na Educação da primeira infância. Porto Alegre: Penso, 2016. p. il, v. 1.

Ferrari, M. Howard Gardner, o cientista das inteligências múltiplas. *Nova Escola*, 7 out. 2008. Disponível em: https://novaescola.org.br/conteudo/1462/howard-gardner-o-cientista-das-inteligencias-multiplas. Acesso em: 20 jun. 2021.

Ferreira, A. B. de H. *Novo dicionário básico da língua portuguesa*: Aurélio/Folha. São Paulo: Folha de S. Paulo, 2003.

Fiorin, J. L. *Introdução ao pensamento de Bakhtin*. São Paulo: Ática, 2008.

Fischer, R. M. B. Foucault e a análise do discurso em educação. *Cadernos de Pesquisa*, n. 114, p. 197-223, 2001. Disponível em: https://www.scielo.br/j/cp/a/SjLt63Wc6DKkZtYvZtzgg9t/?format=pdf&lang=pt. Acesso em: 17 nov. 2022.

Foucault, M. *Vigiar e punir*. Petrópolis: Vozes, 1987.

Freire, P. *A educação na cidade*. São Paulo: Cortez, 1991.

FREIRE, P. *Pedagogia da esperança*. Rio de Janeiro: Paz e Terra, 1992.

FUJIKAWA, M. M. O coordenador pedagógico e a questão de registro. *In*: ALMEIDA, L. R. DE.; PLACCO, V. M. N. DE S. (org.). *O coordenador pedagógico e as questões da contemporaneidade*. 6. ed. São Paulo: Loyola, 2012.

GOLEMAN, D. O que é empatia? *In*: DATOLLI, J. C. "O que é empatia?" – Excelente artigo de Daniel Goleman! *Blog O Bem Viver*, 16 jul. 2018. Disponível em: https://obemviver.blog.br/2018/07/16/o-que-e-empatia-excelente-artigo-de-daniel-goleman/. Acesso em: 20 jun. 2021.

LARROSA BONDÍA, J. Notas sobre a experiência e o saber de experiências. *Revista Brasileira de Educação*, n. 19, 2002. Disponível em: https://corpoemtransito.wordpress.com/2015/03/11/bondia-2002/. Acesso em: 17 nov. 2022.

LUBENOW, J. A. Sobre o método do discurso prático na fundamentação da ética do discurso de Jürgen Habermas. *Cadernos do Pet Filosofia*, Teresina, v. 2, n. 3, p. 57-70, jan. 2011. Disponível em: https://philpapers.org/rec/LUBSOM. Acesso em: 16 out. 2022.

MELLO, S. A.; BARBOSA; M. C. S.; FARIA, A. L. G. (org.). *Documentação pedagógica*: teoria e prática. São Carlos: Pedro e João, 2020.

NÓVOA, A. Professor se forma na escola. *Nova Escola*, n. 142, p. 12-14, 2001.

OLIVEIRA, T. V. As relações escolares em questão: um estudo sobre os contratos pedagógicos. *Dialogia*, São Paulo, n. 22, p. 173-86, jul./dez. 2015.

OSTETTO, L. E. A prática do registro na educação infantil: narrativa, memória, autoria. *Revista @mbienteeducação*, São Paulo, v. 9, n. 2, p. 202-13, jul./dez. 2015. Disponível em: https://publicacoes.unicid.edu.br/index.php/ambienteeducacao/article/view/526/498. Acesso em: 17 nov. 2022.

OSTETTO, L. E. (org.). *Registros na educação infantil*: pesquisa e prática pedagógica. São Paulo: Papirus, 2017.

O SEU olhar. Intérprete: Arnaldo Antunes. Compositores: Arnaldo Antunes e Paulo Tatit. *In*: NINGUÉM. Intérprete: Arnaldo Antunes. São Paulo: BMG, 1995. 1 CD, faixa 9 (3min44s).

Pedagógico. *In*: Dicionário Priberam da Língua Portuguesa [*online*], 2008-2021. Disponível em: https://dicionario.priberam.org/pedag%C3%B3gico. Acesso em: 17 nov. 2022.

Perrenoud, P. Não mexam na minha avaliação! Para uma abordagem sistémica da mudança pedagógica. *In*: Estrela, A.; Nóvoa, A. (org.). *Avaliações em educação*: novas perspectivas. Porto, Portugal: Porto, 1993. p. 171-91.

Pinto, N. B. Contrato didático ou contrato pedagógico? *Revista Diálogo Educacional*, Curitiba, v. 4, n.10, p. 93-106, set./dez., 2003.

Placco, V. M. N. de S. O coordenador pedagógico no confronto com o cotidiano da escola. *In*: Almeida, L. R.; Placco, V. M. N. de S. (org.). *O coordenador pedagógico e o cotidiano da escola*. São Paulo: Loyola, 2006.

Rosa, J. G. *Grande Sertão*: veredas. Rio de janeiro: Nova Fronteira, 1984.

São Paulo (Município). Secretaria Municipal de Educação. Coordenadoria Pedagógica. *Orientação normativa de registros na educação infantil*. São Paulo: SME/Coped, 2020.

São Paulo (Município). Secretaria Municipal de Educação. *Decreto nº 54.453, de 10 de outubro de 2013*. São Paulo: SME/DOT-P, 2013.

São Paulo (Município). Secretaria Municipal de Educação. *Instrução Normativa nº 29, de 21 de julho de 2021*. São Paulo: SME/Coped, 2021.

São Paulo (Município). Secretaria Municipal da Educação. *Portaria nº 901, de 24 de janeiro 2014*. Dispõe sobre Projetos Especiais de Ação – PEAs e dá outras providências. São Paulo: SME, 2014.

Sfreddo, Q. V. M. S. O processo da escrita: um avanço para a humanidade. *Web Artigos*, 13 dez. 2013. Disponível em: https://www.webartigos.com/artigos/o-processo-da-escrita-um-avanco-para-a-humanidade/116727#ixzz7jsujsJRi. Acesso em: 17 nov. 2022.

Teixeira, M. S. Ética do discurso em Jürgen Habermas: a importância da linguagem para um agir comunicativo. *Revista Opinião Filosófica*, Porto Alegre, v. 7, n. 2, p. 304-15, 2016.

Vinha, T. P. O educador e a moralidade infantil numa perspectiva construtivista. *Revista do Cogeime*, n. 14, p. 15-38, jul. 1999. Disponível em: http://www.cogeime.org.br/revista/cap0214.pdf. Acesso em: 3 maio 2021.

Bibliografia consultada

ALCÂNTARA, C. R. *Diário de bordo*: uma construção colaborativa rumo à pedagogia cultural. 2015. Tese (Doutorado em Língua Portuguesa) – Programa de Estudos Pós-Graduados em: Linguística, Pontifícia Universidade Católica de São Paulo, 2015. Disponível em: https://leto.pucsp.br/bitstream/handle/14343/1/Cristiano%20Rogerio%20Alcantara.pdf. Acesso em: 18 jul. 2021.

ALMEIDA, L. R. DE. Wallon e a educação. *In*: MAHONEY, A. A.; ALMEIDA, L. R. DE (org.). *Henri Wallon*: psicologia e educação. São Paulo: Loyola, 2006.

ALMEIDA, L. R. DE; PLACCO, V. M. N. DE S. (org.). *O coordenador pedagógico e o espaço da mudança*. São Paulo: Loyola, 2001.

BRUNO, E. B. G; ALMEIDA, L. R. DE; CHRISTOV, L. H. DA S. (org.). *O coordenador pedagógico e a formação docente*. 13. ed. São Paulo: Loyola, 2015.

FERREIRO, E. *Reflexões sobre a alfabetização*. São Paulo: Cortez, 1998.

LOPES, L. L. R. P. *Machado de A a Z*: um dicionário de citações. São Paulo: 34, 2001.

MARTINS FILHO, A. J. *Minúcias da vida cotidiana no fazer-fazendo da docência na educação infantil*. Florianópolis: Insular, 2020.

MENDES, T. Você sabia que existem 3 tipos de empatia? Conheça cada um deles e como desenvolver essa habilidade! *Na prática*, 12 out. 2020. Disponível em: https://www.napratica.org.br/tipos-de-empatia/. Acesso em: 17 nov. 2022.

OLIVEIRA FORMOSINHO, J.; PASCAL, C. (org.). *Documentação pedagógica e avaliação na educação infantil*: um caminho para a transformação. Tradução de Alexandre Salvaterra. Porto Alegre: Penso, 2019.

PAQUELET, B. Há três tipos de empatia. Você tem algum deles? *VC S/A*, 23 de Janeiro de 2020. Disponível em: https://vocesa.abril.com.br/coluna/breno-paquelet/ha-tres-tipos-de-empatia-voce-tem-algum-deles/. Acesso em: 17 nov. 2022.

PLACCO, V. M. N. DE S.; ALMEIDA, L. R. DE (org.). *O coordenador pedagógico e a formação centrada na escola*. São Paulo: Loyola, 2013.

SOUZA, V. L. T. de. O coordenador pedagógico e a constituição do grupo de professores. *In*: ALMEIDA, L. R. DE; PLACCO, V. M. N. DE S. (org.). *O coordenador pedagógico e o espaço da mudança*. São Paulo: Loyola, 2001. p. 27-34.

Posfácio[1]

Cartas aos buscadores de si mesmos

> Suas palavras me fazem recordar alguém que conheço,
> alguém que vejo ocasionalmente, um tal Eu Mesmo.
> E por que não o chamar de Você Mesmo?[2]
>
> *Henry David Thoreau*

Mais uma vez, o professor Cristiano Alcântara nos pede um posfácio para seu novo livro. Para nós, é uma honra, pois mostra a consideração que nos tem esse colega brasileiro, mas, também, um desafio, porque sabemos que, vindo dele, não se espera um comentário do trabalho, mas, sim, "uma devolutiva", campo que ele domina magistralmente, tal qual se diz de suas intervenções relacionadas com a redação de Diários de Bordo. Tanto é assim – sinceramente acreditamos – que uma alcunha que o definiria fielmente seria "Cristiano, o escritor de devolutivas", textos que esse coordenador pedagógico envia aos professores que se aventuram no processo de melhoria profissional, empregando a escrita diária de suas atuações e reflexões. Trata-se de um exercício de humildade, valentia e metacognição para ambas as partes, no qual se encontra a chave do empoderamento docente: o conhecerem-se a si mesmos para, assim, serem melhores professores e, por conseguinte, melhores pessoas, ou vice-versa.

Após a leitura do manuscrito, lembramo-nos de livros que reúnem relações epistolares, nos quais, carta a carta, vai se notando o processo de osmose entre o leitor e o escritor. Ler e escrever, dois processos que se retroalimentam e que também acontecem com aqueles que se implicam no ato. Por fim, guiamo-nos por *Cartas a um buscador de si mesmo* [em tradução livre], um volume que reúne as missivas trocadas entre o ativista

---

[1] Traduzido por Maria Cecília Cyrino Moreira.

[2] Thoreau, H. D. *Cartas a un buscador de sí mismo*. Madrid: Errata Naturae, 2012.

dissidente americano Henry David Thoreau e o professor Harrison G. O. Blake. Durante esse devir, Blake solicita ao pensador seu conselho e sua orientação para uma "vida mais verdadeira", iniciando, assim, uma correspondência que, mesmo décadas depois da morte de Thoreau, confessa continuar lendo e relendo, como se buscasse nelas uma verdade essencial e oculta, chegando a dizer "sei que estas cartas continuam viajando pelo correio, que, em certo sentido, ainda não chegaram a mim, e, provavelmente, não o farão enquanto eu viver".

Uma relação igualitária e íntima que se mantém por um período de treze anos, invocando e instigando a inteligência e os princípios de ambos. Em conversas informais, sem mais pretensões além de manter o fio vital com o outro, o conhecimento de suas vicissitudes ou o agarrar-se a algo em comum, é como vão se aprofundando em seus princípios patentes, em suas respectivas cotidianidades. Falando amigavelmente, sem fingimentos nem afetação, é assim que aqueles que foram companheiros de estudos se encontram a si mesmos, embora apenas fosse o pequeno início de uma incomensurável tarefa, porque, como afirma Thoreau (2012, tradução nossa):

> Esteja adormecido ou acordado, corra ou caminhe, utilize um telescópio ou um microscópio, ou simplesmente seus olhos, o homem nunca descobre nada, nunca supera nada nem deixa algo para trás, exceto a si mesmo. Não importa o que diga ou faça, apenas fala de si mesmo.

É por isso que, parafraseando e escrevendo no plural, intitulamos nossa intervenção *Cartas aos buscadores de si mesmos*, embora tivéssemos avaliado a pertinência de colocá-la no feminino como um sinal e uma discriminação positiva a todas nós, mulheres, que majoritariamente nos dedicamos à educação da infância. Descartamos a ideia pela unidirecionalidade implícita: não somos apenas nós, educadoras, que buscamos a nós mesmas, mas, sim, todos aqueles que desempenham a coordenação pedagógica. O próprio Cristiano Alcântara busca a si mesmo e, por extensão, ao papel que exerce. Como ele mesmo confessa, "Se lacunas ficaram, foi por minha impossibilidade de oferecer tudo o que vieram procurar". Coloca em igual nível de importância os dois escritos, já que o do autor não teria sentido sem as provocações das mensagens das professoras. O *feedback* que ocorre entre ambas as partes é o que transforma a descrição da práxis em reflexão; a mera burocracia, em metacognição formativa.

A leitura do volume anterior e deste, parece-nos um fenômeno similar ao da *sakura*, ou floração das cerejeiras. Presumimos que as duas próximas entregas, que já nos anuncia, serão como assistir ao processo de frutificação, amadurecimento, colheita e obtenção de sementes para iniciar o novo ciclo. Não deixa nenhum ponto solto. As professoras, o coordenador pedagógico, os textos, a Unidade Educacional, as leituras, o estilo e a forma de relação... Temos a completa segurança de que este compêndio de quatro volumes será uma referência ineludível para todos os envolvidos no ato educativo, independentemente do papel que assumam no sistema.

O Diário de Bordo é convocado a ser o instrumento para a melhora educativa qualitativa, apesar de, no nível organizacional, pressupor um grande esforço logístico, formativo e econômico para a administração.

Sem dúvida, não se calcula da mesma forma um congresso de dez horas para mil pessoas e um processo de, pelo menos, um ano de intervenções, professor a professor, em seus respectivos postos de trabalho. Esta será uma decisão governamental a se adotar, o eterno dilema: quantidade ou qualidade? Bem empregado e sem confusões, todo o catálogo de atividades formativas cumpre uma função diferente: os congressos, os encontros e os simpósios são atuações massivas com a finalidade de divulgar algo, de "dar água na boca"; os seminários, os cursos de longa duração, os grupos de trabalho ou os projetos formativos na Unidade Educacional são atuações sistemáticas com foco em melhorias. Contudo, a verdadeira mudança de paradigma nasce no seio do posto de trabalho, no desempenho docente, nas pessoas que exercem a docência.

Costumamos dizer que pretender a mudança com numerosas e breves modalidades formativas é algo como semear os campos com um helicóptero.

Conhecer a terra, o clima, as sementes adequadas, os cultivos, os agricultores, as pragas, tocar com as mãos as plantas com os olhos esperançados postos no céu são as únicas coisas que podem anunciar uma boa colheita.

Existe, além disso, um argumento de peso: a quem participa de um desses processos de escrita de Diário de Bordo, já se supõe, de início, uma motivação intrínseca, com a qual as probabilidades de êxito estão garantidas. E essa é uma condição absolutamente necessária, pois, como diz o autor à professora Cristiane, em uma de suas devolutivas:

> Reconheço que, de início, o movimento de nos questionarmos é um pouco doloroso. Parece que tudo o que fazíamos estava errado, no entanto, não tínhamos o olhar que, agora, temos. Assim, não há do que se culpar, mas, sim, ficar feliz com essa nova consciência, que, inevitavelmente, cairá na mudança da rotina que você aponta estar desejosa de fazer! Parabéns!

O trabalho do Diário de Bordo supera, inclusive, o maior dos empenhos autoformativos, porque o trabalho solitário, por mais intenso e bem direcionado que seja, sempre corre o risco de uma deriva. Todos precisamos do contraste de um olhar, de uma pergunta, de um questionamento, de uma provocação. Esse é o trabalho de um coordenador pedagógico, problematizando nossos saberes, transcendendo o burocrático, a imposição, e revelando o que temos dentro de nós – o que há de bom ou de mau –, em um processo dialógico cuidadoso e respeitoso, ou ainda, como dizia Thoreau (2012, tradução nossa), fazendo-se de "saco de pancada espiritual".

Tudo o que foi dito anteriormente poderia ser aplicável tanto à formação como à prática docente na escola. Não há diferença. Salas massificadas, cheias de distrações, entretenimentos e artefatos didáticos, ou atenção individualizada, estimulante, socializante, emancipadora e diversa. Docência e formação são duas faces da mesma moeda: o estilo docente, o papel do corpo estudantil, os fundamentos pedagógicos e o foco colocado mais no processo do que nos resultados. Está suficientemente constatado o êxito de umas ou de outras intervenções, sejam com crianças, sejam com pessoas adultas.

E é nesse ponto que nos reconhecemos nos escritos do professor Cristiano Alcântara. Nós, que assentamos nosso discurso sobre a melhora docente nos três pilares que cunhamos como:

- didática de proximidade;
- empoderamento docente;
- didática de autor.

Acreditamos que, no dia a dia de nossas classes, devemos partir dos saberes e dos não saberes dos meninos e das meninas sobre aqueles temas que lhes tocam o coração. A didática de proximidade é um movimento oposto a toda pressa, a todo excesso, a toda antecipação e a toda saturação que têm usurpado o mundo infantil, adiantando tempos, temáticas e obrigações. Pelo contrário, defendemos partir de sua bagagem experiencial ou de suas rotinas diárias para, tal qual ondas expansivas, ir ampliando seu conhecimento sobre o que realmente os ocupa, os preocupa e a eles corresponde como meninos e meninas pequenos. Nos Diários de Bordo, trata-se do mesmo ponto de partida: o Diário de Bordo nos possibilita "conhecer o extraordinário da 'rotina'. [...] abarca a *rotina* a ser revelada, vivida, sentida, percebida, analisada, ressignificada à luz das teorias, da escuta infantil e de reflexões sobre o nosso fazer docente dia a dia", conforme assinalam as professoras no Capítulo 3. Quando, no Capítulo 4, as professoras se referem ao professorado como "pesquisadores de suas práticas", é como se falassem de uma formação de proximidade.

Cristiano Alcântara, como formador, lê as entrelinhas dos escritos, procurando indícios que o ajudem a identificar os saberes e os não saberes docentes para, assim, intervir eficazmente. Nós, como professoras, fazemos isso lendo os gestos, as expressões, as omissões e os silêncios infantis. Ambos nos movemos pelas margens, agimos sobre os pontos fortes e os pontos fracos, sem anular a personalidade do outro. Com um profundo respeito pela criança e pelo professor, concordamos, Cristiano e nós, que a finalidade da ação educativa ou formativa é a emancipação. Não é mostrar caminhos demarcados, mas, sim, estimulá-los a caminhar sozinhos e a procurar seus próprios destinos.

Empoderar.

Quem lê as devolutivas de Cristiano reconhece, de imediato, a capacidade que ele tem para empoderar seus receptores. Sua generosidade, sua empatia cognitiva e sua perspicácia lhe permitem fazer apontamentos objetivos e assertivos. Sabe que deve começar fazendo anotações positivas, para, em seguida, com extremo tato e comedimento, tornar visíveis as fragilidades e os conselhos de melhora. Vale como exemplo o que disse ele à professora Cristiane em dois pós-escritos: "É nos detalhes que encontramos a diferença entre o bom e o excelente, professora. Quero ajudá-la a chegar à excelência, pois, o 'muito bom', você já domina." e "Seu potencial é muito grande para ficar 'escondido', professora!". Sem dúvida, ele sabe ser um verdadeiro mentor. Para isso, estabelece um processo sistemático que parte de um acordo implícito entre as partes, um "contrato pedagógico": um compromisso pedagógico "consigo mesmo e com o outro. Algo voluntário, feito por quem tem objetivos em comum: aprimorar olhares, avançar, crescer, ir além do que apenas definir conceitos", conforme descrito pelas professoras no Capítulo 2.

Apesar de tudo, Cristiano não persegue um modelo único de ser professor. Ele bem sabe que há tantas variações sobre o padrão quanto há pessoas que integram o coletivo. Evita, por isso, que a "pressão" do coordenador anule ou neutralize a "didática de autor", essa diversidade de maneiras de fazer a escola, contribuindo cada docente com o melhor que leva dentro de sua bagagem, fruto da experiência vital, da trajetória intelectual, das relações sociais ou afetivas, das inquietações culturais, das propensões, das preferências e, inclusive, das fobias. A didática de autor se contrapõe à dos professores em série, razão pela qual não pode ser limitada por corpetes rígidos como o da formação padronizada. Trata-se de dar asas, não de cortar liberdades. Por isso, as discípulas do professor Alcântara, que já são todas boas professoras, alcançam com ele a excelência, refletindo, trabalhando sobre seus *fazeres* e seus *quefazeres*, sob sua orientação rigorosa e disciplinada.

Não em vão, nas considerações finais do Capítulo 4, as professoras advertem que "escrever Diários de Bordo ou ser interlocutores dos Diários não é tarefa para os fracos". De fato, é isto: os Diários de Bordo não são para pusilânimes, medíocres, apáticos, acomodados, covardes nem preguiçosos, mas para os que se esforçam por serem melhores, para os que mantêm a vontade de trabalhar e aprender.

Cristiano aconselharia o mesmo que Thoreau a Blake:

> Diz que não tem muito êxito na vida. Você se preocupa suficientemente para que seja assim? Aplica-se com o necessário afinco? Obtém, ao menos, o benefício da disciplina? Se assim for, persevere. (Thoreau, 2012, tradução nossa)

"Trabalhar, trabalhar, trabalhar." Essa é a única receita para o êxito. Nada nos é presenteado; devemos persegui-lo, porque "O principal, o único que cria o homem é sua condição de destino".

Cristiano Alcântara sabe disso; ele é um trabalhador incansável, e é por isso que já tem toda a nossa admiração. Confessamos que lamentamos não ter encontrado, em nossa trajetória, um formador como ele, alguém que apoiasse nosso crescimento profissional. Com maior ou menor êxito, fomos procurando a nós mesmas, à custa de muitos erros. Bem diferente seria se tivéssemos tido a sorte de que ele nos assessorasse. Por isso, de modo dialógico, costumamos repetir que estamos todos muito necessitados de que se "cristianize" a formação.

Esperamos que consiga que suas práticas formativas se estendam, respeitando o modelo original. As pautas são claras e concisas sobre a intervenção, o estilo de devolutivas, os passos a dar, o negociável e o inaceitável. Aguardamos descobrir, no terceiro volume, como será a replicação do assessoramento docente que ele pratica. Enquanto isso, absorveremos ao máximo as suas confiáveis intervenções por meio das redes sociais, dos artigos, das palestras e dos cursos que ministre, vinculando magistralmente a vasta teoria que domina e a realidade educativa que trilha, dia a dia, nas Unidades de Educação Infantil. Suas mensagens, como as de Thoreau, continuam viajando pelos correios, e muitas ainda não nos chegaram. Ele saberá fazê-las chegar até nós.

Queremos finalizar com nossos melhores desejos para as pessoas que empreendem este caminho de melhora com os Diários de Bordo, e, para o amigo Cristiano, que continue mostrando como encontrar, em nós mesmos, o professor ou a professora que ansiamos ser.

Ángeles Abelleira Bardanca
Isabel Abelleira Bardanca
Professoras de Educação Infantil na região da Galícia, Espanha.
Laureadas com os prêmios pedagógicos Mestre Mateo, Francisco Giner de los Ríos e Marta Mata.
Autoras dos livros *Os fios da infância* e *O pulsar do cotidiano de uma escola da infância*, publicados pela Phorte Editora.

Sobre o organizador

Cristiano Rogério Alcântara
Doutor em Língua Portuguesa pela Pontifícia Universidade Católica de São Paulo (PUC-SP), com pós-doutorado em Psicologia da Educação pela mesma universidade. Mestre em Ciência da Informação e Documentação pela Escola de Comunicação e Artes da Universidade de São Paulo (ECA-USP). Graduado em Pedagogia e em Letras. Líder do Grupo Colaborativo de Estudo e Pesquisa da Formação Continuada Docente (GCOL). Coordenador pedagógico na Prefeitura Municipal de São Paulo. Coordenador do curso de Pedagogia da Faculdade Phorte.

Sobre as autoras

Adma Faria Marques de Oliveira

Professora de Educação Infantil e Ensino Fundamental I na Prefeitura do Município de São Paulo. Formada em Magistério no Estado de São Paulo pelo Centro Específico de Formação e Aperfeiçoamento do Magistério (Cefam). Especialista em Alfabetização pela Universidade Cidade de São Paulo (Unicid), em Práticas Educativas: Criatividade, Ludicidade e Jogos pela Faculdade de Tecnologia Alpha Channel (Fatac) e em Profissão e Formação Docente pela Faculdade de Educação Paulistana (Faep). Graduada em Letras (Português/Inglês) pela Universidade Braz Cubas. Pedagoga pela Fundação Hermínio Ometto (FHO/Uniararas).

Ana Lúcia Borges

Doutoranda pela Universidade Estadual Paulista (Unesp), *campus* de Marília. Mestra pela Universidade Nove de Julho (Uninove). Especialista em Educação Infantil pela Universidade Metodista de São Paulo (Umesp) e em Gestão Escolar pela Universidade de São Paulo (USP). Pedagoga pela Umesp. Diretora de Escola no município de São Bernardo do Campo e vice-líder do Grupo Colaborativo de Estudos e Pesquisa da Formação Continuada Docente (GCOL).

Angélica Brandão

Professora de Educação Infantil da Prefeitura Municipal de Educação de São Paulo. Formada em Magistério no Estado da Bahia pelo Colégio Estadual Aloysio Short (Ceas). Pedagoga pela Universidade de Guarulhos (UnG). Pós-graduada em Alfabetização pela Faculdade Campos Elíseos (FCE).

Cinzia Galan Vendramini

Professora de Educação Infantil da Prefeitura Municipal de São Paulo. Formada em Magistério pelo Cefam. Pedagoga pela Faculdade de

Filosofia, Ciências e Letras da Fundação Santo André. Especialista em Atendimento Educacional Especializado.

Cristiane Abrahão Zaleschi Arcanjo
Professora de Educação Infantil da Prefeitura Municipal de São Paulo. Formada em Magistério pelo Cefam. Pedagoga pelo Instituto Vera Cruz. Integrante da formação Aprender em Comunidade, com o professor José Pacheco, e do grupo de pesquisas A Vez e a Voz das Crianças, com a professora Adriana Friedman.

Cristiane Capriolli
Professora de Educação Básica na Rede Municipal de São Bernardo do Campo desde 2008, atuando com crianças da Educação Infantil desde então. Formada em Magistério, com habilitação para Educação Infantil e Ensino Fundamental. Graduada em Letras pela Fundação Santo André. Pós-graduada em Educação Infantil pela USP.

Cristiane Lemes Barbosa
Coordenadora pedagógica da Prefeitura Municipal de São Paulo. Licenciada em Matemática pela Fundação Santo André. Pedagoga pela Universidade do Grande ABC (UniABC). Especialista em Psicopedagogia Institucional e intérprete de Língua Brasileira de Sinais (Libras) pela Faculdade São Luís. Especialista em Registro e Documentação Pedagógica pelo Instituto Phorte.

Daniela Decurcio Santos
Professora auxiliar da Educação Infantil (Paei) na Prefeitura Municipal de Pirapozinho-SP. Gestora de uma Escola Municipal de Educação Infantil (Emei). Formada em Magistério pela Escola Estadual Professora Olga Yasuko Yamashita. Pedagoga pela União das Instituições Educacionais de São Paulo (Uniesp), de Presidente Prudente. Pós-graduada em Contadores de História e Mediadores da Leitura pelo Instituto Superior de Educação Elvira Dayrell (Soed).

Daniela Figueiredo

Professora de Educação Infantil da Prefeitura Municipal de São Paulo. Formada em Magistério pelo Colégio POP. Pedagoga pela Universidade Paulista (Unip). Graduada em Artes Plásticas pela Faculdade UniMozarteum. Pós-graduada em Gestão Escolar e em Psicopedagogia pela FCE.

Daniella Isabel Castilho

Coordenadora pedagógica da Prefeitura Municipal de São Paulo. Formada em Magistério pelo Cefam-Guarulhos. Pedagoga pela Faculdade de Filosofia, Ciências e Letras de Guarulhos. Pós-graduada em Direito Educacional pela Faculdade Casa Branca (Facab).

Débora de Lima

Professora de Educação Infantil em um Centro de Educação Infantil (CEI) parceiro da Prefeitura Municipal de São Paulo. Pedagoga pela Universidade Bandeirante de São Paulo (Uniban). Pós-graduada em Psicopedagogia pela Universidade Anhanguera.

Debora Soares Calvo de Andrade

Professora de Educação Infantil e Ensino Fundamental I. Especialista em Educação e Gestão Ambiental.

Edna Lucia de Lima

Professora de Educação Infantil e de Ensino Fundamental I da Prefeitura Municipal de São Paulo. Pedagoga pela Faculdade de Filosofia, Ciências, e Letras da Fundação Santo André.

Elisabete de Moura

Professora de Educação Infantil e Ensino Fundamental I e coordenadora Pedagógica da Prefeitura do Município de São Paulo. Pedagoga pela Fundação Santo André. Pós-graduada em Educação Infantil pela FCE.

Elisangela Ferreira Costa Americano
Professora de Educação Infantil e de Ensino Fundamental I da Prefeitura Municipal de São Paulo. Formada em Magistério pela Escola Estadual Professor Mário Marques de Oliveira. Psicóloga pela Universidade São Marcos. Licenciada pela Centro Universitário de Araras "Dr. Edmundo Ulson" (Unar). Especialista em Deficiências Múltiplas pela Universidade Presbiteriana Mackenzie.

Elizete Gomes
Professora de Educação Infantil e de Ensino Fundamental I da Prefeitura Municipal de São Paulo. Formada em Magistério pelo Cefam. Pedagoga, especialista em Psicomotricidade e mestra em Educação: Formação de Formadores pela Pontifícia Universidade Católica de São Paulo (PUC-SP).

Fabiana Paulino Lameirinha
Professora de Educação Infantil e de Ensino Fundamental I da Prefeitura Municipal de São Paulo. Formada em Magistério pelo Cefam. Licenciada em História pelo Centro Universitário Metropolitano de São Paulo (FIG-Unimesp). Cursando Complementação Pedagógica pela Universidade Cruzeiro do Sul.

Fatima Bonifácio
Professora de Educação Infantil da Prefeitura Municipal de São Paulo desde 1984. Formada em Psicopedagogia pela Faculdade Renascença. Trabalhou com políticas de leitura na Secretaria Municipal de Educação de São Paulo (de 2001 a 2004) e como coordenadora da equipe (de 2009 a 2015). Formadora na Secretaria Municipal de Educação de São Paulo (de 2005 a 2009) e na equipe de educação infantil (de 2017 a 2021). Diretora pedagógica da Diretoria Regional de Educação (DRE) Ipiranga. Atualmente, compõe a equipe do Núcleo de Apoio e Acompanhamento para a Aprendizagem (Naapa) da DRE Ipiranga como psicopedagoga.

Glaucia Fernandes Alves

Professora do Ensino Infantil da rede parceira da Prefeitura Municipal de São Paulo. Formada em Magistério pela Escola Estadual Antônio Alcântara Machado. Pedagoga pelo Centro Universitário Assunção (Unifai).

Giseli Fermino Augusto

Professora de Educação Infantil e de Ensino Fundamental I da Prefeitura Municipal de São Paulo. Pedagoga e especialista em Educação Infantil pela Universidade Cruzeiro do Sul.

Gislayne de Carla Ferro

Coordenadora pedagógica da rede direta da Prefeitura Municipal de São Paulo. Formada em Letras pela Universidade Cruzeiro do Sul. Pedagoga pela UnG.

Greice Araújo Oliveira

Assistente Pedagógica no Grupo Marista Escolas Sociais. Trabalha na área da Educação Infantil há 11 anos e atuou como coordenadora pedagógica na rede parceira da Prefeitura Municipal de São Paulo, em um CEI. Pedagoga habilitada pela Universidade Cruzeiro do Sul. Pós-graduada em Docência do Ensino Superior pelo Centro Universitário das Faculdades Metropolitanas Unidas (FMU). Especialista em Educação Infantil – Abordagem Reggio Emilia pela Faculdade Unina. Integrante da Rede Pikler do Brasil. Formada em Libras pela PUC-SP.

Ildevone Andrade Almeida

Professora de Educação Infantil e de Ensino Fundamental I da Prefeitura Municipal de São Paulo. Formada em Magistério pelo Colégio Cenecista Firmino Alves, em Itabuna (BA). Pedagoga pelo Centro Universitária Sumaré. Licenciada em Artes Visuais pela Centro Universitário de Jales (Unijales). Pós-graduada em Educação Infantil pela Universidade Cruzeiro do Sul. Pós-graduanda em Educação: Documentação Pedagógica pela Faculdade Phorte.

Jakeline Ramos
Coordenadora pedagógica da rede parceira da Prefeitura Municipal de São Paulo. Pedagoga pela Unip. Pós-graduanda em Educação: Documentação Pedagógica pela Faculdade Phorte.

Janaina Baladez Cava Sanches
Professora de Educação Infantil da Rede Municipal de Diadema. Atuou como coordenadora pedagógica e, atualmente, é formadora de professores e coordenadores pedagógicos da equipe de formação e apoio pedagógico da Secretaria de Educação de Diadema. Mestra em Educação pela Universidade Salesiana. Especialista em Psicomotricidade e Psicopedagogia pela Universidade de Conchas. Pedagoga pela Uninove. Educadora Física pela Faculdade de Educação Física de Santo André.

Janaína Roberta de Campos Arruda e Souza
Professora de Berçário 1 em um CEI parceiro da Prefeitura Municipal de São Paulo. Pedagoga pela Uniesp, com curso de extensão em Pedagogia Hospitalar pelo Hospital A. C. Camargo. Foi voluntária no Hospital Beneficência Portuguesa, por quatro anos, no Projeto Alô, com crianças com deficiência e pessoas com deficiência auditiva, e, também, na Compassion do Brasil, por três anos, com crianças em situação de vulnerabilidade. Trabalhou como professora de Educação Infantil, por seis anos, e como coordenadora pedagógica, por dez anos, em um CEI parceiro da Prefeitura Municipal de São Paulo. Intérprete de Libras em uma igreja e em eventos.

Jucineide Barbosa
Coordenadora pedagógica da Prefeitura Municipal de São Paulo. Formada em Magistério pelo Cefam. Pedagoga pela Unicid. Especialista em Educação Infantil pelo Instituto Phorte.

Juliana Nunes da Assunção Forato

Professora de Educação Infantil na Rede Municipal de Educação de São Paulo. Trabalhou como professora de apoio e acompanhamento à inclusão (PAAI) na DRE São Mateus e professora de atendimento educacional especializado em Sala de Recursos Multifuncionais (SRM) no Estado e na Prefeitura Municipal de São Paulo. Atuou com formação de professores e de coordenadores pedagógicos e como formadora local do Pacto Nacional da Alfabetização na Idade Certa (PNAIC). Pedagoga habilitada em Deficiência Intelectual pela Fundação Santo André. Especialista em Arte-Educação pela Escola de Comunicações e Artes (ECA) da USP e em Documentação Pedagógica pelo Instituto Phorte.

Karina Cadette

Professora de Educação Infantil na Prefeitura do Município de São Paulo. Formada em Magistério pelo Cefam. Pedagoga e psicopedagoga clínica e institucional pela Universidade Cruzeiro do Sul. Especialista em Gestão de Educação Pública pela Universidade Federal de São Paulo (Unifesp). Graduanda em Letras/Libras pelas Faculdades Integradas Campos Salles.

Katia Cilene Paulino Pereira

Professora de Educação Infantil e de Ensino Fundamental I da Prefeitura Municipal de São Paulo. Formada em Magistério pela Escola Estadual Brigadeiro Gavião Peixoto. Pedagoga pela PUC-SP.

Kátia Cristina Menino Silva

Professora de Educação Infantil e de Ensino Fundamental I da Prefeitura Municipal de São Paulo. Pedagoga pela Faculdade de Mauá (Fama). Licenciada em Artes Visuais pela Universidade de Santos. Pós-graduada em Psicopedagogia pela Faculdade Integrada da Grande Fortaleza e em Direito Educacional pela Universidade Iguaçu.

Letícia da Silva Zambon
Professora de Educação Infantil da Prefeitura Municipal de São Paulo. Pedagoga e pós-graduada em Psicopedagogia Clínica e Institucional pelo Centro Universitário FMU.

Lilian de Oliveira Alves Ribeiro
Pedagoga e especialista em Desenvolvimento Infantil com extensão em Psicologia Organizacional. Empreendedora educacional. Membro integrante da diretoria do Instituto Paranhos. Coordenadora de projetos do Centro de Formação. Coordenadora pedagógica do CEI parceiro Guilherme Paranhos, da Prefeitura Municipal de São Paulo. Integrante do grupo de estudos da abordagem Pikler.

Márcia Aparecida de Lima Simanovicius
Diretora de escola. Pedagoga pela Universidade Cruzeiro do Sul. Especialista em Deficiência Intelectual pela Unesp, em Neurociência Aplicada à Educação pela Faculdade de Ciências Médicas da Santa Casa de São Paulo (FCMSCSP) e em Registro e Documentação Pedagógica pela Faculdade Phorte. Mestra em Ciências pela Unifesp.

Maria do Carmo Franco Vita
Coordenadora pedagógica na Prefeitura Municipal de São Paulo. Cientista Social pela PUC-SP. Pedagoga pela Uninove. Filósofa pela Unicid. Pós-graduada em Ludopedagogia pelo Instituto Educar Rede, em Educação Infantil pela FCE e em Educação na Saúde Pública pela Universidade de Ribeirão Preto (Unaerp).

Maria Helena Vito
Professora de Educação Infantil. Pedagoga pela Faculdade Luterana do Brasil. Pós-graduada em Psicopedagogia pela Faculdade Anhanguera.

Marina Miranda de Moraes
Coordenadora pedagógica da rede parceira da Prefeitura Municipal de São Paulo. Pedagoga e pós-graduada em Educação: Ludopedagogia pela Unip.

Nilza Maria Avelar de Vasconcelos
Professora de Educação Infantil e de Ensino Fundamental I da Prefeitura Municipal de São Paulo. Bacharela em Letras com habilitação em Português e Inglês pela Faculdade Interlagos. Pedagoga e pós-graduada em Psicopedagogia pela Uninove.

Patricia da Rocha Oliveira Ribeiro
Professora de Educação Infantil da Prefeitura Municipal de São Paulo. Formada em Magistério no Estado de São Paulo pelo Colégio POP. Pedagoga pelo Instituto de Ensino Superior COC. Pós-graduada em Educação Infantil pela FCE.

Renata de Araújo Silva
Professora de Educação Infantil e de Ensino Fundamental I da Prefeitura Municipal de São Paulo. Formada em Magistério com habilitação para Educação Infantil pela Escola Estadual Professor Américo de Moura (Epam). Licenciada e pedagoga pela Fundação Hermínio Ometto (FHO/Uniararas). Pós-graduada em Ludopedagogia pela Iteq.

Rita de Cassia Aparecida da Silva Santos
Professora de Educação Infantil.

Rosana Pereira Reis da Silva
Professora de Educação Infantil da rede parceira da Prefeitura Municipal de São Paulo. Pedagoga pela Universidade Ibirapuera.

Sara Regina Leite de Paula Langanke
Diretora escolar da Prefeitura de São Bernardo do Campo. Formada em Magistério pela Leonor Mendes de Barros. Pedagoga e especialista em Administração e Supervisão Escolar pela Faculdade São Bernardo (Fasb). Pós-graduada em Psicopedagogia Clínica e Institucional pela UniABC; em Arte, Cultura e Educação pela Faculdade Polis das Artes; em Educação Infantil pela Faculdade Casa Branca; em Coordenação Pedagógica:

Cartografias da diversidade e das singularidades na atuação coordenadora pela Faculdade Conectada (Faconnect). Mestra em Educação pela Umesp. Membro do GCOL.

Teresa Cristina Vaz Castro
Coordenadora pedagógica da Prefeitura Municipal de São Paulo. Professora de Ensino Fundamental e Médio da Secretaria Estadual de São Paulo. Formada em Letras Português/Inglês pela Universidade Camilo Castelo Branco. Pedagoga pela Uninove. Pós-graduada em Coordenação Pedagógica pela Universidade Federal de São Carlos (UFSCar).

Thays de Oliveira Lima
Coordenadora pedagógica da rede parceira da Prefeitura Municipal de São Paulo. Pedagoga pela Unicid. Especialista em Educação Infantil pelo Instituto Phorte.

Vera Lúcia de Lima
Professora de Educação Infantil e de Ensino Fundamental I, coordenadora pedagógica aposentada da Prefeitura Municipal de São Paulo. Pedagoga e especialista em Administração Escolar, Orientação Educacional e Supervisão Escolar pela Faculdade de Filosofia, Ciências e Letras da Fundação Santo André. Pós-graduada em Educação Infantil pela FCE. Tem curso de extensão universitária em Educação Especial e Alfabetização pela Prefeitura Municipal de São Paulo. Participante do GCOL desde 2021.

Zenilda Rodrigues da Silva
Professora de Educação Infantil e de Ensino Fundamental I da Prefeitura Municipal de São Paulo. Formada em Magistério pela Escola Methodus. Pedagoga pela Faculdade de Filosofia, Ciências e Letras da Fundação Santo André.

Sobre o Livro
Formato: 16 x 23 cm
Mancha: 11,2 x 17,4 cm
Papel: Offset 90g
nº páginas: 224
1ª edição: 2023

Equipe de Realização
Assistência editorial
Liris Tribuzzi

Edição de texto
Gerson Silva (Supervisão de revisão)
Fernanda Fonseca (Preparação do original e copidesque)
Roberta Heringer de Souza Villar (Revisão)

Editoração eletrônica
Évelin Kovaliauskas Custódia (Capa, projeto gráfico e diagramação)
vectorpocket/Freepik (Ilustração adaptada da p. 111)

Fotografia
EasternLightcraft/iStock (Imagem de capa)

Impressão
Piffer Gráfica